PARE DE ACREDITAR NO GOVERNO

BRUNO GARSCHAGEN

PARE DE ACREDITAR NO GOVERNO

18ª edição

EDITORA RECORD
RIO DE JANEIRO • SÃO PAULO
2022

CIP-BRASIL. CATALOGAÇÃO NA PUBLICAÇÃO
SINDICATO NACIONAL DOS EDITORES DE LIVROS, RJ

G227p
18ª ed.

Garschagen, Bruno
 Pare de acreditar no governo: por que os brasileiros não confiam nos políticos e amam o Estado / Bruno Garschagen. – 18ª ed. – Rio de Janeiro: Record, 2022.
 23 cm.

 Inclui bibliografia
 ISBN 978-85-01-10362-8

 1. Sociologia. 2. Sociologia política. 3. Ideologia. 4. Teoria crítica. I. Título.

15-20585

CDD: 301
CDU: 316

Copyright © Bruno Garschagen, 2015

Todos os direitos reservados. Proibida a reprodução, armazenamento ou transmissão de partes deste livro através de quaisquer meios, sem prévia autorização por escrito.

Texto revisado segundo o novo Acordo Ortográfico da Língua Portuguesa.

Direitos exclusivos desta edição reservados pela
EDITORA RECORD LTDA.
Rua Argentina, 171 – 20921-380 – Rio de Janeiro, RJ – Tel.: (21) 2585-2000

Impresso no Brasil

ISBN 978-85-01-10362-8

Seja um leitor preferencial Record.
Cadastre-se em www.record.com.br
e receba informações sobre nossos
lançamentos e nossas promoções.

EDITORA AFILIADA

Atendimento direto ao leitor:
sac@record.com.br

Sumário

Agradecimentos   **9**

Prefácio   **13**

Introdução   **17**
Governo nos olhos dos outros é refresco, ou o frêmito
da mentalidade estatista não perdoa nem o futebol

1. O início de tudo que deu no que deu   **25**
Cabral chegou ao Brasil, e a frota viu a erva — mas
não fumou
O escrivão Caminha foi o primeiro a pedir uma ajudinha
Quem tem padrinho não morre pagão
Os degredados que aqui ficaram o Estado representaram
O mito do Estado antes do povo é o consolo dos tolos

2. Do Brasil colônia ao fado de Pombal   **37**
As intervenções no Brasil colônia, ou de quando a
Paraíba ainda não era "masculina, mulher macho,
sim, senhor"
Marquês de Pombal: o iluminismo francês contra Portugal
De intervenção em intervenção, Portugal encheu o papo

A luta da Igreja contra a usura nossa de cada dia
A burocracia como a alma penada do Estado
Imposto é tão bom que desmoralizou até o leão
O bem-sucedido fracasso de Pombal

3. Pimenta patrimonialista na feijoada de teorias   63
Na prática, a teoria se manifesta
Patrimonialismo não é nome de rua
O feudalismo que não houve e o capitalismo que não veio
Centralização e descentralização: quem assinou o contrato social?
O Estado patrimonial, ou de como modernizar para continuar o mesmo

4. Como era gostosa a minha monarquia   89
D. João VI, o rei que deixou Adam Smith falar (um pouquinho)
D. Pedro I: da independência ao crescimento do Estado
Uma elite política a serviço do império
Os políticos estavam errados: o fim da escravidão não acabaria com a nação
D. Pedro II e o barão de Mauá

5. Comte comigo: o positivismo da República presidencialista   121
Do golpe de Estado republicano, ou de quando é preferível não dormir
O presentão dos republicanos para D. Pedro II
Auguste Comte, o pai de santo do terreiro militar
Positivismo no Brasil: militância e doutrinação nas escolas
Positivistas de bombacha e chimarrão

6. Dr. Presidente, ou de como aprendi a amar ainda mais o Estado   143

A República Velha nasceu velhaca
Coronelismo: os verdadeiros Mundinho Falcão e
Ramiro Bastos
Adeus, República Velha de presidentes advogados e
maçons
Como era grande (ditador) o pequeno Vargas
Como o Estado Novo estatizou a cultura e cooptou a
intelligentsia
O fim de Vargas não foi o fim do varguismo

7. Esses presidentes extraordinários e suas máquinas estatais interventoras   177

Adeus, Vargas. Olá, JK. Ou de como a política pode
sempre piorar
Jânio Quadros, o presidente sem bossa que tocava
vassourinha
A morte e a morte de João Goulart
A história se repete como ditadura, não como farsa
Tancredo e a infecção que quase impediu a transição
Sir Ney, o homem que falava maranhês
O Brasil colloriu de marré de si
Itamar Franco, o estatista de carteirinha
FHC: o socialista que privatizou, mas não tragou
Rumo à estação Sion, ou de como Lula colocou o
Estado a serviço do PT
A presidente que fez do governo a sua imagem e
semelhança, ou petista acha feio tudo o que não é espelho

8. Nós que amávamos tanto o Estado   249
Intervir e controlar, basta começar
Imaginário, mentalidade e amor pelo Estado
O paradoxo do estatismo
Por que não confiamos nos políticos e amamos o Estado?
Desfecho fatal sem fatalismo

Notas   277

Bibliografia   301

Agradecimentos

Não é fácil selecionar a quem agradecer. Especialmente porque se trata do meu primeiro livro. Meu impulso inicial é mostrar gratidão a todos aqueles que contribuíram nesta minha trajetória intelectual, mas seria inviável neste espaço. Selecionar, portanto, é preciso.

Começo, então, fazendo um agradecimento especial à minha família: à minha mulher Michelle Mucelini e ao meu filho Bernardo (pelo amor, paciência e leitura dos capítulos); à minha mãe Mary, meu norte moral e de afeto, e aos meus irmãos e sobrinha; aos meus tios, tias e primos; à minha sogra; ao meu pai; à minha avó Ruth e ao meu avô Gipsy, que, além de avós, também foram pais e padrinhos. Meu avô, infelizmente, nos deixou anos atrás, mas a sua ausência física é compensada pelo seu legado virtuoso, uma influência marcante e constante na minha vida.

Minha gratidão e admiração ao editor Carlos Andreazza, cujo trabalho retoma a tradição dos grandes editores brasileiros. Andreazza apostou e acreditou no projeto — e fez valiosas observações ao texto. Estendo meu agradecimento à Duda Costa e à equipe da Editora Record.

Meu muito obrigado ainda ao amigo Rodrigo Constantino, que é, sem dúvida, o padrinho deste livro e um incentivador do meu trabalho.

Agradeço imensamente ao Leandro Narloch por ter me dado de presente o título ao me dizer um dia que gostaria que eu escrevesse um livro chamado "Parem de acreditar na política".

Meus agradecimentos também ao professor Ricardo Vélez Rodríguez pelas preciosas observações e sugestões; ao professor Antonio Paim pela importante ajuda; aos amigos Martim Vasques da Cunha e Pedro Sette-Câmara pelos comentários; ao professor universitário Ricardo da Costa, acadêmico do primeiro time, pelas importantes sugestões; ao Olavo de Carvalho e à Roxane Andrade pela amizade e por terem me acolhido em 2013 para um encontro que posteriormente me ajudou na feitura deste livro; ao amigo Rodrigo Gurgel pelo estímulo e sugestões desde o início do trabalho.

Estendo minha gratidão aos amigos Alex Catharino e Márcia Xavier de Brito, que me ajudaram com inestimável incentivo e indicações, além de terem me recebido em 2013 como *fellow* no The Russell Kirk Center, onde trabalhei no meu projeto de tese de doutorado em que parte da pesquisa foi de grande proveito para este livro. E meu muito obrigado à Annette Y. Kirk, presidente da instituição, pela honrosa oportunidade. Agradeço também ao Helio Beltrão, presidente do Instituto Mises Brasil, pela amizade e encorajamento.

Também sou muito grato ao João Pereira Coutinho, professor, referência intelectual e grande amigo, responsável pela minha ida para estudar em Portugal; e ao professor João Carlos Espada, cuja amizade, obra intelectual e trabalho à frente do Instituto de Estudos Políticos da Universidade Católica Portuguesa continuam sendo fundamentais nesta minha jornada intelectual.

Um agradecimento especialíssimo ao casal de amigos Leonardo Serafini Penitente e Sabrina Klein, que acompanharam cada passo da elaboração deste livro. Tive o privilégio de ter a ajuda fundamental do Leonardo, grande intelectual e professor universitário, que fez uma leitura minuciosa do texto, apresentando críticas e novas perspectivas e bibliografia sobre os temas tratados. Sem o seu auxílio e incentivo primorosos este livro, certamente, não seria o mesmo. É uma honra tê-lo como amigo e professor.

Por último, minha profunda gratidão ao amigo Fernando Carvalho Gomes, bússola moral e intelectual, que nos anos cruciais da minha formação em Cachoeiro de Itapemirim me fez ver que era possível superar as limitações intelectuais de uma típica cidade do interior do Espírito Santo por meio da literatura e da vontade de aprender.

Prefácio

Quando Bruno Garschagen me contatou por causa deste livro, temi que o autor fosse pedir uma indenização. O tema da obra era o recorrente estatismo político do Brasil desde os tempos coloniais? Pois bem: eu, como português, teria muitas explicações para dar.

Em minha defesa, a única coisa que poderia dizer é que os vícios denunciados nesta espantosa obra não são uma exclusividade dos brasileiros. Eles continuam bem vivos do outro lado do Atlântico — e com consequências igualmente nefastas. Mas que vícios são esses?

Resumindo uma longa história, o problema está enunciado no subtítulo deste livro: os brasileiros desprezam os políticos e amam o Estado. Dito assim, o paradoxo exige uma pergunta suplementar: se existe desprezo pelos políticos e amor pelo Estado, que tipo de criaturas os brasileiros imaginam que governa esse Estado? Seres perfeitos? Angelicais? Extraterrestres vindos de outra galáxia?

Eis as perguntas que os "Pais Fundadores" dos Estados Unidos formularam nos *Federalist Papers*. Para concluírem que uma sociedade política livre é governada por leis, não por caprichos momentâneos dos homens. Os Pais Fundadores conheciam a natureza humana e a falibilidade que a define.

Atitude diferente foi tomada pelos brasileiros (e pelos portugueses, já agora): eles desconfiam das raposas — mas, ao mesmo tempo, querem mais raposas tomando conta do galinheiro.

O primeiro mérito deste livro está na formulação inteligente do paradoxo. E, para lidar com ele, Bruno Garschagen faz uma viagem histórica para explicar a emergência e a persistência dessa mentalidade estatista.

O finíssimo humor que habita as páginas da obra já valeria, por si só, a sua leitura: Garschagen bebeu das melhores águas da ironia anglo-saxã, e isso se vê em cada linha. Mas o autor consegue algo raríssimo no ensaio político contemporâneo: conjugar elegância de estilo com um conhecimento das fontes que é puro prazer intelectual para o leitor.

E é assim que, pela pena irônica e informada de Garschagen, viajamos com os primeiros portugueses rumo às terras de Vera Cruz; conhecemos o "estatismo" iluminista do Marquês de Pombal, igualmente exportado para o Brasil; e, depois da independência do país, acompanhamos a forma como o "Leviatã" foi engordando na teoria e na prática: pelo positivismo reinante no século XIX; pelo "jacobinismo" tropical da República Velha; pela ditadura de Getúlio Vargas; pela tutela dos militares a partir de 1964; e, lamentável consolação, pelos governantes que vieram com a democracia e que apenas prolongaram o que Garschagen define como uma cultura de "servidão, submissão e dependência".

Para usar a linguagem expressiva de Michael Oakeshott, um pensador caro a Bruno Garschagen, o Brasil entregou-se, ao longo da sua história, aos braços da "política da fé": o governo apresentou-se, e foi passivamente aceito, como o agente capital do desenvolvimento do país rumo a um futuro glorioso — e ainda por cumprir.

Perante este edificante quadro, sobra a pergunta sacramental: mas, se os brasileiros amam o Estado, onde está o drama?

O drama, como explica o autor, não está apenas no fato evidente de que um Estado balofo tem de ser sustentado continuamente — e crescentemente — com o trabalho, o suor e o dinheiro dos cidadãos. Nesta, como em outras questões, não há almoços grátis.

As consequências são mais vastas: vão do empobrecimento que a onipresença do Estado em todas as áreas da vida coletiva implica até chegarmos à corrupção endêmica que, sem surpresas, sazonalmente catapulta o nome do Brasil para as primeiras páginas da imprensa internacional.

Além disso, convém relembrar um dos principais (e esquecidos) avisos que Friedrich Hayek lançou no seu *The Road to Serfdom*: quando o governo trata os cidadãos como crianças, criando essa cultura de "servidão, submissão e dependência", eles nunca chegarão a conhecer a verdadeira maturidade. Nunca chegarão, enfim, a serem livres e senhores do seu destino.

Disse no início que o paradoxo analisado por Garschagen também encontra eco na antiga Metrópole. É por isso que, meio milênio depois da viagem de Pedro Álvares Cabral, só espero que este livro possa fazer a viagem em sentido inverso e chegar também a Portugal. Como afirmava o referido Hayek, a "batalha das ideias" é anterior a qualquer mudança política substancial.

Que o mesmo é dizer: mudar uma cultura pressupõe discuti-la e criticá-la primeiro. E, claro, mostrar também os caminhos alternativos para que os cidadãos infantilizados pela ação do governo possam sair da casa paterna pelos próprios pés.

O livro de estreia de Bruno Garschagen é uma preciosidade para começar essa difícil e necessária jornada.

João Pereira Coutinho

Introdução

Governo nos olhos dos outros é refresco, ou o frêmito da mentalidade estatista não perdoa nem o futebol

Até onde lembro, meu primeiro contato com a política foi edificante. Eu e um vizinho, ambos com 7 anos de idade, fizemos megafones de papel e começamos a chamar de bandidos, nome por nome, todos os candidatos cujos santinhos nos foram entregues dias antes naquele ano de eleição estadual. Éramos uma espécie de versão miniatura do padre Antonio Vieira a recitar o seu famoso sermão do bom ladrão.

O segundo contato já foi menos edificante, embora em parte oportuno. Era 22 de abril de 1985. Cheguei à escola pela manhã e fui informado de que não haveria aula. Motivo? O presidente recém-eleito Tancredo Neves havia morrido na noite anterior.

Aos 9 anos de idade, como o leitor deve imaginar, no rol das minhas preocupações mais sérias não constava saber os detalhes da política nativa, pelo que a notícia não me abalou instantaneamente.

Fui embora feliz, salvo engano porque era um dia de aulas tediosas. Mas no caminho de volta para casa pensei por que diabos a morte de um presidente me obrigava a perder um dia no colégio que meus avós tanto se esforçavam para pagar. Por que um colégio católico privado decidira dispensar seus alunos por uma questão política que se passava em Brasília? Para mostrar minha indignação pública, fiz o único gesto político que estava na época ao meu alcance: peguei um doce de leite e o mordi com fervor anarquista.

Mais de duas décadas depois, naquele momento da vida em que o brasileiro precisa decidir entre ser funcionário ou vítima do governo, decidi largar tudo o que eu ainda não havia construído para iniciar uma vida acadêmica como estudante de teoria e filosofia política, e uma nova atividade profissional, que, na falta de melhor termo equivalente ao de auxiliar de serviços gerais, chamo de empreendedor intelectual.

Ao iniciar em 2007 o mestrado no Instituto de Estudos Políticos da Universidade Católica Portuguesa em Lisboa, que depois me levaria a estudar na Universidade de Oxford, as leituras, observações, conversas e reflexões sobre a política brasileira me conduziram a um problema que parecia dramático porque insolúvel: por qual razão nós, que tínhamos uma imagem tão compreensivelmente negativa sobre os políticos, achávamos que o governo deveria resolver os problemas do país?

Era um raciocínio que nem mesmo a minha imaginação, treinada na literatura de ficção nacional e estrangeira, era capaz de compreender. A não ser que parte da sociedade brasileira conseguisse ver na sua relação com o Estado o que ninguém mais via: os governos eram formados por anjos celestiais, não por aqueles mesmos políticos que todos amávamos insultar.

Três exemplos se tornaram simbólicos no início do século XXI dessa maneira excêntrica de pensar a política e de se relacionar com as instituições públicas no Brasil. O primeiro foram as manifestações de junho de 2013. Aproveitando os protestos em defesa do passe livre para estudantes no transporte coletivo, muitos brasileiros foram às ruas de forma legítima protestar pelo estado da política e pela situação do país, mas caíram numa contradição miserável ao pedir que o governo resolvesse os problemas que ele próprio criou.

No Rio de Janeiro e em São Paulo, as organizações e os partidos socialistas e comunistas só não esperavam, e certamente não desejavam, que parte da sociedade se apropriasse do que estava acontecendo para expor a insatisfação acumulada. Mas tanto no caso dos organizadores das manifestações quanto da sociedade a solução para os problemas era uma só: mais governo.

O segundo exemplo foi a minúscula "Marcha da Família com Deus" realizada em março de 2014, uma tentativa de reviver a "Marcha da Família com Deus pela Liberdade" havida em março de 1964. A versão mais recente da manifestação foi o casamento perfeito entre a nostalgia e a caricatura. Pedir ou aceitar uma intervenção militar é trocar um problema por outro, e é bem diferente de utilizar as Forças Armadas para uma finalidade específica sem que isso resulte numa atribuição de poder político aos militares. Como o leitor verá neste livro, já tivemos experiências históricas desse tipo para extrairmos delas as devidas lições.

Mais coerentes foram as passeatas realizadas em São Paulo em outubro e em novembro de 2014. Os manifestantes pediram investigação para os escândalos de corrupção do então governo de Dilma Rousseff e, se confirmadas as suspeitas, que todos os envolvidos fossem punidos e que a presidente fosse destituída do cargo pelo Congresso Nacional assim como acontecera com Fernando Collor de Mello, que resolveu renunciar antes de sofrer o *impeachment*. E, grata novidade, os protestos de 2015 também apresentaram publicamente uma agenda pela redução do Estado.

O terceiro exemplo é o mais prosaico e, por isso mesmo, o mais notável na exposição cruel do amor de uma parcela da população pelo Estado. Como não faz parte do mundo político, tal amostra merece algumas considerações.

Os torcedores nem haviam se recuperado da ressaca pela derrota de 7 a 1 para a Alemanha, num jogo da semifinal da Copa do Mundo realizada no Brasil em 2014, e já havia jogadores, jornalistas, comentaristas e ministro do governo federal discutindo a proposta de uma intervenção estatal no futebol brasileiro. E a conversa avançou como se fosse a coisa mais normal do mundo. Diante da ideia, não parecia tão absurdo o Brasil perder de 7 a 1 numa Copa do Mundo.

Felizmente para o esporte, uma intervenção do governo provocaria a suspensão do Brasil em competições internacionais. Agora imagine uma seleção de futebol jogando com o mesmo nível de qualidade de serviços estatais como a saúde e a segurança pública. A derrota para a Alemanha passaria a ser lembrada com saudosismo.

O sociólogo Roberto DaMatta acha que o futebol, importado da Inglaterra, trouxe ao Brasil um elemento moderno, com regras definidas e de aceitação voluntária, que fez com que nós, brasileiros, acreditássemos em nós mesmos. DaMatta considera que "o futebol foi o primeiro momento em que acreditamos que era possível fazer a virada da modernidade, da democracia, da igualdade, da obediência às regras, da clareza das regras".[1] Será?

Muito embora eu não seja um estudioso da sociologia do futebol como DaMatta,[2] sou um tanto cético em relação à influência cultural das regras do futebol em nosso comportamento e no convívio social. Especialmente naquilo que nos distancia das sociedades que têm como marca distintiva o respeito voluntário pelas regras e a confiança baseada em relações formais, não exclusivamente familiares e de amizade.

Em termos gerais, de fato, os torcedores brasileiros aceitam voluntariamente as regras do esporte, valorizam a competição, o talento e a meritocracia no jogo, mas costumam ser lenientes quando seu time do coração é favorecido pela arbitragem ou quando algum jogador simula uma falta para induzir o juiz a erro e com isso ser beneficiado. Sem contar a benevolência ou indiferença com a forma heterodoxa pela qual os cartolas tratam o dinheiro do próprio clube. A relação do brasileiro com o futebol não é muito diferente da que tem com a política. Mas é pior.

A única diferença entre os brasileiros que aceitam que o seu time se comporte de maneira antidesportiva para vencer os jogos e aqueles que aceitam que o governo seja cada vez mais intervencionista é que, no segundo caso, todos sofremos as consequências de sua atuação, não apenas os times e os seus torcedores.

O princípio e as regras que norteiam o futebol teriam muito a nos ensinar, mas as vicissitudes que unem o esporte à vida social e política são mais fortes do que as virtudes. Pedir que o governo resolva os problemas do futebol é um dos zilhões de exemplos de como se manifesta o nosso amor pelo Estado. Um sentimento que se revela em praticamente todas as áreas da vida em sociedade com regularidade e pontualidade de relógio suíço.

Mas de onde vem essa mentalidade? Quais são os elementos de nossa trajetória política que ajudam a entender a ideia de que cabe ao governo resolver os problemas sociais, políticos e econômicos? Por qual razão nós brasileiros, apesar de não confiarmos nos políticos, a quem dedicamos insultos dos mais criativos e variados, pedimos que o governo intervenha sempre que surgem problemas?

São as respostas para essas perguntas que tentei encontrar ao longo de nossa história desde que os portugueses aqui chegaram para construir um país e deixaram um profundo legado cultural e político que ajuda a explicar a nossa relação com o governo. A outra parte é exclusividade e responsabilidade nossa, ao contrário do chavão que culpa os portugueses e a Igreja Católica por todos os nossos infortúnios. Conhecer a nossa história política — assim como as ideias, ideologias e os personagens centrais da cadeia de comando — é a maneira mais adequada de descobrir e reconhecer os erros para podermos reformar o que precisa ser reformado e eliminar o que deve ser eliminado.

Para tentar esclarecer a origem da nossa peculiar relação com o governo, e a nossa situação atual, busquei informações e explicações de autores brasileiros e portugueses, numa bibliografia selecionada que também incluiu trabalhos acadêmicos (artigos, dissertações de mestrado e teses de doutorado).

Eis a ideia: reunir numa conversa intelectuais brasileiros que refletiram sobre a cultura política do Brasil. Presumi que só conseguiria desvendar os pontos centrais que estão resumidos no título deste livro a partir de um diálogo entre os filhos da mesma pátria, e destes com os da nação que nos gerou. Por isso, são restritas as referências às ideias de autores que não brasileiros e portugueses.

Dada a dificuldade de encontrar livros populares com uma narrativa sequencial do governo no Brasil desde 1500, a começar pelo rei de Portugal na época da chegada de Pedro Álvares Cabral, decidi contar a história ordenadamente mostrando quem governou e em qual período, além de um breve perfil de seus governos. O livro começa com D. Manuel I e termina com Dilma Rousseff, comprovando que nada é tão ruim que não possa piorar.

Priorizei a política nacional e a atuação do Poder Executivo federal, muito embora esteja implícito nos exemplos que utilizei a participação do Legislativo e do Judiciário, poderes institucionais que formam o governo e sem os quais um político é incapaz de governar. Mesmo os dois imperadores que tivemos, D. Pedro I e D. Pedro II, atuaram, no todo ou em parte, sob uma Constituição e com um Parlamento.

Ao expor a face intervencionista do governo e de seus líderes ao longo da nossa trajetória, procurei identificar certa unidade responsável pela formação de um ambiente cultural e de uma mentalidade estatista favorável à interferência do governo, apesar do pouco apreço que sempre tivemos pelos políticos.

O vínculo do intervencionismo e da mentalidade estatista com os indivíduos e as elites políticas que estiveram no poder não significa que eles sejam iguais do ponto de vista ético, moral e ideológico. Não são. Seria inadequado comparar o imperador D. Pedro II com qualquer presidente do período republicano, assim como seria uma maledicência equiparar os presidentes Prudente de Morais e José Sarney; Campos Sales e Luiz Inácio Lula da Silva; Rodrigues Alves e Dilma Rousseff.

Durante os dez meses de elaboração deste livro, tive sempre em mente o leitor não especializado que certamente gostaria de conhecer os eventos políticos por uma abordagem diferente e ter acesso a informações que estão dispersas na bibliografia disponível. Tentei aqui expor com rigor, paixão e humor uma espécie de história oculta da política brasileira. Este é, portanto, um ensaio despretensiosamente ambicioso cuja genialidade só rivaliza com a minha modéstia.

Se você, caro leitor, chegar ao fim deste livro sem ter bocejado ou dormido, e com a sensação de que aprendeu algo sobre a história política do nosso país, terei cumprido o meu modesto propósito de mostrar as origens e alguns dos elementos centrais que ajudam a explicar por que nós brasileiros amamos o Estado.

1 O início de tudo que deu no que deu

Cabral chegou ao Brasil, e a frota viu a erva — mas não fumou

Muitos brasileiros, se pudessem, teriam escolhido outro país para ter colonizado o Brasil, não Portugal. Compreendo o delírio. Já experimentei tal desatino. Queria que os ingleses tivessem desembarcado por aqui antes dos portugueses. A insânia só passou depois que comecei a conhecer a nossa história e a de Portugal, e após ter morado em Lisboa, onde desembarquei 507 anos depois da chegada das caravelas no nosso território.

A aventura brasileira começa pouco mais de cinco séculos antes, quando, ao meio-dia de 9 de março do ano de 1500, as caravelas portuguesas partem de Lisboa. Cruzar o Atlântico desde Portugal não deve ter sido das experiências mais agradáveis. Nem tanto pelo calor, pela água podre, pela impossibilidade de banho regular, pela afável companhia dos ratos, pelas doenças, pelas mortes, pela quantidade insuficiente de azeite e de vinho para a viagem, pela inexistência de internet para postar as fotos no Facebook e no Instagram. Era, pois, segundo a versão mais plausível sobre a expedição,[1] a expectativa de chegar à Índia e, eventualmente, ter de reverenciar uma vaca.

A tese da chegada intencional ao nosso território tem seus defensores, mas não há prova definitiva que a confirme. E se é verdade que duas expedições espanholas navegaram pela costa brasileira antes da chegada dos portugueses,[2] a nossa descoberta sociológica começa com a chegada daquela comandada por Pedro Álvares Cabral, que estranhamente alterou sua rota para a direita (oeste),[3] certamente inaugurando a clivagem ideológica que séculos mais tarde transformaria as redes sociais no melhor programa diário de humor político do país.

No dia 21 de abril, a embarcação principal era informada de que havia terra à vista. Mas, antes da terra, o que se viu mesmo foi uma grande quantidade de ervas compridas, chamadas de botelho e de rabo-de-asno, nomes que não são exatamente portadores de bons presságios.

Dito e feito.

Na manhã do dia seguinte, para deixar o ambiente ainda mais grave, as embarcações se depararam com aves conhecidas como fura-buxos. Não é difícil presumir a falta de entusiasmo da tripulação na chegada ao continente diante daquelas primeiras impressões povoadas de rabos-de-asno e de fura-buxos.

À tarde, finalmente, a terra. Ou melhor, um monte, que Cabral tratou logo de batizar de Pascoal, num momento único de criatividade motivado por aquele ser o período seguinte ao da Páscoa. Para não desperdiçar aquela que provavelmente seria a sua última centelha de inventividade, o capitão-mor aproveitou a ocasião para também batizar o território de ilha de Vera Cruz (ou da Cruz),[4] nome que, séculos mais tarde, designaria o mais importante estúdio cinematográfico brasileiro da década de 1950 e cuja derrocada se deu em virtude de intervenções estatais, como o tabelamento do preço dos ingressos e a inflação.

O escrivão Caminha foi o primeiro a pedir uma ajudinha

A chegada ao território foi registrada pelo escrivão Pero Vaz de Caminha, que lavrou a certidão de nascimento do Brasil. O documento histórico inaugurou em prosa aquilo que posteriormente seria identificado como uma unívoca relação do brasileiro com a política, com o poder político e com os políticos, e destes com a sociedade brasileira, um vínculo sobretudo de interesse, paternalismo, dependência, servidão, troca de favores antes mesmo de haver país, brasileiros nativos, capitalismo de laços, empresários amigos, partidos políticos, os fundos de pensão e o BNDES.

A necessidade de agradar o governante para obter algum favor, benesse ou privilégio, e a sua concordância em fazê-lo em troca de vassalagem estão expostas exemplarmente no nosso registro de nascimento. Antes Caminha tivesse terminado a missiva com uma receita do pastel de Belém, de fofos de Belas ou de biscoitos de Bucelas.

Mesmo sem ter sido oficialmente escolhido para relatar a viagem para o rei de Portugal, D. Manuel, Caminha descreveu a terra recém-descoberta e o que lá fez parte da tripulação ao desembarcar e ter contato com os índios, que se aproximaram devidamente "pardos, nus, sem coisa alguma que lhes cobrisse suas vergonhas". Séculos depois, a prática das vergonhas descobertas seria batizada de naturismo.

Sendo Caminha um beneficiário direto de uma benesse estatal, pois herdara do pai, Vasco Fernandes de Caminha, o cargo de mestre de balança da moeda da cidade do Porto, tinha na função uma boa fonte de renda ao deter poderes exclusivos de cobrar pelos serviços de pesagem obrigatória.

Privilégios políticos costumam gravar no espírito de todo e qualquer beneficiário a marca do servidor sempre fiel ao detentor do poder. Se for para garantir uma sinecura, alguma vantagem para si e para os seus, não há que medir esforços para agradar, bajular e atender pedidos e ordens, não importa de quem, nem de como venha. E talvez não seja uma coincidência o fato de o sobrenome Caminha significar, segundo um desses sites nada confiáveis dedicados a pais curiosos e pouco criativos, "jovem criada".

A relação peculiar entre quem detém o poder político e quem busca favores pressupõe a célebre expressão de certa polícia militar carioca: "Quem quer rir tem que fazer rir." Não é sem fundamento, portanto, que Caminha encerre assim a sua descritiva (e pedinte) missiva: "E pois que, Senhor, é certo que assi neste cargo que levo como em outro qualquer outra cousa que de vosso serviço for, Vossa Alteza ha de ser de mim mui bem servido, a ella peço que por me fazer singular mercê mande vir da ilha de São Thomé Jorge d'Osouro, meu genro, o que della receberei em muita mercê".[5]

Caminha ratificou habilmente a dedicação ao rei ao mencionar a sua função de escrivão e aproveitou para pedir um favor singular, excêntrico, familiar, enfim, uma ajudinha: que o rei permitisse o retorno a Portugal do seu genro Jorge d'Osouro, que, condenado por roubar pão, vinho e galinhas de uma igreja, e de ferir um clérigo, fora degredado para a ilha de São Tomé. Tudo indica que o rei atendeu ao pedido, mas não se sabe se d'Osouro voltou para o Porto ou morreu.[6]

O pedido de Caminha, que parece ser o verdadeiro motivo para a elaboração da carta na qual a narrativa do descobrimento foi um mero pretexto, inaugurou a nossa excêntrica característica cultural de sujeição ao governo para conseguir favores, cargos ou privilégios, especialmente em se tratando de parentes.

Quem tem padrinho não morre pagão

Dizia eu que Caminha herdara do pai o cargo de mestre de balança da cidade do Porto, do qual se afastou para embarcar rumo ao território que hoje conhecemos como Brasil. Sua história é a história de portugueses daquela época e a de brasileiros de épocas posteriores.

A nomeação de Caminha para o cargo de mestre de balança da moeda permite entender um hábito que, adotado na colônia e desenvolvido ao longo da história, tornou-se parte da cultura brasileira, como o samba, o futebol, políticos suscetíveis à venda de seus préstimos e empresários dispostos a comprá-los em troca de benesses.

A concessão dos ofícios (tabelião, escrivão, mestre de balança) e de outros privilégios (cartórios, monopólios comerciais, administração de alfândega) em Portugal (a metrópole) era de responsabilidade do rei, das câmaras e dos conselhos. No Brasil e na Índia, concedê-los, vendê-los ou arrendá-los eram atos de competência do rei, do governador-geral, do governador de capitania (pertencente à coroa portuguesa ou hereditária) e das câmaras municipais.

As benesses eram distribuídas a quem tivesse sido útil ao rei. Como o próprio Caminha, que, assim como tantos outros, foi beneficiado "em troca de graça, favor, serviço do rei, que podia ser remunerado pelo próprio ofício, cuja paga estava nos emolumentos e contratos de dízimos, alfândegas e monopólios, entre muitas formas de privilégios privatizados, ou pela concessão de mercês, títulos de nobreza, geralmente acompanhados de tenças e moradias".[7] Era o início da parceria público-privada que hoje provoca frêmitos nos decotes de certos políticos e determinados empresários.

Os custos com a concessão desses benefícios eram "de tal monta que, num levantamento de 1607, os gastos do reino nessa rubrica chegavam a 190 contos. Para efeito de comparação, no mesmo ano, o Estado português, vinculado ao rei da Espanha, mas com administração própria, teve 167 contos de receita advinda do império Atlântico (ilhas, Brasil, África Ocidental)".[8]

É a velha história (bom, nem tão velha) das consequências desse tipo de incentivo para os beneficiados e para a grande maioria não beneficiada. Se os cargos cobiçados e um sortilégio de regalias estavam à disposição dos políticos para serem concedidos de forma a atender interesses circunstanciais, não era de causar espanto o fato de parte da sociedade se aproximar de quem pudesse fazê-lo a fim de obter vantagens e oferecer algo em troca. Qualquer semelhança com a contemporânea orientação do governo brasileiro para conceder empréstimos subsidiados para empresas seletivamente escolhidas é mera coincidência.

O resultado dessa relação é o estímulo para os privilegiados preservarem e restringirem para si mesmos esse sistema de barganha e o desestímulo de parte dos desprivilegiados para fazer algo diferente do que se associar ao poder político em busca de algum privilégio.

Lapidou-se no Brasil um sistema desenvolvido em Portugal cuja prova é o exemplo pessoal de Pero Vaz Caminha e o conteúdo da sua carta. A economia das mercês, um modelo no qual o Estado distribuía privilégios e concessões a partir de acordos pactuados entre o rei, o poder local e os seus súditos, é a versão medieval do capitalismo de compadrio, capitalismo de Estado ou capitalismo de laços, que teve aqui uma terra fértil e gentil, pátria amada, Brasil.

Já perdi a conta de quantas vezes ouvi histórias pouco edificantes sobre a necessidade de prestar submissão voluntária a pessoas investidas em determinado cargo ou função no governo para obter algum ganho, um contrato, uma licitação, uma promoção, uma transferência.

E se o detentor do poder político for um familiar, tanto melhor. É possível construir uma carreira meteórica com ganhos volumosos, diria até mesmo pornográficos. À guisa de exemplo meramente hipotético, é plenamente possível ser escolhido desembargador de um tribunal federal se seu pai for ministro do Supremo Tribunal Federal (tanto melhor se sua mãe for desembargadora), ou dormir como (não com) monitor de zoológico e acordar sócio de uma grande empresa de telefonia. Neste caso, é preciso ser filho do presidente da República. Isto, obviamente, jamais aconteceu no Brasil.

Os degredados que aqui ficaram o Estado representaram

Uma informação reveladora da carta de Caminha é que o capitão--mor da expedição, Pedro Álvares Cabral, que, portanto, agia em nome da coroa portuguesa, ordenou a dois degredados que acompanhassem os índios e lá permanecessem para conhecer seus hábitos e sua maneira de viver. Deixados na praia, fizeram o que a maioria de nós faria com igual intensidade e nenhum pudor: choraram copiosamente.[9]

Os degredados não só passariam alguns dias com os silvícolas, mas ficariam na ilha de Vera Cruz após o retorno das embarcações para aprender "bem a sua fala e os entenderem". Isso permitiria converter os índios em cristãos e fazê-los crer na "santa fé católica". A observação de Caminha em sua carta ao rei D. Manuel reproduzia a visão política da época segundo a qual o grande papel de Portugal era "salvar esta gente". E mais: "esta deve ser a principal semente que Vossa Alteza em ela deve lançar".[10]

A semente, de fato, foi plantada e vicejou. Os políticos das gerações subsequentes nunca deixaram de, em maior ou menor grau, propor uma agenda que, no fundo, tentasse "salvar" a sociedade brasileira dela mesma a partir da ampliação do poder das instituições e da promulgação de leis. Só não nos salvava do Estado e do governo. Aquilo que era uma promessa de garantia formal de direitos e liberdades ao longo da história se convertia num poderoso instrumento de intervenção na vida dos brasileiros.

Por que qualifiquei de reveladora a informação extraída da carta? E, mais importante, qual é o elemento perturbador dessa informação? Justamente o fato de que o primeiro poder político que aqui desembarcou deixou como seus representantes dois degredados, o que, na época, significava ter sido condenado ao exílio do Reino de Portugal por haver cometido um crime passível de sanção penal.

Compreendeu, leitor? Homens condenados foram deixados na terra recém-descoberta como representantes da coroa portuguesa por decisão de seu representante, Pedro Álvares Cabral, que não tomaria tal decisão senão com a anuência prévia do rei. Mesmo que essa prática fosse comum nas descobertas portuguesas e nas de outras nações, não deixa de ser algo perturbador.

Em termos de simbologia política, são esses os dois fatos sintomáticos da fundação do país: 1) a primeira representação oficial do governo português a fincar pés em solo brasileiro era formada por degredados, que, obviamente, suplicaram para aqui não ficar; 2) o escrivão que descreveu a nova terra no documento que se transformaria na carta fundadora do país solicitou ao rei perdão para seu genro condenado e degredado na ilha de São Tomé.

Não é com maledicência que ambos os eventos históricos podem ser considerados fundadores de certa prática social e política que se desenvolveu ao longo de nossa história. E que, aperfeiçoada durante os séculos vindouros, às vezes é exposta publicamente como no julgamento do mensalão, realizado no Supremo Tribunal Federal (STF) em 2014, e as investigações e condenações realizadas a partir das investigações da Operação Lava Jato pelo Ministério Público Federal pela Justiça Federal em Curitiba. Foram até 2017 os maiores esquemas de corrução já descobertos no país.

O mito do Estado antes do povo é o consolo dos tolos

É sintomático da nossa cultura responsabilizar a herança histórica pelas nossas desventuras. Duas das principais justificativas são a colonização portuguesa e a herança católica. No primeiro caso, ainda goza de certo prestígio "a suposição de que, nos primeiros séculos, não teria havido povo mas somente Estado".[11] Esse mito, alicerçado na "tese da 'ausência de povo', tem sobrevivido [...] para justificar a aceitação passiva da dependência do Estado, tão presente em sucessivas camadas da população brasileira".[12] A cultura política da servidão existiu e continua a existir, mas as razões, como verá o leitor, são outras.

Um fato que atestaria a hipótese de que tivemos, no Brasil, Estado antes do povo foi a vinda do governador-geral Tomé de Souza, que desembarcou na Bahia em 1549 trazendo na mala um regimento elaborado em Lisboa e que serviria de base para a construção do país. Mas antes disso, em 1534, já tínhamos as capitanias hereditárias a partir da divisão do território, cujas partes foram entregues a particulares com relações próximas com a coroa.

Esse sistema estava mais para a concessão do território para agentes privados do que propriamente para a instalação de um Estado com suas instituições políticas e burocracia administrativa, o que só foi acontecer depois. Os portugueses inauguraram na época um tipo de parceria público-privada antes mesmo de virar modinha. E isto não é um elogio.

Inicialmente, o Estado português limitou-se a exercer em nosso território "funções de defesa, a partir de pontos estratégicos no litoral, núcleos esses que serviram, progressivamente, para implantar um mínimo de vida cultural".[13]

Na esfera econômica, não há registro da presença estatal "na disseminação das atividades produtivas no vasto território a ocupar". Mesmo com uma presença maior no Brasil colônia, o Estado português não tinha meios de controlar o que acontecia, dada a dimensão do país. Só mais tarde, "quando o processo de ocupação estava concluído", o governo conseguiu alcançar algumas regiões e as grandes propriedades para impor "ordenamento legal, através dos capitães-gerais".[14]

Alguns livros confirmam que, nos primeiros séculos de nossa história, tivemos povo antes do Estado: *Cultura e opulência do Brasil*, de André João Antonil, *Capítulos de história colonial* e *Caminhos antigos e povoamento*, de Capistrano de Abreu, *Vida e morte do bandeirante*, de Alcântara Machado, e *Instituições políticas brasileiras*, de Oliveira Viana.[15]

Portanto, não tem "qualquer sustentação a hipótese de que o povoamento do país, nos primeiros séculos, guardava inteira dependência do Estado".[16] Curiosamente, essa hipótese foi convertida num fato histórico indiscutível, aceito por pessoas de diferentes posições políticas, mas que ignoram a origem dessa tese ideológica sobre a colonização empreendida no Brasil.

Embora não haja provas de quem foi o autor da suposição de que aqui o Estado precedeu a sociedade, é interessante que a tese segundo a qual a origem dos nossos males está no período colonial tenha sido criada pelo positivista Manoel Bomfim. Segundo ele, as consequências negativas morais, sociais, políticas e econômicas eram resultado do modelo parasitário de exploração das colônias pela metrópole. Para Bomfim, "o parasitismo das metrópoles, como o parasitismo em geral, é fenômeno de ordem econômica, cujos efeitos se refletem sobre toda a vida social".[17]

A hipótese formulada por Bomfim era baseada na teoria do Estado positivo de Auguste Comte, e a chave para solucionar esse mal de origem era, claro, positivista: a reforma pela educação. Posteriormente, criou-se no Brasil a *versão positivista do marxismo*, resultado do cruzamento da doutrina positivista com a vulgata marxista, que reforçou a ideia a partir da *ideologia do colonialismo*.[18]

Os nossos *males*, antes de serem de origem, são a realização de ideologias tortas por governos oblíquos.

2 Do Brasil colônia ao fado de Pombal

As intervenções no Brasil colônia, ou de quando a Paraíba ainda não era "masculina, mulher macho, sim, senhor"

Passaram-se algumas décadas entre a chegada dos portugueses ao Brasil e o início efetivo daquilo que os historiadores batizaram de período colonial. Quase todos nós sabemos que nessa época o ambiente comercial doméstico era dominado pelo governo português, que decidia o que poderia ou não ser feito baseado em critérios políticos e econômicos que beneficiavam quase exclusivamente a realeza e os seus apadrinhados.

O que nem todos sabem é que nesse mesmo momento histórico desenvolveu-se no território um ambiente comercial empreendedor e próspero. E assim o foi porque a coroa portuguesa não tinha meios para controlar tudo o que acontecia numa dimensão territorial tão vasta. Mas onde o governo português conseguiu intervir a economia foi gravemente afetada. Era o avesso do toque de Midas.

Há exemplos notáveis dos resultados econômicos desastrosos gerados pela intervenção da coroa no país tomando como base de comparação o desenvolvimento nas regiões onde o governo português não conseguiu intervir. Ao contrário de certa perspectiva histórica,[1] a economia do Brasil colônia era, dentro de seu território, comercialmente pujante, formada por uma maioria de pequenos empreendedores e não ancorada exclusivamente num sistema fundamentado nas grandes propriedades rurais exportadoras.[2]

O Brasil colônia viveu um momento de grande crescimento econômico entre o fim do século XVII e o início do século XVIII por conta da expansão do seu mercado interno, e não das exportações. Esse ambiente de negócios "aquecido provocava elevações gerais de produção e preços por todo o território", e veio num momento em que a economia portuguesa, "dependente das exportações da colônia, estava numa fase recessiva". A recuperação econômica de Portugal se deu, em parte, "na esteira do desenvolvimento colonial".[3]

A única região do território nacional que não acompanhou as demais foi a que na época era formada pelos atuais estados da Paraíba e do Rio Grande do Norte. Num período de prosperidade comercial, essa parte da colônia viu os fluxos de comércio serem reduzidos pela combinação de "elevação dos preços dos insumos, queda nas importações monopolizadas — e contrabando obrigatório para pagar pelos escravos vindos do vizinho Recife".[4] A coroa portuguesa era muito hábil para fazer com que as coisas dessem errado.

A origem do problema foi a decisão do governo português de separar administrativamente aquela região, antes ligada a Pernambuco, com "o objetivo central de desviar os fluxos de comércio para a metrópole, permitindo que os ganhos nas trocas ficassem com comerciantes lisboetas".[5] É como diz o ditado: farinha pouca, meu pirão primeiro.

A intervenção direta da coroa foi adotada porque Pernambuco, entre todas as regiões brasileiras, "era a que apresentava o maior superávit comercial com Lisboa: exportava bastante e fazia isso com complexas relações entre o circuito interior do gado sertanejo, processamento industrial dessa produção, algum controle sobre a compra e venda de escravos por traficantes recifenses, exportações de açúcar e algodão".[6]

Como era de se esperar, como consequência desse tipo de intervenção houve uma queda acentuada dos negócios. Fracassou, portanto, a tentativa do governo de se aproveitar do pujante desenvolvimento econômico de Pernambuco e assim "transferir receitas internas para negociantes metropolitanos"[7] que tinham boas e rentáveis conexões com o poder político sediado em Lisboa. O mercado paraibano encolheu, mas sobreviveu graças à ação dos empreendedores da região. Tanto trabalho deve ter consumido os estoques de carne de sol, chouriço doce e rapadura.

A intervenção da coroa portuguesa também incidiu sobre o sistema de crédito, que estava concentrado nas mãos do poder político central e beneficiava apenas o próprio governo da metrópole e os apadrinhados. No século XIX, D. Pedro I repetiria o mesmo erro ao tomar vultosos empréstimos, ao aumentar a impressão de moedas para quitá-los, gerando inflação, ao violar contratos e ao levar o Banco do Brasil à falência.[8]

A política intervencionista do governo português não só interrompeu o desenvolvimento da colônia, mas prejudicou a economia após a independência[9] e foi um importante entrave à chegada e ao desenvolvimento do capitalismo no país (considerando que o capitalismo aqui chegou). Esse atraso impediu o Brasil de prosperar e manteve a dependência em relação à metrópole, além de reforçar a mentalidade estatista.

Os dois exemplos mostram como a atuação do governo na economia não é um problema novo e pode ser enquadrado na lógica da intervenção estatal.[10] O intervencionismo, também identificado com o mercantilismo, é uma "norma restritiva imposta por um órgão governamental, que força os donos dos meios de produção e os empresários a empregarem estes meios de uma forma diferente da que empregariam".[11]

Quando um processo intervencionista se desenvolve num ambiente de ideologia estatista, "cada fracasso de uma intervenção gera demandas por novas intervenções: a culpa dos problemas nunca é a intervenção em si, mas a falha em aplicar a lei e o egoísmo dos agentes econômicos".[12] O resultado é a exigência de leis novas e mais rigorosas.

A atuação da coroa portuguesa no Brasil e o desenvolvimento do Estado brasileiro desde então confirmam a tese de que ainda não existe uma solução convincente para o problema da lógica de expansão do Estado, da qual o intervencionismo é o resultado.

O governo português só não avançou para as outras regiões do país por pura incapacidade, não por falta de vontade (algo que acontece ainda hoje). Desde aquela época, portanto, é graças (a Deus e) à incompetência e a outras limitações técnicas que o governo brasileiro não é maior para alimentar a sua gula. É nas fendas mantidas por essas falhas que até hoje nós brasileiros que não servimos ao governo conseguimos trabalhar e prosperar.

Paradoxalmente, ao mesmo tempo que permitiu, como ainda hoje, à sociedade "sobreviver a ataques extremamente agressivos" do governo, "o fantástico grau de adaptabilidade da ação livre" se tornou "a causa última da ubiquidade e permanência do intervencionismo".[13] Foi o caso da Paraíba e do Rio Grande do Norte.

O fantástico grau de adaptabilidade das pessoas pode explicar três exemplos emblemáticos: Guilherme Pompeu de Almeida, Antônio de Azevedo Sá e Gonçalo Lopes, três homens que construíram seus respectivos patrimônios estabelecendo negócios e gerindo corretamente o capital acumulado, e não mediante a concentração de terras e/ou exportações. Suas trajetórias empresariais derrubam a explicação da economia colonial brasileira calcada exclusivamente na formação de riqueza como resultado da posse e do uso de grandes porções de terras e nos negócios realizados entre latifundiários.[14]

A forma como empreenderam num ambiente de incerteza e de intervenção do governo português, introduziram novas técnicas, identificaram necessidades, ofereceram produtos no mercado, aplicaram dinheiro em negócios de terceiros e se tornaram "sócios de risco nas diversas atividades econômicas que dirigiam ou financiavam"[15]mostra que a economia doméstica na colônia era mais viçosa do que a caricatura do modelo latifundiário que nos foi ensinado na escola e em algumas universidades. Apesar disso, a lógica do intervencionismo foi mais poderosa, e o Estado, em sua maior parte, venceu.

As interferências econômicas, no passado e no presente, são parte de um processo de ampliação gradual do Estado. As intervenções na economia não se restringem e não se limitam, desgraçadamente, à esfera econômica. Pelo contrário. Abrem uma vereda para avançar em outros campos da vida social com a pretensão de moldar nossas ações e decisões, e de influenciar nossos comportamentos e hábitos.

O governo, de interventor sistemático da vida econômica, passa a interferir e a regular os diferentes modos de vida com a finalidade de enquadrá-los à agenda política ou à ideologia no poder ou aos projetos dos grupos de interesses e dos grupos de pressão, que, de minoritários articulados, passam a ditar os rumos da sociedade. Quando nos damos conta, há toda uma mentalidade, uma cultura e um ambiente construídos para deteriorar os valores, princípios e normas — e servir quem está no poder.

Marquês de Pombal: o iluminismo francês contra Portugal

Há em Lisboa uma bela avenida chamada Liberdade. Com pouco mais de um quilômetro, construída entre 1879 e 1886, liga a praça dos Restauradores à praça do marquês de Pombal. Morador da capital portuguesa durante dois anos, não foi lá que pela primeira vez li e ouvi o nome do marquês, cuja vida política contraria a palavra que dá nome à avenida. Mas foi a primeira vez que o vi, imponente, impávido colosso. Sua estátua está no alto do monumento construído em sua homenagem, que não deixou de fora a aristocrática (e pouco higiênica) peruca e a escolta de um leão, símbolo de poder. Hoje, o risco de ser ridicularizado numa homenagem é maior, e esse ridículo ainda pode ser transmitido num programa de TV.

Mas Pombal, nascido Sebastião José de Carvalho e Melo (1699-1782), foi mais do que um homem de peruca ao lado de um leão. Foi uma das personalidades políticas mais nefastas da história portuguesa e brasileira, e sua atuação no século XVIII criou o primeiro "ismo" do processo de construção cultural e do ambiente político e econômico. O pombalismo, este nada elegante substantivo, nos legou uma mentalidade e uma estrutura que eram a face de seu comandante político: arrogante, tirânico e autoritário.[16] Pombal deixou sua marca gravemente intervencionista em nossa história.

Representante de uma elite de homens ilustrados que sabiam a dimensão do abismo que já separava Portugal dos demais países da Europa ocidental no século XVIII, foi nomeado secretário dos Negócios Estrangeiros no primeiro ministério formado pelo rei D. José I (1750-1777), que, em 1750, sucedeu o falecido D. João V. Pombal aproveitou a oportunidade criada pelo terremoto que destruiu boa parte de Lisboa em 1755 para mostrar a que veio.

A forma como lidou com a catástrofe fez com que se transformasse em figura central do governo português. O rei reconheceu seu trabalho ao lhe dar plenos poderes para promover as grandes reformas pelas quais ficou conhecido. No palco da história, tornou-se mais conhecido do que o próprio rei.

Além do talento político e da coragem, Pombal soube lidar com as consequências do terremoto graças à experiência, às informações e aos conhecimentos adquiridos no período em que atuou como embaixador em Londres a serviço de D. João V. Certo de que o florescimento do mundo civilizado era fruto do iluminismo francês e das conquistas científicas, iniciou uma batalha contra tudo aquilo que não representasse o ideal iluminista e o conhecimento lógico e científico.

Uma de suas lutas mais conhecidas foi travada contra os jesuítas, na época responsáveis pelo ensino em Portugal e que também utilizavam a Bíblia e as obras de Aristóteles e de São Tomás de Aquino como base da instrução. O Colégio das Artes e a Universidade de Coimbra eram as duas instituições administradas pelos religiosos e responsáveis pela formação da elite política portuguesa e de uma parcela significativa da elite política e intelectual brasileira durante os primeiros cinquenta anos do século XIX.

Pombal justificou publicamente sua posição contrária dizendo que esse modelo de ensino condenava Portugal a ficar cada vez mais distante dos "métodos de investigação e raciocínio" que "se desenvolviam em outros lugares, sobretudo na Inglaterra".[17] E que a consequência da instrução ministrada pelos jesuítas fora o isolamento de Portugal "dos avanços da ciência moderna que se verificavam no norte da Europa".[18]

Muito embora, na época, a contribuição intelectual dos jesuítas tenha tornado a academia portuguesa respeitada e reconhecida no continente, Pombal tentava impor a ideia de que havia uma relação direta entre o ensino jesuítico e o subdesenvolvimento científico português. Para resolver o problema, empreendeu uma reforma que representou um duro golpe nos jesuítas, que, além de perderem o monopólio, o poder e a influência na formação da elite portuguesa (e brasileira), foram expulsos de Portugal e das colônias.

Isso foi o que se viu. O que não se viu foi o resultado oculto da decisão: a estatização completa do ensino em Portugal, com a centralização ainda maior do poder do governo, e o combate ferrenho aos jesuítas, seguindo a orientação dos iluministas franceses que os consideravam um inimigo a ser combatido como parte de um ambicioso projeto anticristão que pretendia não só eliminar todas as ordens religiosas, mas destruir a própria religião.[19]

As medidas adotadas pela administração pombalina representaram a inauguração em Portugal do iluminismo francês, que era revolucionário, historicista e antirreligioso. Inimigos declarados da Igreja, "os filósofos franceses não eram apenas anticlericais, porém abertamente anticristãos".[20] O instrumento para a disseminação de suas ideias era a Enciclopédia editada por Denis Diderot e que teve como colaboradores Voltaire e Rousseau, cujos textos Pombal mandou que fossem traduzidos para o português.[21] Como os jesuítas representavam um grande obstáculo à entrada do iluminismo no ensino de Portugal, e graças a eles a Universi-

44

dade de Coimbra fora protegida, não foi coincidência a decisão de persegui-los e defenestrá-los.

Como parte do projeto político de "centralização do poder estatal com a feroz e calculada liquidação da Nobreza e da Companhia de Jesus", que, por ironia, fora "fundada em 1534 por Santo Inácio de Loyola e mais cinco estudantes (espanhóis) da Universidade de Paris",[22] em 12 de janeiro de 1759 Pombal expulsou os jesuítas de todo o território português, o que incluía as colônias, por crime de lesa-majestade. Em 28 de junho daquele ano, avançou com o plano ao determinar que o ensino público fosse reestruturado "no mais vivo repúdio do método até então preconizado pela neoescolástica conimbricense"[23] dentro da Universidade de Coimbra.[24]

No Brasil, o iluminismo francês foi em parte introduzido pelas reformas pombalinas e também trazido na bagagem por brasileiros que estudaram na França e em outros países da Europa já contaminados, em alguma medida, pela natureza daquela cosmovisão ideológica. De volta ao país, introduziram as ideias revolucionárias francesas nas academias, sociedades literárias e sociedades secretas, como a maçonaria.

Entre o fim do século XVIII e o início do século XIX, médicos, maçons e padres eram os "mais típicos representantes do radicalismo político", que também seduziu artesãos, soldados, alfaiates e escravos. Esses radicais estiveram por trás de várias rebeliões no país, como a Inconfidência Mineira e a Conjuração Baiana.[25] Mais tarde, como veremos, os maçons teriam um papel fundamental no Império e na República.

Pombal seguiu com seu plano iluminista disfarçado de preocupação científica em prol do desenvolvimento de Portugal. O objetivo público da reforma que propôs era recolocar o país numa "posição digna dentro do mundo civilizado e polido da Europa, posição de que fora afastado, assim acreditavam os pombalinos, pelo predomínio da escolástica jesuítica",[26] o que era uma mentira para encobrir suas reais intenções.

Para apagar os vestígios do ensino jesuítico e abrir o país para a doutrinação iluminista, a administração de Pombal modificou o conteúdo e o método de ensino das disciplinas já contidas no currículo (como o latim e a retórica) e introduziu novas matérias, como a matemática e a filosofia (ciências naturais, física e química), tanto no Colégio das Artes (em 1759) quanto na Universidade de Coimbra (em 1772).

As Faculdades de Matemática e de Filosofia tiveram um papel fundamental na nova ideia de universidade concebida por Pombal. Mas não seria o ensino da filosofia de então, mas da *filosofia natural*, entendida como ciência aplicada, cuja finalidade era "formar pesquisadores de recursos naturais, botânicos, metalurgistas, enfim, homens capazes de identificar as riquezas do Reino e explorá-las".[27]

A retórica política continuava a mesma: a ciência aplicada era "o meio hábil para a conquista da riqueza", e não somente o "processo adequado de gerir e explorar os recursos disponíveis, mas igualmente" para "inspirar a ação do governo (política) e as relações entre os homens (moral)".[28] Segundo Pombal, era disso que Portugal precisava.

O que os portugueses não sabiam era que as medidas da administração pombalina, ao contrário do discurso cientificista, reduziram o "magistério ao ministério" ao submeter o ensino a uma total e constrangedora "dependência do poder político, em vez de uma salutar liberdade de pensamento". As novas diretrizes pedagógicas foram impostas "por meio de medidas intimidatórias como o reparo, a demissão e a prisão".[29] Garantido por esse sistema policial, o ensino foi uniformizado para atender um objetivo bastante claro: servir ao Estado.[30]

O projeto científico de Pombal, contudo, não avançou por várias razões. O erro fatal não foi pretender que Portugal adotasse um modelo de desenvolvimento científico. Foi tentar impor o seu projeto de cima para baixo, desconsiderando a realidade portuguesa e eliminando a tradição do ensino desenvolvido até aquele momento pelos jesuítas. Em vez da reforma à moda inglesa, Pombal preferiu agir como um iluminista e cortar cabeças à moda revolucionária francesa.

Se o projeto científico foi fracassado, o projeto político iluminista foi vitorioso. Pombal deixou um profundo e negativo legado, e herdeiros. Um dos mais conhecidos foi D. Rodrigo de Souza Coutinho, o conde de Linhares. Afilhado de Pombal e treinado para ser seu sucessor, Coutinho foi convidado por D. João VI para chefiar o primeiro governo do rei no Brasil "após a transferência da Corte para o Rio de Janeiro".[31]

Coube justamente a Coutinho aplicar no comando da política brasileira o iluminismo cientificista do padrinho, uma espécie de doutrina de governo baseada na "suposição de que a ciência natural está pronta e conclusa, cumprindo aplicá-la" para que Portugal reconquistasse a sua grandeza. Para implementar esse projeto, foi criada no Rio de Janeiro a Real Academia Militar, que começou a funcionar em 1811.[32]

Transformada em Escola Politécnica em 1874, a instituição foi uma das portas de entrada e de doutrinação no país do positivismo de Auguste Comte. A união do cientificismo pombalino com a doutrina positivista de Comte tornou possível, aos olhos de seus militantes, formular tanto uma política quanto uma moral científica.[33]

De intervenção em intervenção, Portugal encheu o papo

No Brasil, a administração pombalina tomou decisões políticas que resultaram numa maior concentração de poder e num controle mais efetivo sobre a metrópole. A extinção das capitanias hereditárias e a alteração do estatuto político do Maranhão, que era diretamente vinculado à metrópole, foram exemplos do projeto de Pombal, que não pretendia reformar as instituições políticas a ponto de enfraquecer e destruir a monarquia absolutista portuguesa.

Como parte do processo de centralização de poder e de ganho econômico, a administração de Pombal usou o poder político para estimular as atividades econômicas da colônia a partir, por exemplo, da criação da indústria manufatureira e das companhias estatais de comércio. O governo português, preocupado com "o início da decadência do ciclo do ouro", com as "flutuações do preço do açúcar" e com a "sempre presente dominação inglesa", tomou decisões que provocaram um "novo surto de fortalecimento do poder estatal",[34] que já era robusto.

A nova política baseada no mercantilismo subjugou ainda mais a economia brasileira ao Estado português, o que significava atualizar o projeto de colocar a iniciativa privada a serviço do governo. Quando Pombal cantou seu fado, quem dançou foi o Brasil.

A ideia mercantilista de que a riqueza das nações tinha origem no comércio internacional era motivo mais do que suficiente para Pombal pretender subordinar ao Estado a relação entre os agentes privados nacionais e estrangeiros, um equívoco tremendo que Adam Smith já havia apontado, em 1776, com a publicação do célebre *Uma investigação sobre a natureza e as causas da riqueza das nações*.

Felizmente, os instrumentos e mecanismos para controlar a atividade dos brasileiros não eram tão eficientes na época quanto o são hoje. Por isso, a centralização do poder era mais aparente do que efetiva por causa da incapacidade do governo português de controlar todo o território. A dominação era, portanto, limitada a algumas regiões, que, no entanto, sofriam efetivamente com o controle político e econômico da metrópole.

Uma das formas encontradas pelo vice-rei de Portugal para reduzir a fragilidade de sua autoridade e preservar o poder sobre os capitães-gerais na maioria das capitanias no final do século XVIII era utilizar os conflitos entre os líderes regionais como instrumentos de controle.[35] Quanto mais antagonismos entre os poderes locais, menor a sua força conjunta e mais reduzida a ameaça contra a coroa portuguesa. Dividir para conquistar, senão o governo iria se lascar.

A luta da Igreja contra a usura nossa de cada dia

O mercantilismo e a política intervencionista implantados no Brasil pela administração de Pombal serviram de aliados às atividades dos representantes da Inquisição na colônia. Juntos, contribuíram para formar uma mentalidade contrária à prosperidade e ao lucro.[36]

No Brasil, o Tribunal do Santo Ofício organizou um "aparelho repressor permanente e de eficácia comprovada".[37] Sua atuação permanente era garantida pela residência no país dos familiares dos visitadores e comissários que eram responsáveis por municiá-los com informações. Os representantes da Inquisição não respondiam às autoridades religiosas do país, sequer aos bispos, e deveriam ser atendidos pelas autoridades civis. Na ausência de ambos, a informação era transmitida ao representante local.

A eficácia da estrutura de repressão montada pelo Tribunal do Santo Ofício foi posteriormente confirmada pela sua decisiva contribuição para arruinar o setor açucareiro e, principalmente, em decorrência do medo que inspirava, por gravar na cultura brasileira valores contrários ao empreendimento privado.

Uma das finalidades da presença do Tribunal do Santo Ofício por aqui era "coibir a usura dos mercadores que já não queriam vender a dinheiro de contado, mas cobrando juros".[38] Havia uma linha muito tênue que diferenciava a condenação da usura, entendida como a cobrança excessiva de juros para fazer dinheiro gerar dinheiro de maneira insaciável, da perseguição de todos aqueles que prospe- ravam e enriqueciam com o fruto do trabalho, pois a Igreja não condenava a riqueza, mas a avareza, um dos sete pecados capitais.

Na confusão entre o que era e o que não era usura, a iniciativa privada estava sempre no radar dos representantes do Santo Ofício. Como na época a Igreja era parte integrante do Estado português, a atuação do Tribunal ampliava o controle do governo na econo- mia, transmitindo à sociedade a informação de que era perigoso empreender e que o mais seguro era trabalhar para o governo, ou ser seu aliado.

Instaurou-se, então, "no país um verdadeiro efeito paralisante",[39] que desestimulou na raiz o desenvolvimento do capitalismo no início da nossa história. As ações do governo português, especial- mente a expulsão dos judeus e a criminalização da usura, contri- buíram decisivamente para impedir a formação de uma cultura favorável ao empreendedorismo no Brasil. Por isso, o que havia de privado estava de alguma forma relacionado ao governo ou, formalmente, dependente de sua autorização.

Num período da história em que a ideia contemporânea de separação entre Igreja e Estado soaria tão inverossímil quanto o seu contrário hoje em dia, equiparar o usurário a um criminoso comum, negar-lhe a comunhão e o sepultamento cristão, punir aquele que alugasse um imóvel a um usurário ou que afirmasse que a usura não era pecado eram ações políticas (do governo e da Igreja) fundamentais para construir um ambiente contrário à prosperidade e à ideia de capitalismo.

A discussão pública promovida por publicistas e prelados condenava a usura e os excessos da riqueza. Um exemplo didático dessa aversão pode ser encontrado nos *Discursos político-morais* (1758) de Feliciano Souza Nunes (1730-1808), nascido no Rio de Janeiro e destacado membro da elite política e cultural da cidade.

No livro, dois dos setes discursos são um ataque à riqueza material:

> As maiores riquezas que pode lograr o homem é [sic] a salvação, a liberdade e a vida. E se com a riqueza excessiva a salvação se arrisca, a liberdade se perde e a vida se estraga, como não virá o homem a ser tanto mais necessitado quanto for mais rico? Como não será a sua riqueza excessiva o mais certo prognóstico da sua maior necessidade e miséria?
>
> Que se estrague a vida com os excessos da riqueza, não é necessário que o discurso o mostre, basta que a experiência o veja. [...] e por isso diz São Jerônimo que todas as grandes riquezas são filhas ou netas da iniquidade ou injustiça, porque um não pode achar o que outro não tem perdido; concluindo com aquela sentença de Aristóteles, que o rico ou é injusto ou do injusto é herdeiro.[40]

Textos como ésse aumentaram a ambiguidade na condenação da usura criada no passado pelo Tribunal do Santo Ofício e pela sua militância intelectual e deixaram marcas profundas na cultura brasileira, como a visão um tanto negativa do empreendedor e da empresa privada, a condenação do trabalho como uma adversidade, e não como uma realização pessoal, e um afeto pela pobreza, que migrou da esfera da caridade para a do paternalismo estatal.[41]

O problema da posição da Igreja em relação às eventuais iniquidades de alguns ricos e da vida dedicada ao dinheiro, algo perfeitamente compreensível para uma religião dedicada a celebrar a vida espiritual, não material, era a maneira como essa mensagem era acolhida culturalmente pela sociedade e politicamente pelo governo. Na esfera cultural, desconfiança da iniciativa privada; no âmbito da política, controle e orientação estatal da atividade empresarial.

A simpatia pela pobreza presente em nossa tradição cultural até hoje "fomenta a crença da responsabilidade do Estado por tal fenômeno, quando os países que a eliminaram não o fizeram graças à intervenção estatal mas pela prática de uma economia livre, baseada na valorização do trabalho, no apreço aos bem-sucedidos, no reconhecimento da legitimidade do lucro, enfim, valores todos contrários ao que nos foi legado pela Contrarreforma e inculcado à força pela Inquisição".[42]

A situação teria sido um tanto diferente se Pombal e os membros da Inquisição portuguesa tivessem sido influenciados, como o foram parte dos jesuítas portugueses, pelos escolásticos espanhóis da Escola de Salamanca, intelectuais (e jesuítas) como Luís de Molina, Juan de Mariana e Francisco Suárez, professor de teologia na Universidade de Coimbra de 1597 a 1615.

Baseados na concepção de direitos naturais de São Tomás de Aquino, os religiosos da Escola de Salamanca tinham uma posição favorável à economia de mercado e desenvolveram, nos séculos XVI e XVII, teorias avançadas sobre economia de mercado, prosperidade, moeda, inflação, direitos humanos e tiranicídio.[43]

No Brasil, o Tribunal do Santo Ofício começou a atuar no início da nossa história. A primeira autoridade eclesiástica a ser investida de poderes inquisitoriais no país foi D. Antonio Barreiras. Em 1576, Barreiras foi nomeado bispo do Brasil e representante do Santo Ofício, com "autoridade para ouvir denúncias, abrir devassas, mandar prender os faltosos, ou receber os que lhe fossem encaminhados pelos vigários, e remeter, a seguir, para Lisboa, a quantos julgasse incursos em pena que fugisse à sua alçada".[44] Por isso, não era lá muito inteligente desagradá-lo.

Num ambiente em que a Igreja prometia salvar as almas e o Estado prometia salvar os homens, os brasileiros foram ensinados a acreditar que deveriam ser auxiliados por algum tipo de autoridade, política ou religiosa. Isto explica em parte por que essa mentalidade vicejou e se revelou tão duradoura com o passar do tempo. Mas não pode servir de justificativa (mais uma) para nos esquivarmos de nossa responsabilidade por termos optado por ideias e práticas políticas que nos colocaram no caminho da servidão voluntária e involuntária diante do Estado e do governo.

A burocracia como a alma penada do Estado

Outro filho feio da união do patrimonialismo com o mercantilismo no Brasil foi a burocracia estatal. Parte estrutural da administração portuguesa e instrumento indispensável do projeto de intervenção e de controle da economia colonial, a burocracia teve enorme relevância na gestão de Pombal.

A supremacia oficial da burocracia gerou dois resultados. O primeiro foi o Estado patrimonialista português conferir a si próprio também a função de ser o agente de modernização da colônia cujos resultados econômicos deveriam beneficiá-lo. Essa predominância da coroa na economia foi permitida pela concentração de poder na Casa de Avis e ajuda a explicar o "notável impulso empresarial de Portugal nos séculos XV e XVI".[45]

Notável impulso empresarial que não seria possível sem o dinheiro dos mercadores que, em troca, ganharam influência junto à coroa. O financiamento dos monarcas pelos empresários estabeleceu uma aliança entre mercantilismo e monarquia que favoreceu ambos, tanto na concessão de privilégios comerciais quanto na defesa do regime e das instituições políticas.[46]

No entanto, o poder financeiro e a influência política logo criaram um "antagonismo entre os mercadores cosmopolitas e a nobreza territorial" pela coincidência e conflito de interesses. Mas a conciliação dos interesses dos mercadores do Estado monárquico, "satisfeitos com as medidas da Coroa", se deu em virtude dos "privilégios que o Estado monárquico" concedeu "à nobreza em troca do acordo com as reformas".[47]

A consequência do compromisso entre a nobreza e os mercadores foi "empatar o destino histórico da burguesia portuguesa, pois a forma de explorar o comércio ultramarino não permitia a liberação das forças econômicas em que devia apoiar-se uma classe aspirante ao domínio político do país".[48]

O segundo resultado da supremacia oficial da burocracia foi colocar a sociedade brasileira numa posição inferior à do Estado. Essa condição hierárquica subalterna foi mais um dos elementos decisivos para a formação da mentalidade de que cabe ao poder político ser o principal eixo social, político e econômico.

Há uma explicação plausível para esse arranjo posicional entre governo e sociedade. Na ordem burocrática de um sistema patrimonial, o súdito estava numa posição de inferioridade em relação ao soberano. Nem um nem outro se sentiam "vinculados à noção de relações contratuais, que ditam limites ao príncipe e, no outro lado, asseguram o direito de resistência, se ultrapassadas as fronteiras de comando".[49]

O resultado era claro: "o capitalismo, dirigido pelo Estado", impedia a autonomia da iniciativa privada e ganhava "substância, anulando a esfera das liberdades públicas, fundadas sobre as liberdades econômicas, de livre contrato, livre concorrência, livre profissão, opostas, todas, aos monopólios e concessões reais".[50]

Ao longo da história brasileira, a burocracia se expandiu, e foram raras, breves e insuficientes as tentativas de reduzi-la. Talvez o único esforço sério tenha sido feito em 1979 com o Programa Nacional de Desburocratização.[51] O ministério extraordinário existiu até 1986, e a burocracia voltou gradualmente a recuperar sua desimportância maligna. A estrutura e o papelório que haviam sido extintos ou simplificados voltaram a atrapalhar a vida dos brasileiros.

Em 2005, o decreto n° 5.378, assinado pelo presidente Lula, revogou o decreto dos militares para instituir o Programa Nacional de Gestão Pública e Desburocratização, cuja preocupação é o que o governo deve fazer, não mais o que deve deixar de fazer. A burocracia voltou a ter um presente glorioso e um futuro promissor.

Imposto é tão bom que desmoralizou até o leão

Além da burocracia, a tributação é outro tema que desperta os sentimentos mais recônditos de políticos, economistas e intelectuais do regime. É uma espécie de Viagra da atuação política, que não respeita nem o leão, o rei das selvas, desmoralizado ao ser convertido em símbolo do imposto de renda em 1979.

Os tributos são elementos estruturais do Estado patrimonialista mantidos na história nativa por sua eficácia na preservação da existência e do poder do Estado, e dos projetos ideológicos que o alimentam. Sem os recursos expropriados de forma coercitiva da sociedade, eufemisticamente chamados de alocação de recursos, não haveria dinheiro para financiar a administração, a burocracia, as instituições, ou seja, para garantir a existência do Estado e o funcionamento do governo e de suas representações políticas.

O sistema tributário era parte estrutural do Estado português. O patrimonialismo português vivia em função "das rendas provenientes do patrimônio e do príncipe, convivendo com a fiscalidade periférica do senhorio e da igreja, existindo a sua presença até fins do século XVIII e início do século XIX".[52]

Uma de suas características era o poder de polícia para garantir o aumento das receitas com os impostos e centralizar a fiscalidade na pessoa do soberano. Além disso, o Estado fiscal se fundamentava "na receita proveniente do patrimônio do cidadão (tributo)".[53]

O processo de centralização ocorrido em Portugal teve uma dimensão pluridirecional e se manifestou em vários momentos históricos:

- sob a regência de D. João II (1481-95), com a expropriação das propriedades "abusivamente senhoreadas" depois de verificados os títulos patrimoniais; com o cerceamento da liberdade das jurisdições criminais; com a ampliação do direito de apelação para as justiças reais; e com a renovação da "mensagem ou confissão de vassalagem dos conselhos e donatários do clero e da nobreza";

- sob D. Manuel (1495-1521), com a expropriação do terço da cruciata do papado e do dízimo dos bens eclesiásticos; e
- sob D. João III (1521-57), com a apropriação do título de grão-mestre das ordens militares.[54]

Desde o começo do século XV, os reis portugueses se especializaram em contrair dívidas. Incompetente para administrar as riquezas extraídas das suas colônias e obtidas no comércio internacional, o Estado nunca tinha recursos suficientes para financiar as altas despesas com as expedições marítimas, com as conquistas das novas terras, com as colonizações e com o alto custo da corte portuguesa (vida luxuosa, construção de palácios, manutenção dos cortesãos e dinheiro para o clero).[55] Em Portugal, os reis herdavam uma coroa cravejada de dívidas.

O alto endividamento ao longo do tempo tinha dois resultados previsíveis e extremamente negativos para os súditos portugueses, tanto os nacionais quanto os das colônias: a cobrança de impostos elevados e os empréstimos feitos com grandes comerciantes, banqueiros e investidores estrangeiros, que passaram a ter poder e influência nos negócios da coroa portuguesa. Alguns, porém, foram extremamente prejudicados pelo calote real.[56]

No Brasil, o primeiro imposto foi cobrado pelo governo português em 1530 e incidiu sobre o pau-brasil, cuja extração e venda eram as principais atividades econômicas da época. O percentual estabelecido era de 20% sobre o volume do material extraído, pago com a própria matéria-prima. Quem controlava o procedimento eram os cobradores de rendas, que, atuando em nome da coroa portuguesa, tinham poderes para exercer a atividade, o que incluía mandar para a prisão todo aquele que não pagasse o imposto em dia ou se recusasse a pagar.[57]

Os recursos arrecadados com os tributos eram destinados a financiar a administração pública em solo brasileiro, remunerar os funcionários do Estado português, construir cidades e pagar tropas militares mercenárias que atuavam para combater e expulsar os estrangeiros que tentavam se estabelecer no Brasil.

A partir daí, o governo português e, após a independência, o governo brasileiro criaram novos tributos e desenvolveram mecanismos jurídicos e burocráticos de cobrança, além das punições para os que se recusassem a pagar. Vários levantes sociais, como a famosa Inconfidência Mineira, tiveram os tributos como uma das origens.

Um dos aspectos interessantes é que, durante a monarquia, a cobrança de tributos e taxas no Brasil era realizada por particulares, não diretamente pelo governo. Mas este procedimento criou problemas e foi "fonte constante de tensões entre os arrematantes, o erário e os produtores e comerciantes". O grande problema era que os cobradores privados "precisavam extrair dos 'contribuintes' valores maiores do que os destinados ao pagamento dos contratos", o governo "tentava garantir a ampliação e o pronto pagamento dos valores arrematados" e os empreendedores eram "constantemente constrangidos pelos contratadores que não só tinham o direito legal de estabelecer a forma de cobrança, como também, na maioria das vezes, controlavam os corpos militares locais".[58]

Esse tratamento entre o governo e os particulares a serviço do Estado criou uma relação de financiamento e concessão de privilégios extremamente nociva para a sociedade, que pagava a conta de forma direta ou indireta. Como hoje, aliás.

Comparativamente, o avanço do governo nos bolsos do cidadão durante a monarquia era menor do que hoje pelo tamanho do Estado brasileiro na época (quanto menor, menos problemas e menos gastos), pelas suas atribuições e pelo tamanho da população do país. Talvez o Estado também fosse menos guloso pela forma como pensava a elite política da época. José Bonifácio de Andrada e Silva foi certeiro e ousado ao afirmar que "nenhuma nação sobrecarregada de impostos é própria para grandes coisas; sobretudo quando os impostos não são voluntários". Segundo ele, para as "nações justas e generosas", os tributos deveriam ser "voluntários, ou donativos".[59]

A ideia do imposto como punição foi utilizada de forma bem-humorada por José Maria da Silva Paranhos, o intrépido barão do Rio Branco, numa crônica para o jornal *A Vida Fluminense* em 16 de janeiro de 1875:[60]

> Aí vão, pois, algumas mal-alinhavadas considerações em forma de projeto que, esperamo-lo, sejam bem aceitas por governantes e governados. Como se verá, são elas fruto de um apuradíssimo estudo não só do coração humano, mas também do coração dos potentados políticos, dos poetas impolíticos e de muitas outras classes mais ou menos politiqueiras. Se bem que, profundo na forma e grandioso no fundo, o projeto é de tão simples intuição que se pode reduzir à expressão a seguir:
>
> 1) Imposto sobre cada promessa de candidato que não for cumprida pelo deputado: $500
> 2) Imposto sobre cada mentira posta em circulação pelos órgãos da opinião pública: $800
> 3) Imposto sobre cada verso de pé-coxo que se publicar: $240
> 4) Imposto sobre erros de gramática cometidos pelos sapientíssimos escritores públicos — por erro: $020

5) Imposto sobre cada plagiato que for dado à estampa: $080
6) Imposto sobre cada apoiado de encomenda que for proferido na Câmara temporária ou no Senado: $010

Destarte, se arrecadarão por ano alguns milhões, e os cofres públicos se acharão sempre prontos a fornecer meios para levar à realidade todas as necessidades e melhoramentos.

Os tributos são importantes para o governo porque estabelecem uma relação de dependência e de servidão, por expropriação e favorecimento. Essa vinculação também cria e influencia a mentalidade estatista. Qualquer que seja a sua opinião sobre os impostos, você não pode ignorar o fato de que qualquer governo fará uso político desse instrumento econômico para benefício próprio e dos seus.

O bem-sucedido fracasso de Pombal

O pombalismo foi o casamento do iluminismo francês com o mercantilismo e o patrimonialismo, que passaram a coabitar e a se retroalimentar em benefício das elites políticas e empresariais ligadas ao governo. Uma vez iniciado o processo, o intervencionismo parece ganhar vida própria porque é alimentado por várias cabeças que dele se beneficiam.

As ações políticas e as consequências da administração de Pombal permitem entender por que seu projeto político, que pretendia reformar a antiga ordem estruturada numa aversão à iniciativa privada, acabou por potencializar o ambiente intervencionista e hostil às liberdades civis. A proposta de civilizar Portugal pelo ensino e pelo desenvolvimento científico era uma artimanha para inocular na cultura portuguesa o vírus do iluminismo francês e de tudo aquilo que o alimentava. Deu certo.

A ruína política de Pombal, com o falecimento do rei D. José I e a coroação de D. Maria I em 1777, não representou o fim do grande projeto iluminista, incluindo a ideia de que a civilização, a modernização e a prosperidade deveriam ser consequência da ação do governo e não dos membros da sociedade. Para civilizar, modernizar e prosperar, as decisões teriam que ser tomadas de cima para baixo a partir da concentração de poder. E lá se foi, mais uma vez, a possibilidade de superarmos o patrimonialismo.

A história de Portugal não começa com o marquês de Pombal, mas a história cultural do Brasil, em suas dimensões política, econômica e social, preserva ainda hoje marcas profundas do seu legado, incluindo o mercantilismo, o patrimonialismo e o cientificismo iluminista, que ajudaram a moldar certa mentalidade e abriram espaço para diferentes ideologias e regimes políticos que, apesar das divergências, compartilharam a ideia de que cabe a um poder político centralizar as decisões desde uma estrutura administrativa e burocrática e se impor sobre a sociedade. É o que pretendo mostrar nas próximas páginas.

3 Pimenta patrimonialista na feijoada de teorias

Na prática, a teoria se manifesta

O que seria de nós, estudiosos da política, sem conceitos que complicassem a explicação da realidade? De fato, cientista político sem teoria é como padre sem batina. Mas tentarei expor as concepções teóricas mais importantes para a nossa história sem parecer um religioso nu com a mão no bolso.

Boas teorias nos permitem compreender a nossa história política de uma maneira mais adequada. É como usar óculos para corrigir a visão das coisas. Aliás, presumo que seja falsa a ideia segundo a qual teoria e prática pertencem a dimensões diferentes. A teoria e a prática estão num plano horizontal; portanto, se equivalem em importância, além de se afetarem mutuamente.

Analisando a história das ideias políticas, não se pode afirmar que uma teoria seja sempre anterior à sua prática. Pelo contrário, o exercício da política formal surge como uma fonte legítima de formulações teóricas que, ao longo das experiências humanas e testes no decorrer do tempo, foram orientando a ação de políticos e a criação e o desenvolvimento das instituições. Hoje, porém, o exercício da política formal é normalmente alicerçado ou orientado por um corpo ou conjunto de ideias que o precede, o estrutura, o formaliza, o legitima e o explica. A criatura, de fato, passou a criador. Para o bem e para o mal.

Boas ideias políticas podem gerar bons resultados, seja por influência, por orientação ou por sua adequada aplicação. Isso não quer dizer que não haja possibilidade de, além de ser eficaz naquilo que se propunha, não produzir também consequências não intencionais, e assim criar novos problemas. Não há ideia capaz de impedir que isso efetivamente ocorra.

As ideias de John Locke, por exemplo, tiveram na França um efeito similar ao do álcool em estômago vazio, para usar a etílica metáfora de Anthony Quinton (1925-2010).[1] Ele explicava com essa imagem que, enquanto na Inglaterra as ideias políticas de Locke foram utilizadas para empreender a revolução de 1688, que conduziu o país à monarquia constitucional existente até hoje, na França incendiaram as mentes dos jacobinos[2] e influenciaram o processo revolucionário que pretendeu fundar uma nova sociedade e redimir a natureza humana através da política. O resultado foi um banho de sangue que guilhotinou democraticamente inimigos e artífices da revolução, como Robespierre e Saint-Just. A igualdade política na França começou pelo uso equitativo da guilhotina.

A virtude das boas ideias, porém, é ser não apenas o resultado benéfico de sua aplicação política, mas uma influência positiva para a sociedade numa escala maior do que as suas estritas dimensões éticas consequencialista (uma ação só é justa se conduzir ao melhor possível dos resultados) e utilitária (toda e qualquer ação, para ser aprovada ou rejeitada, está condicionada à sua propensão para aumentar ou reduzir o bem-estar das partes atingidas pela ação).

Além do mais, não seria arriscado afirmar que uma sociedade culturalmente virtuosa, alicerçada em boas ideias, terá instrumentos muito mais adequados e uma capacidade maior de lidar com o governo e com as eventuais consequências não intencionais na comparação com uma sociedade sustentada em ideias estúrdias.

Por outro lado, uma política ruim quase sempre tem origem em ideias ou ideologias equivocadas, mal formuladas, assentadas em falsas premissas ou conclusões que são estrategicamente adornadas com boas intenções e promessas cientificamente ilusórias. Estas são apresentadas com uma sedutora retórica política, que oferece um conforto plenamente compreensível para todos aqueles que vivem num ambiente repleto de intervenções governamentais e necessidades materiais (muitas das quais provocadas pela ação do próprio governo).

Perante uma sociedade sob pressão, e deslocando o diálogo para os seus próprios termos, os membros do governo criam armadilhas para justificar as próprias decisões políticas, aparentemente benéficas para o povo, mas que, na verdade, os favorecem. Não será surpresa, portanto, o mau resultado produzido pela aplicação de ideias maléficas.

Isso acontece quando os políticos dizem que é preciso aumentar ou criar mais impostos para melhorar ou ampliar os serviços públicos (saúde, ensino etc.). Dessa forma, evitam a discussão sobre o papel do governo, sobre a moralidade dos tributos, sobre o volume da cobrança atual, sobre a impossibilidade de um poder político cumprir tais promessas em larga escala.

O debate é, assim, direcionado ao percentual de aumento e ao que o governo pode e deve fazer, não ao que é relevante, ou seja, aquilo que o governo não deve fazer e o que não devemos compulsoriamente financiar. No fim, somos ludibriados para que seja preservada a situação legal em que somos obrigados a pagar mais por aquilo que decididamente não recebemos, nem receberemos (saúde, ensino, segurança, aposentadoria etc.).

Um dos sintomas dessa bem-sucedida estratégia política é o brasileiro reagir afirmando que, porque paga impostos demais, tem direito àquilo que lhe foi prometido, inclusive pela Constituição Federal de 1988. Ao pedir que o governo dê em troca tudo aquilo que prometeu, está, no fundo, muitas vezes sem perceber, concordando que o governo pode (ou deve) continuar cobrando o volume atual de impostos, bastando para isso que continue a prometer os serviços públicos. Cumprir são outros quinhentos.

Para entender como chegamos ao século XXI com esse modelo político e mentalidade política é necessário conhecer as teorias, os *ismos*, que foram importados, adaptados e implementados à realidade nacional.

O conhecimento e a compreensão das ideologias e agendas políticas podem ajudar a elucidar a curiosa relação das elites políticas com a sociedade brasileira, e a de nós brasileiros com os políticos e o governo. E a entender o cerne desse relacionamento sempre benéfico para o governo, para seus representantes e apadrinhados, e péssimo para nós, que legitimamos e financiamos o sistema.

Patrimonialismo não é nome de rua

Onze entre dez sociólogos brasileiros utilizam o conceito de patrimonialismo para explicar parte de nossa natureza política. E quando sociólogos brasileiros concordam sobre algo é porque este algo deve estar errado — um interessante fenômeno que atinge igualmente cientistas e analistas políticos. O grande problema é que, na maioria das vezes, o conceito é deturpado ou a sua aplicação ao caso brasileiro é equivocada.

Mas não pretendo aqui fazer uma crítica ao conceito de patrimonialismo e propor uma alternativa teórica. Não é este o meu propósito. Fico, portanto, com o que já foi discutido exaustivamente e que parece plausível. *Se non è vero, è ben trovato.*

Para chegar ao conceito de patrimonialismo, a teoria parte de uma determinada concepção de Estado e de dominação. Esses conceitos são tipos ideais, ou seja, instrumentos teóricos de análise, não uma descrição objetiva da realidade. Dito isto, comecemos do começo, ou seja, pelo Estado, definido como "uma comunidade humana que pretende, com êxito, o monopólio do uso legítimo da força dentro de um determinado território".[3]

Sendo uma instituição política que detém o monopólio da violência, a forma pela qual a sociedade relaciona-se com o Estado é submetendo-se, voluntária ou coercivamente, à sua autoridade, estabelecendo uma relação de dominação entre quem domina e quem é dominado.

A ideia de dominação é um conceito-chave do patrimonialismo. É qualificada como um "caso especial do poder", e aquele que o detém não pretende satisfazer apenas os seus interesses econômicos.[4] Nesse sentido, a dominação significa a vontade do dominador de influenciar a ação de outra pessoa (o dominado). Ao ser influenciada, a pessoa age de acordo com a orientação do dominador. Ao fazê-lo, obedece a um comando.

Em termos de exercício de poder estatal, um bom exemplo é a lei que concede determinado direito a um indivíduo contra um ou mais indivíduos, obrigando a fazer ou a deixar de fazer alguma coisa.[5]

Há dois tipos específicos e opostos de dominação. O primeiro é decorrente de um conjunto de interesses ligados por algo em comum e identificado com a posição de um monopólio no mercado. O segundo é o que emerge da autoridade e está relacionado ao poder de mando e ao dever de obediência. Trata-se do "poder do chefe de família, da autoridade administrativa ou do príncipe", que "se baseia num dever de obediência, sem mais, que é considerado sem atenção a quaisquer motivos e interesses".[6]

Esses dois tipos de dominação podem, inclusive, ser complementares, como pode também haver entre ambos formas de transição. São exemplos o Banco Central e os grandes bancos privados de crédito que, por exercerem um determinado monopólio no mercado de capitais, agem como dominadores ao definir condições que lhes são favoráveis em detrimento dos que desejam tomar um empréstimo.

Por essa perspectiva, os bancos influenciariam de maneira excessiva a ação econômica de quem precisa do empréstimo. Porque, para ter o pedido aprovado, o interessado deve se submeter às regras e oferecer garantias definidas previamente pelas instituições bancárias. Essa posição monopolizadora protegida por lei pode se transformar gradualmente numa dominação autoritária sobre quem pede o empréstimo, mesmo que aceite voluntariamente as condições.

O interessante desses exemplos é expor a relação que há entre um poder político e um econômico, e como o governo, por várias razões, beneficia e protege as grandes empresas, que, por sua vez, financiam os políticos que estão ou estarão no comando do Estado.

Essa estrutura evidencia um aspecto crucial da ideia de dominação: a relação de poder entre o agente monopolista por concessão estatal e o dominado, que é obrigado a se submeter a certas condições sem ter como barganhar. A concessão de um monopólio a grupos privados coloca o indivíduo (o "dominado") sem laços com o poder político e econômico numa posição desfavorável.

Em vez de um acordo voluntário entre as partes, o que se cria é um compromisso aparentemente optativo, mas que, no fundo, é uma aceitação do "dominado" das regras previamente definidas e contra as quais nada se pode fazer a não ser aceitá-las (se precisar do serviço ou do bem, como um empréstimo bancário) ou rejeitá-las (e ficar sem o bem ou o serviço).

Quando essa relação se torna a regra na sociedade, os incentivos criados são perversos: o empresário age para preservar seu monopólio (bajulando e financiando os políticos) e não para atender os clientes (eu, você, o pipoqueiro, o vendedor de picolé, o funcionário e os donos dos micro, pequenos e médios negócios). Gradualmente, o empresário passa a pensar e a se comportar como se fosse um político ou um servidor público.

E algumas pessoas prejudicadas por esse esquema de benefícios e privilégios passam a reagir negativamente, ou reproduzindo em suas esferas de atuação comportamentos similares ou achando que esse tipo de conduta e relação é o padrão a ser seguido, mesmo que o considerem errado. Não há anjos nem no governo nem na iniciativa privada, e também é nossa responsabilidade não ser conivente com tais procedimentos.

E o patrimonialismo? É "o poder doméstico descentralizado (do soberano) mediante a cessão de terras e eventualmente de utensílios a filhos ou outros dependentes da comunidade doméstica". Esse poder concede ao "senhor o direito de tirar-lhe arbitrariamente a propriedade, e também o costume considera originalmente óbvio o direito dele de dispor sobre as pessoas e os bens que deixa após a morte".[7] Em resumo, patrimonialismo é a "forma de dominação tradicional em que o soberano organiza o poder político de forma análoga ao seu poder doméstico".[8]

A forma de dominação patrimonial se manifesta de maneira radical mediante a dominação patriarcal.[9] Já foi moda no Brasil atribuir muitos dos nossos males ao elemento patriarcal da sociedade, mesmo que na maioria dos casos o autor do diagnóstico não soubesse muito bem o que isto significava.

Por que é importante conhecer essa forma de dominação? Porque a estrutura patriarcal de dominação se revela por meio da autoridade do chefe da comunidade doméstica. E se fundamenta nas "relações de piedade rigorosamente pessoais", não na obediência a normas abstratas e no dever de servir determinada finalidade impessoal e objetiva.[10]

Isso faz com que as relações pessoais sejam mais importantes do que as impessoais. É, a propósito, a regra no Brasil. Pense quantas vezes você contratou ou pediu a um familiar, amigo ou colega a indicação de alguém de confiança para prestar algum serviço em vez de buscar o melhor profissional? E a cultura das leis que pegam e das leis que não pegam?

Um dos elementos mais importantes do patrimonialismo para o tema deste livro é o seu caráter centrípeto. Essa característica orientava o monarca no sentido de concentrar e perpetuar o seu poder unipessoal. E a forma mais adequada para atingir tais objetivos era criar órgãos administrativos controlados pelo soberano.[11]

O governo patrimonial adotou algumas medidas para fortalecer seu poder centralizado, para comandar as parcelas mais frágeis da população e para cooptar as elites políticas e econômicas. As principais foram o paternalismo estatal (a ideia do Estado e/ou do político como *pai do povo*), "a criação e o aumento da carga tributária, a concessão de sinecuras aos servidores fiéis, o desmembramento da propriedade fundiária a fim de impedir o fortalecimento da nobreza, a divisão de competências entre os funcionários locais para que não acumulem poder excessivo, o emprego de funcionários totalmente dependentes, a organização de exércitos armados e mantidos pelo soberano (exércitos patrimoniais), a utilização, por parte do senhor patrimonial, dos serviços de intermediação por delegação aos senhores territoriais locais (no caso em que tivesse sido impossível a eliminação total da autoridade deles)".[12]

Sorte a nossa que tudo isso ficou no passado, pois não?

O feudalismo que não houve e o capitalismo que não veio

Uma das hipóteses para a ascensão e o sucesso do patrimonialismo no Brasil foi não termos tido feudalismo. A ausência da experiência feudal teria também inviabilizado o desenvolvimento do capitalismo tal qual ocorreu em países da Europa ocidental, como a Inglaterra. Mas por qual razão o feudalismo era tão importante?

O feudalismo tinha uma tradição de controle moral do poder e gerava relações contratuais, não de subordinação. Como no feudalismo o poder do nobre proprietário da terra não tinha o soberano como sua fonte direta, havia uma redução das funções burocráticas e a limitação do poder do senhor. O patrimonialismo, por outro lado, se caracterizava pela centralização do poder político e pelo aumento da burocracia.

A sociedade num regime feudal era caracterizada por laços de dependência extrema entre os homens, e a escala superior da hierarquia social era ocupada por uma ordem de guerreiros. O feudalismo não era um Estado dotado de poder político, que era dividido e exercido por instâncias regionais autônomas. O direito de propriedade era dividido de acordo com uma escala de direitos sobre os feudos, que, por sua vez, estava relacionada com a hierarquia dos laços de dependência pessoal.[13]

A palavra feudal vem do baixo latim *feudum*, que significa posse, propriedade ou domínio. As origens da sociedade feudal podem ser encontradas "na França setentrional dos séculos IX e X, com o declínio da Monarquia Carolíngia".[14] Esse tipo de comunidade se desenvolveu entre os séculos X a XII na Europa ocidental (França, Alemanha, Inglaterra)[15] e desapareceu no século XVI.[16]

O senhor era o dono do feudo, a terra "confiada a seu vassalo em troca de serviços meritórios, os quais incluíam serviços militares, ajuda e conselhos". O feudo era "outorgado por investidura", a "mais desejada forma de manutenção" e que "desde muito cedo se tornou hereditário".[17]

Uma das características centrais do feudalismo era a convivência diária entre senhor e servo baseada em atribuições específicas e acertos consensuais verbais. Em troca de tributos, o senhor feudal permitia que o servo e sua família vivessem e trabalhassem em seu feudo, oferecia proteção contra ameaças externas e exercia a função de juiz quando necessário.

O vínculo entre o vassalo e o senhor influenciou o desenvolvimento da monarquia, que "tornou-se feudalizada e foi desse modo fortalecida, obtendo o rei mais poder de seus direitos feudais de suserano, o senhor dos senhores, do que dos privilégios consagrados pelo tempo".[18]

Posteriormente, o feudalismo se constitui como um "dos alicerces do moderno Estado ocidental", que não só feriu de morte o sistema feudal como representou um golpe no "Absolutismo, pois o senhor tinha obrigações [...], assim como direitos, e a obrigação do vassalo de dar conselhos misturava-se ao direito de ser consultado e, em última instância, de dar consentimento".[19]

A relação entre senhor e vassalo alterou aquela existente no regime absolutista. Por esta razão, "os grandes conselhos de reis e de seus principais feudatários" são apontados como "os ancestrais diretos dos modernos parlamentos".[20]

O feudalismo não era um Estado, mas organizou "um conjunto de poderes políticos, divididos entre a cabeça e os membros, separados de acordo com o objeto do domínio". A sociedade feudal desconhecia a unidade de comando que criava a soberania e conciliava os privilégios contratuais "de uma camada autônoma de senhores territoriais" com a finalidade de construir uma homogeneidade nacional.[21]

Alguns autores citam como exemplo de feudalismo puro aquele desenvolvido na Inglaterra, onde foi conservada a "grande propriedade fundiária em mão dos barões" e "o papel desempenhado pela *gentry* (classe média rural), que não se deixou burocratizar pelo príncipe". Os ingleses também preservaram "o poder desenvolvido pelos juízes de paz; a participação dos notáveis no governo, graças à instituição parlamentar; e a redução, ao mínimo, da administração burocrática", que resultaram na "limitação do poder do monarca".[22]

A experiência feudal inglesa foi possível por causa da distinção dinâmica entre o patrimonialismo e o feudalismo. Houve uma transição da dominação patrimonial para a feudal a partir de elementos que se contrapunham "ao poder unipessoal do príncipe". A passagem ocorreu graças ao desenvolvimento de novas forças e organizações sociais que, antes submetidas a um poder com "fortes tendências patrimoniais", "conseguiram evoluir até formas de caráter feudal".[23]

A evolução do feudalismo teria resultado no sistema representativo parlamentar, que tinha como uma de suas atribuições controlar a burocracia estatal e a atuação do governo. O arranjo também serviu como um instrumento para estabelecer os limites do exercício do monopólio legal da violência pelo Estado.

É interessante a visão do feudalismo como "um acidente, um desvio na formação da nação politicamente organizada".[24] Sem esse imprevisto é difícil imaginar de que maneira a natureza do Estado como Leviatã (poder soberano e absoluto) e Beemote (divisão e fraqueza do poder soberano) apresentada por Thomas Hobbes se manifestaria ao longo da história, especialmente a partir da segunda metade do século XX.

A redução das funções administrativas foi outra marca distintiva do feudalismo, ao contrário do patrimonialismo. O Estado patrimonial buscava regularmente apropriar-se de novas funções com a finalidade de aumentar seu poder e sua importância. Havia pelo menos duas maneiras de realizar esse objetivo: desenvolver uma política social "voltada para o bem-estar das massas" e prometer ou criar "benefícios adicionais para seus funcionários". Com isso, o Estado patrimonial atribui para si "o título de *pai do povo*".[25] De *pai do povo* para *pai dos pobres* foi um pulo. Nossa história política é um tanto pródiga quanto a isto, de Vargas a Lula. Se filho feio não tem pai, o que fazer com um pai feio?

Há divergência entre os autores sobre se houve ou não feudalismo no início da história do Brasil. Aqueles que acreditam que tivemos uma experiência feudal a situam no breve período de existência das capitanias hereditárias. Mas o grande problema é outro: ver o feudalismo como condição para a transição econômica em direção ao capitalismo. Isto significa aplicar na história um típico e equivocado esquema de pensamento marxista, que acredita numa rígida e universal sequência histórica da estrutura dos modos de produção capaz de conduzir a humanidade para o socialismo.

E que sequência seria essa? Comunismo primitivo, que leva ao modo de produção asiático, que conduz à escravidão clássica, que constrói o feudalismo, que cria o capitalismo. Cada estrutura exigiria a anterior para existir. Portanto, não haveria capitalismo se não houvesse feudalismo. Uma tolice.

Afirmar a existência de uma série histórica rígida e universal da estrutura dos modos de produção é rejeitar aquilo que é fundamental à história humana: sua imprevisibilidade e incerteza. Somos imprevisíveis, e o nosso ambiente tende a reproduzir a ambiguidade e complexidade da convivência social. É impossível conciliar um esquema teórico rígido com a vida em sociedade. Como uma mesma teoria poderia ser aplicada a todo e qualquer grupo social, independentemente da sua formação, cultura, desenvolvimento?

A única maneira de isso acontecer é o teórico encontrar semelhanças históricas e tentar submeter a realidade à teoria, coisa que, sabemos, nunca deu muito certo. Não faz tanto tempo que, ao tentar subjugar as sociedades às suas ideologias, primeiro no plano teórico e em seguida na prática, socialistas, comunistas e fascistas fizeram do século XX um dos mais sangrentos períodos da história.

Centralização e descentralização: quem assinou o contrato social?

Uma brincadeira recorrente entre amigos é perguntar onde está o contrato social que ninguém viu nem assinou. É legítimo duvidar da existência do contrato social na origem da nossa história política? Ou somente se considerarmos o feudalismo como condição necessária para o seu nascimento? Sendo assim, a ausência de experiência feudal impediu o surgimento do nosso contrato social?

Esticando a hipótese, há pelo menos duas possibilidades:

1) acreditar que, dada a inexistência do feudalismo, jamais tivemos contrato social nem capitalismo (o que, neste caso, não é algo assim tão implausível);

2) considerar que o governo de D. Pedro I estabeleceu o contrato social mediante a sua autoridade política e por meio da lei com a Constituição de 1824.

Se a segunda alternativa for a mais adequada à nossa história, quase que deu com os burros n'água. O primeiro contrato social estabelecido no país correu o risco de não acontecer por causa da dissolução da Assembleia Constituinte[26] ordenada por D. Pedro I em 1823. A justificativa do imperador para encerrá-la foram as tensões cada vez maiores entre os constituintes nos debates para a formulação da carta magna.

Algumas das discussões mais acaloradas ocorreram pela dificuldade de estabelecer e estruturar os poderes políticos, especialmente os do imperador, e a maneira mais adequada para resolver o problema da centralização e da descentralização do poder a partir da sugestão do modelo federalista.

Democraticamente, D. Pedro I botou todo mundo para correr: mandou interromper a reunião e prender e exilar alguns parlamentares, como José Bonifácio de Andrada e Silva, personagem fundamental da independência do país.

A Constituição de 1824, que D. Pedro I prometeu que seria muito mais liberal do que a que estava sendo elaborada pela extinta assembleia, foi escrita por um conselho escolhido por ele, que a outorgou em 25 de março daquele ano. A carta magna atribuiu ao imperador o exercício privativo do poder moderador e o comando do Estado e do governo, cujas funções seriam exercidas por meio do Conselho de Ministros.

O poder moderador era um instrumento constitucional utilíssimo ao permitir que D. Pedro I concentrasse e exercesse o poder político sem ter de dar satisfações ou ser responsabilizado pelo parlamento. Sua finalidade era assegurar "à Coroa o poder de preservar no império o interesse público, entendido como imparcialidade, equilíbrio institucional ou interesse nacional, contra o interesse particular representado, respectivamente, pelo político ordinário, movido por paixões e apetites; pelas facções partidárias, instaladas na assembleia; e, enfim, pelas províncias, com suas oligarquias bairristas e sua tendência ao centrifuguismo".[27]

Tanto no Primeiro quanto no Segundo Reinado, a centralização versus a descentralização do poder político do governo imperial foi motivo de grandes debates. Depois da experiência dos partidos Restaurador, Republicano e Liberal durante as regências, a discussão foi travada entre os liberais e conservadores que integravam os respectivos partidos que a partir de 1838 dominaram a política formal. Os conservadores defendiam a centralização e os liberais defendiam a descentralização.

Os conservadores do Império eram chamados de *saquaremas*, uma alusão ao nome do município do Rio de Janeiro onde se localizava a fazenda do visconde de Itaboraí, um dos líderes conservadores, local de encontros regulares do grupo. Os liberais foram apelidados de *luzias* "em referência a uma pequena cidade de Minas Gerais, Santa Luzia, onde ocorreu a maior derrota dos liberais nas revoltas de 1842".[28]

As visões divergentes entre centralizar e não centralizar eram um assunto antigo e ainda não resolvido desde a colonização portuguesa, que "combinava uma tendência constante à centralização com a grande dispersão territorial dos postos de colonização, muitas vezes mais próximos da Europa que uns dos outros", o que fazia com que esses núcleos de colonização dispersos "se desenvolvessem por conta própria e, frequentemente, de forma contraditória".[29]

Além da grande dispersão territorial, o Brasil tinha uma "sociedade agrária de baixíssima densidade demográfica, alta concentração fundiária e produção escravocrata". Em virtude da ínfima capilaridade do Estado, a receita da coroa "dependia de impostos recolhidos pelas alfândegas das cidades marítimas".[30]

O debate se acirrava e os dois lados apresentavam seus argumentos. Os conservadores, que compunham a alta burocracia estatal, defendiam "o governo monárquico, o poder centralizado, um governo ativo e intervencionista, uma sociedade hierarquizada",[31] "a preservação da ordem e da paz, e a resistência a inovações políticas que não fossem maduramente estudadas".[32] E não reconheciam "a preexistência de uma Nação" e assumiam para si próprios "o papel de criá-la", fundando "a representação da soberania nacional na autoridade monárquica — numa palavra, era um projeto onde o político prevalecia sobre o econômico".[33]

Do lado dos liberais, donos das grandes propriedades rurais, a retórica era "idealista, tributária do liberalismo de tendência democrática" e federalista. Defendiam um "ultraliberalismo político, *laissez-faire* e escravismo" e afirmavam "a preexistência de uma Nação cuja extensão coincidia com a de sua própria classe; e por isso fundava a representação da soberania na autoridade parlamentar — em suma, um discurso onde o econômico prevalecia sobre o político".[34]

Os conservadores, que assumiram a bandeira do abolicionismo (muito embora houvesse conservadores escravocratas), acreditavam na possibilidade de se "resolver o problema do atraso sem desnaturar aquilo que seria autêntico do Brasil" enquanto os liberais se deixavam orientar por teorias estrangeiras e resistiam em adaptá-las à realidade e ao contexto do país por ver nesta atitude uma forma de corromper e deformar as ideias. Em resumo, "o que o saquarema vê como peculiaridades do Brasil é visto pelo luzia como desvio".[35]

Na esfera da política, vários discursos e textos foram produzidos com argumentos dos dois lados. Do lado conservador, um dos mais argutos defensores do poder moderador e da centralização foi o professor, político, advogado e diplomata José Joaquim Carneiro de Campos, marquês de Caravelas.

Na visão de Caravelas, "a extinção do poder moderador e o fim da vitaliciedade do Senado em benefício do elemento democrático destruiriam as garantias de estabilidade da Monarquia constitucional". E caso fossem "rompidos os meios que lhe permitiam resistir à decadência das formas puras de governo, à reforma institucional se seguiriam inevitavelmente crises que levariam à destruição da forma mista de governo".[36]

A centralização não era exatamente um problema, segundo o marquês de Caravelas, porque a Constituição de 1824 havia garantido a liberdade "em bases inabaláveis" e a forma de governo estabelecida dava ao país "a mais congenial com as nossas ideias, a única que se ajustava com a nossa educação, com os nossos usos, hábitos e costumes; a bem equilibrada distribuição dos poderes políticos, todos independentes e limitados à publicidade de seus atos".[37]

Caravelas estava seguro de que a Constituição "preenchia o desiderato das almas livres" e "tudo conferia os mais seguros penhores de serem efetivamente respeitados e religiosamente guardados os nossos direitos como homem e como cidadão". Daquele momento em diante os brasileiros poderiam se orgulhar de "ter uma Monarquia sem despotismo e liberdade sem anarquia".[38]

Do lado liberal, um dos mais notórios defensores da descentralização foi o político, escritor e jornalista Aureliano Cândido Tavares Bastos. Autor de *A província: Estudo sobre a descentralização no Brazil*, publicado em 1870, defendia a descentralização política e administrativa por acreditar ser a solução política mais adequada para um país com imenso território e frágeis vínculos nacionais.[39]

Bastos acreditava que a grande questão política no país era a "eterna luta da liberdade contra a força, do indivíduo contra o Estado". E só a descentralização seria capaz de "reduzir o poder ao seu legítimo papel, emancipar as nações da tutela dos governos". A descentralização era para ele "o fundamento e a condição de êxito de quaisquer reformas políticas", não uma mera questão administrativa.[40]

A província também era uma crítica ao instituto do poder moderador enquanto eixo da centralização, que tinha nos textos do visconde de Uruguai um norte para os conservadores. No livro, Bastos acrescentou à sua perspectiva social e econômica, baseada na política dos Estados Unidos, uma solução para a forma do Estado brasileiro, que deveria passar por "uma reforma constitucional que ampliasse a autonomia das províncias" e conduzisse o país "na direção de um federalismo mitigado".[41]

Bastos acertou na crítica ao caráter centralizador da monarquia brasileira e aos traços de absolutismo que ainda orientavam o comportamento político do imperador e de parte da elite política, mas sua defesa da descentralização parecia depositar uma esperança desmedida numa natureza política virtuosa do federalismo e da democracia à maneira americana. Ou seja, de algo que não fazia parte da nossa experiência política.

A instauração da República mostrou que Bastos estava equivocado quanto aos resultados benéficos da mudança. Os problemas de adaptação no Brasil de um modelo republicano presidencialista artificialmente implementado colocaram em risco tudo aquilo pelo qual conservadores e liberais brasileiros lutaram, como a estabilidade política e a própria unidade do país. A descentralização a partir da República também teve como resultado a consolidação dos poderes locais e o fortalecimento do coronelismo. Em vez da reforma do regime e do sistema de governo já existentes, parte da elite brasileira preferiu jogar fora o bebê, a água da banheira e a própria banheira.

O golpe republicano em 1889 e a covarde expulsão de D. Pedro II e da família imperial do país destruíram o capital de experiência política e social desenvolvido no Brasil até então. Os problemas e desafios políticos enfrentados até aquele momento, como a centralização e a descentralização, ou deixaram de existir ou passaram a ter outros significados. Deixaram de existir um imperador como peça central da vida política e uma disputa política entre liberais e conservadores.

A República abriu espaço para outras agendas e ideologias políticas que prometiam mudanças, mas que repetiram os velhos erros autoritários sem reproduzir nenhuns traços de virtudes da Monarquia e das elites políticas da época.

A Monarquia parlamentar constitucional acabou, mas a natureza do Estado patrimonial se manteve viva e ganhou nova roupagem.

O Estado patrimonial, ou de como modernizar para continuar o mesmo

Herdamos dos portugueses muito mais do que certo complexo de inferioridade e o gosto pelo bacalhau. O nosso patrimonialismo foi, de fato, uma herança do Estado português, legado que fundamentou tanto a nossa Monarquia quanto a nossa República. A influência do governo de Portugal na nossa cultura política foi de tal sorte que o presidencialismo republicano se desenvolveu à maneira do Estado português, a partir do crescimento estatal e da concentração de poder.

No caso do Estado português, um dos elementos que contribuíram para a expansão de seu poder foi a falta de instrumentos legais e de instituições que permitissem à nobreza e à burguesia confrontar o monarca. Tanto nobres quanto burgueses aceitavam fazer parte do jogo. A nobreza concordava de bom grado com o prestígio e os privilégios estatais, reduzindo-se a mera servidora do soberano. E a burguesia tentava extrair o máximo de benefícios de um sistema em que o monarca controlava a economia oficial, tornando a iniciativa privada dependente de seus favores.

A relação entre o Estado, a nobreza e a burguesia produziu estímulos ruins para os nobres, para os burgueses e para os servidores da coroa responsáveis pelo controle, o que inviabilizava qualquer "mudança renovadora". Foi uma das causas, inclusive, do fracasso da tentativa de modernização conduzida pelo marquês de Pombal.[42]

A maneira de exercer a autoridade real e de se relacionar com a economia privada nos foi legada pelos portugueses, e "a realidade histórica brasileira demonstrou [...] a persistência secular da estrutura patrimonial, resistindo galhardamente, inviolavelmente, à repetição, em fase progressiva, da experiência capitalista".[43]

Essa experiência política fez com que adotássemos do capitalismo apenas "a técnica, as máquinas, as empresas, sem aceitar-lhe a alma ansiosa de transmigrar". Ou seja, importamos os instrumentos, mas não o espírito do capitalismo. Não foi, entretanto, um privilégio brasileiro. Em várias partes do mundo "fora do núcleo anglo-saxão", o que se desenvolveu foi, na verdade, um paracapitalismo e um anticapitalismo.[44]

Mas a herança e a estrutura histórica são suficientes para concordarmos com a ideia de que a história do Estado brasileiro pode ser resumida numa trajetória determinista de concentração de poder e estatismo? Por mais que essa hipótese seja razoável, é limitada. Não há dúvida de que a concentração apontada não só se manteve como é muito maior e mais eficiente hoje do que naquela época, mas essa abordagem menospreza a característica modernizadora do Estado no Brasil por basear-se numa perspectiva inflexível, quase determinista, sobre o sistema patrimonial que se desenvolveu no país.[45] Além de concentração de poder, houve uma atualização do tipo e dos meios de controle que preservou a natureza dos elementos patrimoniais.

A feição modernizadora do Estado patrimonial brasileiro foi a razão pela qual o patrimonialismo permaneceu na nossa história política. Graças à profissionalização do estamento burocrático, nosso patrimonialismo estatal assumiu feições racionalizadoras, como o aprimoramento da capacidade tributária e a criação e manutenção de monopólios, com a finalidade de preservar sua própria estabilidade.[46]

Outras características do patrimonialismo modernizador brasileiro são um ordenamento hierárquico da sociedade estabelecido pelo poder político, a capacidade de impor sua vontade sobre a sociedade, uma administração burocrática capaz de impedir a disputa entre os poderes patrimoniais inferiores, a existência de sistemas corporativos do tipo autoritário e o apoio de estamentos profissionais que minimizam os riscos de desestabilização do poder unipessoal. Em suma, mais Estado, menos sociedade.

Pelas suas particularidades, o governo patrimonialista modernizado sempre atribuiu grande importância ao "papel da administração central na promoção do desenvolvimento econômico e social do país". No Brasil, "pelo menos desde 1937, o Estado tem sempre desempenhado um papel ativo e agressivo na implementação de algum tipo de política de desenvolvimento econômico e social, embora fustigado pela liberal anti-intervencionista".[47]

Como veremos nos capítulos seguintes, essa característica intervencionista foi implementada em diferentes níveis, por sucessivos presidentes, sem que a sua natureza fosse modificada. Apenas os métodos foram atualizados, sem perder, no entanto, componentes do antigo Estado patrimonialista, como a centralização, o clientelismo, a fisionomia cartorial, a burocracia, a tributação *et caterva*.

A modernização do nosso Estado patrimonial foi realizada com a participação "de novos, ativos e vigorosos interlocutores na sociedade" com a finalidade de "conduzir o país à plenitude". O Estado, por sua vez, assumiu, "cada vez mais, sua responsabilidade ante a sociedade", agindo e dando satisfação dos seus atos de acordo com a função social que passou a desempenhar.[48] Função social que, depois, seria convertida numa expressão coringa de políticos, ideólogos e grupos de pressão para atacar, em diversos níveis, a propriedade privada.

Os novos interlocutores na sociedade passaram a ser representados pelos grupos sociais articulados. Estes grupos aceitaram "que o Estado e o planejamento da vida social estão aqui hoje para ficar, que não há mais lugar no mundo de hoje para a prevalência de interesses coletivos". Também consentiam que o melhor para a sociedade era "a existência de um Estado nacional" que deveria "ser conduzido a níveis cada vez mais altos de bom funcionamento e de acatamento explícito das necessidades sociais por ele formuladas".[49]

Os intervencionistas e seus asseclas, o coração e os membros do Estado, sempre encontram soluções criativas para reduzir, controlar e/ou participar dessa dimensão descentralizada, uma espécie de bolha protetora da sociedade civil. Uma das formas de fazê-lo é promover cooptação política com a finalidade de "submeter a sua tutela formas autônomas de participação",[50] o que inclui representantes de entidades de classe, de organizações não governamentais, de sindicatos, intelectuais.

Essa estratégia política exige sistemas de cooptação, que "ocupam um lugar intermediário entre os sistemas corporativos e a política aberta de grupos de interesse". A eficiência de sua atuação gera uma tendência a "reduzir o conflito político pela limitação de seu escopo, ao estabelecer monopólios irredutíveis de privilégios". O resultado é a criação de "estruturas de participação política débeis, sem consistência interna e capacidade organizacional própria". Se a cooptação prevalece, o Estado e sua elite política transformam-se no eixo em torno do qual gravita a política.[51]

Um dos instrumentos utilizados até hoje pelo Estado para cooptar os grupos autônomos é a concessão de benefícios e de privilégios a segmentos específicos da sociedade e a indivíduos. Se antes os grupos preferenciais eram os dos trabalhadores, e o regime de Getúlio Vargas foi o criador de um sistema de cooptação que incluía a consolidação de uma legislação específica, a previdência social e a atuação do Ministério da Educação e do Ministério do Trabalho, hoje essa captura política é dirigida a grupos sociais mais ou menos mobilizados e com poder de mobilização, cuja agenda pode ir de portadores de necessidades especiais a militantes gays.

Um dos exemplos da modernização do Estado patrimonial brasileiro é a participação do governo na economia, que não se limita às estatais ou à sociedade compulsória estabelecida com todas as empresas privadas no Brasil mediante a cobrança de tributos e burocracia. Ao contrário do passado, em que isso era impossível, hoje o governo consegue, de forma cada vez mais ampla, diversificar sua participação em várias empresas e segmentos econômicos.

O modelo de relação especial entre governo e mercado foi apelidado de capitalismo de laços.[52] É um sistema que se realiza mediante a criação de alianças, consórcios e emaranhados comerciais estabelecidos entre o governo, grupos privados domésticos e multinacionais em torno de projetos empresariais nascentes. Trata-se de uma estratégia do governo para esconder a dimensão de sua real participação na economia nacional, a despeito da aparência de funcionamento privado de diversos segmentos.

De que maneira isso ocorre? O Poder Executivo federal deixa de atuar como um agente com controle direto quase total da economia em um número restrito de grandes empresas para diluir a sua participação em algumas companhias (privatizadas ou não) e dessa forma atuar em uma rede muito maior de organizações. Se os laços são qualitativos nos segmentos certos e nas empresas mais adequadas, o projeto de manutenção e exercício do poder é muito mais eficiente e mais sólido. E rende muito mais dinheiro e poder político.

A artimanha permite ao governo mascarar publicamente sua participação na economia e obter um poder político e econômico muito maior e mais abrangente do que se se limitasse a cuidar de empresas estatais. Sem a exposição pública de suas atividades, e a consequente cobrança e fiscalização da sociedade e das instituições, os representantes do governo podem agir nos bastidores, estabelecer negócios e fazer pressões de maneira mais eficiente.

Isso acontece há anos nos fundos de pensão e em algumas empresas que foram "privatizadas", como a Companhia Vale do Rio Doce. Privatização no Brasil virou sinônimo de concessão estatal de empresas ou de exploração de atividades sem que o governo perca completamente o controle e a influência.

A modernização do Estado brasileiro não extinguiu o seu caráter patrimonial. Em vez disso, atualizou o que o patrimonialismo tinha de pior e o tornou mais maleficamente eficiente. Ter à disposição modernos mecanismos de controle fez aumentar a centralização, a intervenção e o poder dos representantes do governo. A atuação da Receita Federal é um dos grandes exemplos disso. Um Estado patrimonial modernizado é bom para os políticos, para os servidores do Estado, para os empresários amigos e para os intelectuais do regime, não para a sociedade.

Além de Vargas, o PT foi o partido que melhor entendeu que a efetiva modernização do nosso Estado patrimonial exigiria um governo atuando como planejador da vida política, econômica e social a partir da adoção de novos mecanismos de participação de grupos e setores da sociedade e da criação ou mudança da legislação. O partido percebeu como seria vantajoso modernizar o Estado patrimonial para que continuasse o mesmo. Vargas e PT, tudo a ver.

4 Como era gostosa a minha monarquia

D. João VI, o rei que deixou Adam Smith falar (um pouquinho)

De 1500 até a chegada de D. João VI ao Brasil em 1808, o país esteve sob os reinados de D. Manuel I (1495-1521), D. João III (1521-57), D. Sebastião I (1557-78), D. Henrique I (1578-80), D. António I (1580), D. Filipe I (1581-98), D. Filipe II (1598-1621), D. Filipe III (1621-40), D. João IV (1640-56), D. Afonso VI (1656-83), D. Pedro II (1683-1706), D. João V (1706-50), D. José I (1750-77) e D. Maria I (1777-1816).

Em fuga por causa da invasão das tropas napoleônicas em Portugal, a rainha D. Maria I e seu filho D. João VI trouxeram não só parte da corte portuguesa, mas um novo momento para a história brasileira.

Com D. João VI, rei de fato em virtude do problema de saúde mental da mãe, o Brasil saía da condição de colônia para ser alçado à sede do império português e começava a experimentar um período de liberalização que conduziria o país anos depois à independência econômica antes mesmo da autonomia política, algo raro na época.

O mais comum era um país conquistar primeiro a libertação política para só depois obter a emancipação de sua economia.

D. João VI não poderia ser qualificado como um liberal, mas foi convencido de que o mais adequado era adotar algumas medidas de abertura da economia para preservar o país e o seu próprio governo. O mesmo ocorreu, séculos depois, sob a presidência de Itamar Franco, um nacionalista empedernido, e de seu sucessor, Fernando Henrique Cardoso, um intelectual socialista que, por uma imperiosa necessidade de governo, deixou-se convencer de que o melhor era privatizar determinados segmentos econômicos e diversas empresas estatais, incluindo a área de telecomunicações. Não o fez, portanto, por ideologia, mas porque era imprescindível para o governo.

No caso do rei português, foi fundamental a influência do professor de economia política José da Silva Lisboa, que aliava princípios teóricos liberais com a prática.[1] Mais tarde agraciado com o título de visconde de Cairu, Lisboa "exerceu papel relevante no convencimento do Príncipe Regente de pôr fim ao monopólio comercial até então exercido pela metrópole e abrir os portos do Brasil a outras nações — tal como pretendia a Inglaterra, sufocada pelo bloqueio continental francês".[2]

Influenciado pelos ideais do iluminismo escocês, especialmente por Adam Smith e Edmund Burke, de quem foi tradutor,[3] Lisboa expôs nas *Observações sobre o comércio franco no Brasil* os benefícios da liberdade de mercado e da concorrência, e os malefícios do monopólio que beneficiava uma parcela dos comerciantes portugueses e brasileiros.[4] Nesse sentido, caberia ao soberano somente influenciar positivamente, exercendo um poder tutelar, sem intervir diretamente para orientar o mercado.[5]

Certamente surpreenderá a muitos leitores o fato de Lisboa negar nas suas *Observações*, publicadas em 1808, a afirmação, ainda hoje muito comum, de que a abertura dos portos brasileiros foi uma estratégia da Inglaterra para "estender cada vez mais o seu systema de Colonisar o inteiro mundo, para extrahirem as riquezas dos povos, impossibilitar-lhes a industria, e constituillos em perpetua dependência de seus supprimentos". Os responsáveis por esse "ridículo estratagema" teriam sido os franceses, que pretendiam indispor os ingleses com as outras nações.[6] Os franceses, aliás, tiveram um papel singular na nossa história, e nesse caso não no bom sentido.

Lisboa foi um grande defensor do liberalismo econômico, que no Brasil antecedeu a própria defesa do liberalismo político iniciada pelo jornalista Hipólito José da Costa nas páginas do seu *Correio Braziliense*, escrito e impresso em Londres de 1808 a 1823. Hipólito, que foi preso em Portugal por ser maçom e fugiu para a Inglaterra, acreditava que "a liberdade individual do cidadão é o primeiro bem; e protegê-la é o primeiro dever de qualquer governo".[7]

No período da Monarquia parlamentarista constitucional, o deputado liberal Bernardo Pereira de Vasconcelos, crítico ferrenho da presença do Estado na economia, mas que, contraditoriamente, defendia a manutenção da escravidão pelo governo, afirmaria a ligação indissolúvel entre as dimensões política e econômica do liberalismo ao defender "o mais religioso respeito à propriedade e à liberdade do cidadão brasileiro",[8] o que, obviamente, não incluía os escravos.

A abertura dos portos às nações amigas, a defesa do liberalismo econômico e político e o desenvolvimento de uma economia dinâmica no Rio de Janeiro e em outros pontos do país pareciam ser o início da superação histórica do mercantilismo e de outros estatismos no Brasil. Só pareciam.

Em primeiro lugar, a história de D. João VI no Brasil foi interrompida pela exigência do retorno a Lisboa, pelas Cortes Constituintes de Portugal, a seguir às importantes mudanças provocadas pela Revolução Liberal do Porto em agosto de 1820. O rei voltou para Portugal em abril de 1821, não sem antes nomear por decreto o príncipe D. Pedro, seu filho e herdeiro, como regente do Brasil, e raspar os cofres do Banco do Brasil.

Em segundo lugar, o rei foi o responsável por estreitar os laços com os empresários dos setores agrícola e comercial, criando incentivos negativos e mecanismos de participação de famílias ricas e influentes em seu governo, além de ter instalado no Rio de Janeiro uma enorme e onerosa burocracia dependente do Estado. D. João VI deixou o Brasil numa situação econômica, política e administrativa bastante delicada, com uma acirrada disputa por poder e influência, e, nas mãos do filho, um enorme abacaxi por descascar.[9]

D. Pedro I: da independência ao crescimento do Estado

O império brasileiro durou 67 anos após a declaração de independência em 1822. Coube a D. Pedro I, português e filho do rei D. João VI, negociar[10] e proclamar o fim da submissão a Portugal. O rompimento político, porém, foi realizado com a preservação da Monarquia e da Casa de Bragança no poder.[11]

O grande problema foi que as complicadas negociações para garantir o apoio dos grandes fazendeiros e dos comerciantes para declarar a independência reforçaram a cultura estatista baseada em promessas de governo em troca de satisfação de poderosos interesses privados.

Enredado num sistema que ajudou a alimentar, D. Pedro I foi elevado ao trono aos 24 anos e exerceu o Primeiro Reinado de 1822 a 1831. Saudado pelos liberais como o rei que "traria a liberdade, a igualdade e a fraternidade" asseguradas por uma constituição republicana, era celebrado pelos conservadores como um imperador que "jamais iria se deixar dobrar às pressões da malta republicana". As expectativas que D. Pedro I despertou eram tão contraditórias quanto ele, que "rezava pela cartilha liberal que colocava a lei acima do personalismo, mas não admitia que lhe ditassem o que fazer".[12]

Mas a situação do país estava longe de ser favorável para um governante com "uma longa lista de desafios para enfrentar", sem dinheiro e carente de uma legislação que legitimasse as suas decisões políticas.[13]

O imperador enfrentou enormes problemas políticos e financeiros. As principais razões foram a dissolução da Assembleia Constituinte em 1823, ano que marca o nascimento do nosso parlamento, a maior centralização de poder estabelecida pela Constituição de 1824, a Confederação do Equador no mesmo ano e a guerra com Buenos Aires em 1825.[14]

O tempo passou, os problemas aumentaram, o apoio político se deteriorou, a situação em Portugal se agravou e D. Pedro I decidiu abdicar do trono em favor do filho Pedro de Alcântara, que tinha apenas 5 anos, idade que o impedia de assumir a Coroa imediatamente. O imperador decidiu, então, seguir para Portugal no dia 6 de abril de 1831.

A solução para resolver o problema, garantindo a ordem e preservando a Monarquia, foi a eleição, pelo Poder Legislativo, das regências que governariam o país até a maioridade do príncipe herdeiro. Esse período se estendeu de 1831 a 1840. Esta, porém, foi uma década marcada por intensas disputas políticas e revoltas populares.

Para que os conflitos não colocassem em causa o governo, os liberais insuflaram a população e pressionaram os senadores para que fosse declarada a maioridade do príncipe, condição para que assumisse o trono. Em 23 de julho de 1840, o menino D. Pedro II se tornou o imperador constitucional e defensor perpétuo do Brasil. O "golpe da maioridade" e a coroação conseguiram restabelecer a ordem e anular os problemas políticos mais graves, incluindo as insurreições populares.

Em seu reinado, D. Pedro I conseguiu estruturar as bases políticas e legais que depois foram fundamentais para a segunda fase do Império conduzida por seu filho, D. Pedro II.

Uma elite política a serviço do império

Há muito tempo que a palavra elite se tornou o insulto preferido de quem pertence à elite política. Quer ofender o adversário? Basta acusá-lo de pertencer à elite. O significado e o conceito sociológico foram transformados em seu oposto. Elite virou o equivalente de canalha — ou de coxinha.

É uma pena.

A elite, entendida como o que há de mais valorizado e de melhor qualidade, e não apenas como grupos que controlam o poder, é fundamental a qualquer comunidade. Serve como referência positiva e marca distintiva. Sem uma elite, ou elites, não há como sabermos o que é melhor e, portanto, não podemos diferenciá-lo do que é médio e do que é ruim.

No caso da política, há duas dimensões de qualificação de alguém ou de um grupo que pertence à elite: 1) aquele que é o mais valorizado ou 2) aquele que detém o prestígio e exerce algum domínio político.

A formação e a composição da elite política é um dos episódios mais fascinantes e ricos da nossa história. Se o leitor acha baixo ou sofrível o nível atual dos nossos políticos, vai sofrer ainda mais depois de conhecer (e comparar) o tipo de elite existente naquela época.

A formação dessa elite ideologicamente homogênea, conduzida pela educação, pela ocupação e pela carreira política, é fundamental para compreender a política do período monárquico e como foi construída "a concepção e a capacidade de implementar determinado modelo de dominação política".[15]

Comparativamente, jamais tivemos, após o fim da Monarquia, elites políticas tão qualificadas, tão preparadas, tão ilustradas. Por mais que possamos pinçar exemplos aqui e ali, desde o início da República até hoje, não tivemos em quantidade e qualidade gerações que ombreassem com aquelas formadas por visconde de Cairu, Nabuco de Araújo, marquês de Caravelas, Zacarias de Góis e Vasconcelos, Diogo Antônio Feijó, Bernardo Pereira de Vasconcelos, Evaristo da Veiga, José Bonifácio de Andrada e Silva, Téofilo Otoni, barão do Rio Branco, Paulino José Soares de Souza (visconde do Uruguai), Joaquim Nabuco.

Além disso, o debate político se dava entre os partidos Liberal e Conservador,[16] ambos monarquistas, ao contrário de hoje, em que as siglas partidárias brigam para mostrar quem é mais socialista.

Criar uma elite homogênea era fundamental para o governo português porque garantia a estabilidade do processo de formação do Estado. Ao contrário de países onde houve uma vitoriosa revolução burguesa e o papel do Estado foi tendencialmente menos relevante como regulador da vida na sociedade, como na Inglaterra e nos Estados Unidos, em Portugal "predominou na elite o elemento burocrático" que permitiu que o governo fosse mais interventor e que o funcionalismo civil e militar tivesse mais importância.

O treinamento da elite política era mais relevante para o Estado português do que para o Estado inglês, pois na Inglaterra a homogeneidade "era de natureza social, reforçada pelo sistema educacional, pelas relações familiares, pelos círculos de amizade, pelo estilo de vida". A educação da elite inglesa nos colégios de Eton e Harrow, nas universidades de Oxford e de Cambridge, não tinha como objetivo formar pessoas para trabalhar no governo, mas para "desenvolver um etos e um estilo de vida comum".[17]

Para os aristocratas ingleses, a política não era vocação, nem profissão, nem meio de subsistência, e não deveria interferir nas atividades sociais e literárias.[18] Um inglês não era formado especificamente para atuar na política, que era um mero apêndice da vida em sociedade. A formação padrão do inglês de elite era suficiente para que pudesse desenvolver diversas atividades sociais, incluindo a política.

Em Portugal, e depois no Brasil, a homogeneidade social era comparativamente menos relevante e as elites dependiam cada vez mais do emprego público, "donde sua dependência do Estado e seu crescente caráter parasitário".[19] Para lidar com as diferenças de classes sociais e evitar problemas futuros, o governo português utilizava o treinamento na Universidade de Coimbra, a socialização e a oferta de carreiras como servidor estatal para criar uma homogeneidade ideológica,[20] que funcionava como elemento de superação de conflitos dentro das classes dominantes. Dessa forma, o Estado conseguia que todos os que fossem recrutados em classes sociais diferentes agissem de forma coesa como resultado da educação, do treinamento sistemático e da carreira.[21]

Tanto a formação quanto o treinamento da elite política portuguesa, caracterizada pela homogeneidade ideológica, eram conduzidos pelo Estado; uma elite que era criadora e criatura do Estado absolutista. Num primeiro momento, a elite política brasileira era a cópia daquela formada em Portugal porque um dos objetivos "foi reproduzir na colônia uma outra elite feita à sua imagem e semelhança".[22] Deu certo.

Isso explica por qual razão "a elite brasileira, sobretudo na primeira metade do século XIX, teve treinamento em Coimbra, concentrado na formação jurídica, e tornou-se, em sua grande maioria, parte do funcionalismo público, sobretudo da magistratura e do Exército". A criação de uma cópia fiel da elite portuguesa talvez tenha sido mais importante ao projeto da coroa do "que a transposição da própria Corte portuguesa (em 1808) e foi fenômeno único na América".[23]

O foco do governo na formação jurídica, especialmente na formação de magistrados, tinha uma explicação: os juristas formados na tradição romana eram muito úteis ao Estado porque estavam mais preocupados "com a justificação do poder real e com a montagem do arcabouço legal dos novos Estados".[24] Além disso, precisavam de ocupação profissional. Ou seja, o governo também serviria como empregador dos *doutores*.

Esse tipo de trabalho fez a fama de juristas como o conselheiro de D. João I, João das Regras, que comprova a tese de Nelson Rodrigues de que nome é destino. Outros tantos homens do direito, portugueses e brasileiros, dedicaram-se à elaboração de grandes códigos legais e deixaram como herança marcante na cultura brasileira, não apenas na jurídica, uma mentalidade legiferante que se manifesta ainda hoje com o pedido de criação de mais leis diante de qualquer problema social, político, econômico.

Na Inglaterra e nos Estados Unidos, não foram os magistrados, mas os advogados, que tiveram relevância na vida política. E o direito consuetudinário teve um peso maior no mundo jurídico, o que permite entender a afirmação segundo a qual "os juristas estavam para os Estados absolutos como os advogados estavam para os Estados liberais".[25]

À medida que o Brasil se desenvolvia, as relações de Portugal com sua colônia se alteravam gradualmente. O governo português não mais conseguia sustentar a relativa centralização do poder em virtude da dispersão da população pelo imenso território e pelo tipo de atuação dos grandes latifundiários.[26] A mudança paulatina no ambiente e o enfraquecimento do poder da coroa portuguesa criaram novas exigências e responsabilidades para a construção e exercício do poder no país. E, se era possível identificar a continuidade de sua natureza intervencionista, o novo cenário fez com que a elite política brasileira desenvolvesse um caráter próprio.

Depois da Independência do Brasil em 1822, a elite brasileira passou a ser formada no país, mas nos mesmos moldes do que era feito pelo governo português. A partir de 1828, os seus aspirantes eram treinados nas duas escolas de direito sediadas no Brasil (São Paulo e Olinda), depois passavam pela magistratura e por vários cargos políticos em diferentes províncias.[27]

Muito embora estivesse mais bem preparada para lidar com o desafio de construir um novo Estado, a elite política brasileira não apenas preservou como desenvolveu um aparato estatal "mais organizado, mais coeso, e talvez mesmo mais poderoso".[28] Isso foi possível graças ao seu alto grau de coesão. O lado positivo dessa unidade era a redução dos conflitos políticos internos, que servia como obstáculo às revoluções.

O lado negativo era a diminuição do já pequeno espaço de mobilidade social por causa da preservação do *statu quo*. A saída para aqueles que estavam fora do sistema econômico da época, desde os marginais aos filhos dos aristocratas falidos, era a burocracia estatal. Joaquim Nabuco foi certeiro: o emprego público era a "vocação de todos". Nos Estados Unidos, onde havia oportunidades de prosperar no mercado privado, o emprego público era não só malvisto pela população como economicamente desvantajoso.[29]

No Brasil, além de conferir certo prestígio, a opção pelo emprego público criava "uma situação contraditória em que o Estado dependia, para sua manutenção, do apoio e das rendas geradas pela grande agricultura escravista de exportação, mas, ao mesmo tempo, tornava-se o refúgio para os elementos mais dinâmicos que não encontravam espaço de atuação dentro dessa agricultura".[30] Isso acontece até hoje, mas numa escala maior e sem as restrições de mercado e de escolhas daquele período.

Na época em que fiz faculdade de direito (1997 a 2001), o curso já era pré-vestibular para concurso público. No dia em que algum colega chegava com um famoso jornal de divulgação de concursos públicos debaixo do braço, era um deus nos acuda. A maioria esmagadora dos meus colegas estava ali para treinar para as provas e pegar o diploma, que garantia o acesso a cargos com vencimentos mais altos e os diversos privilégios que o serviço público oferece com o dinheiro dos impostos tirados da iniciativa privada. Da mesma forma como acontecia no século XIX, só que hoje com uma carga tributária muito mais elevada.

Ao contrário do que se possa imaginar, a elite política do império não era uma mera representante dos interesses dos grandes proprietários rurais. A situação era um tanto intrincada, o que exigia dos latifundiários certo esforço para tentar satisfazer seus interesses políticos e econômicos, fosse se aproximando dos políticos, fosse elegendo seus representantes. A força do imperador, no entanto, impedia que a elite ou a burocracia fosse capaz de controlar a administração estatal para agir como "árbitro da nação e proprietário da soberania nacional".[31]

Em maior ou menor grau, uma parcela dessas elites agia assim, mas o aspecto relevante, porque se constituiu como regra, foi a maior capacidade do Estado imperial de controlar e unir o país justamente pelo "processo de independência, pela estrutura burocrática e pelo padrão de formação da elite herdados de Portugal".[32]

Por outro lado, o Estado era seriamente limitado em sua capacidade de ação pela grande dependência em relação à produção agrícola exportada. O governo dependia da iniciativa privada, e os grandes empresários sabiam e tiravam proveito disso. Como acontece até hoje.

A homogeneidade na formação da elite também foi fundamental para preservar a estabilidade do sistema político do império e a unidade do país. A ampla aceitação das normas constitucionais era uma das peças-chave para dirimir os conflitos entre os grupos que dominavam a política e a economia. Era sempre preciso conciliar as ambiguidades para manter "a dinâmica de coalizões políticas capaz de realizar reformas que seriam inviáveis em situação de pleno domínio de proprietários rurais".[33] Nem que para isso fosse preciso assegurar os interesses dos grandes proprietários rurais e reduzir o espaço de participação política legítima.

O equilíbrio das contradições era uma necessidade e, em parte, explica as alianças circunstanciais estabelecidas entre os membros mais reformistas da elite e da burocracia com aqueles que representavam o que havia de mais atrasado em termos de pensamento social, político e econômico.

Nessa época, os "coronéis" já existiam e exerciam seus poderes em diversas regiões do interior do país, submetendo as comunidades locais, muito embora o fenômeno do coronelismo, como veremos adiante, se tenha desenvolvido com mais força durante a República Velha. A escravidão talvez tenha sido a face mais evidente (e infame) dessa política de conciliação.

Mas a conciliação de certas contradições tem prazo de validade. Com o tempo, e com a maior complexidade dos conflitos, a prática do acordo passou a ser incapaz de atender os grupos envolvidos no jogo político por causa das transformações na sociedade e no sistema, e pela ruptura entre civis e militares. Após o fim da Guerra do Paraguai (1864-70), por exemplo, várias insatisfações dos membros do Exército foram colocadas sobre a mesa e o governo de D. Pedro II foi incapaz de lidar com o problema.

Assim como as circunstâncias históricas mudaram, a elite política brasileira começou a se transformar. A mudança foi provocada pelo enfraquecimento da sua homogeneidade. Graças à pressão bem-sucedida de grupos externos, que defendiam uma maior diversidade de representação de interesses dentro do Estado, houve uma redução significativa do número de servidores públicos e um aumento substancial da quantidade de advogados.

O crescimento do número de profissionais liberais, em vez de juristas a serviço do Estado, também contribuiu para as transformações na elite, que se revelou incapaz de enfrentar adequadamente os novos problemas sociais, políticos e econômicos. Os novos agentes políticos não sabiam como lidar com "a nova fase de construção do Estado, voltada menos para acumulação do poder do que para sua consolidação mediante a ampliação de suas bases sociais".[34]

O resultado foi a falta de pessoas qualificadas para atuar no novo modelo político de uma República presidencialista implementado a partir do golpe que derrubou a Monarquia. Por isso, os membros da antiga elite eram chamados regularmente para ajudar. Compreende-se também por qual razão alguns dos remanescentes da elite do império foram bem-sucedidos líderes republicanos (Afonso Pena, Campos Sales, Prudente de Morais, Rodrigues Alves).

A profunda transformação da elite política brasileira acabou também com uma tradição conservadora e liberal que, apesar de quase restrita ao universo da prática política e do formalismo jurídico, poderia ter se desenvolvido para uma experiência cultural e influenciado positivamente a história do país.

Provavelmente por estar confinado ao universo da política formal, o tipo de conservadorismo e de liberalismo existente na época ficou restrito à dimensão do Estado e à esfera do governo, preservando, em vez de modificando, a mentalidade estatista.

Sendo assim, e diferentemente do que aconteceu em outros países, os conservadores e liberais brasileiros não entraram em decadência política porque no Brasil faltava uma classe média alfabetizada, forte e próspera, ou pela ausência de capitalismo. As razões foram outras. Além disso, ainda tiveram a seu favor a partilha do poder e da influência política durante parte do Primeiro e em todo o Segundo Reinado. E, assim como em Portugal e na Inglaterra, a política formal brasileira estava restrita a uma elite.[35]

Embora tenham desaparecido do mapa político formal e ideológico, apesar de alguns remanescentes da antiga ordem terem ganhado sobrevida política ao apoiarem a proclamação da República e ao integrarem os primeiros governos republicanos, conservadores e liberais nos legaram instituições políticas, o constitucionalismo, o respeito pela lei, a garantia legal do respeito à propriedade, um sentido de dever e de responsabilidade social.

Os políticos estavam errados: o fim da escravidão não acabaria com a nação

A infâmia da escravidão no Brasil atendeu a dois propósitos principais: econômico e político. No plano da economia, os escravos eram a principal mão de obra utilizada na agricultura. No âmbito da política, manter a escravidão era preservar a unidade e a ordem no país. A escravidão era parte estrutural da vida social, econômica e política, e a centralização do poder "favorecia a manutenção da escravidão" e permitia ao governo coibir "as iniciativas abolicionistas nas províncias".[36]

O debate sobre a escravidão no país se desenvolveu com toda sorte de argumentos favoráveis e contrários à sua abolição. Não faltaram alegações engenhosas para justificar a manutenção do trabalho escravo. Havia quem rechaçasse ações abolicionistas radicais com o argumento de que o trabalho escravo era o preço a pagar para manter a unidade do país. Temia-se que a adoção de medidas drásticas nessa direção por parte do governo central provocasse uma forte reação de províncias como as do Rio de Janeiro, de São Paulo e de Minas Gerais, onde havia um maior contingente de trabalho escravo.

A possibilidade de fragmentação do país e da eclosão de uma guerra civil motivadas pela questão escravocrata colocaria um ponto final no desejo da elite política de transformar o Brasil num império poderoso, unido e centralizado.[37]

Se já é algo um tanto estranho que as elites políticas aceitassem um sistema em que o constitucionalismo liberal convivesse com a infâmia da escravidão, não é menos incômodo que os escravos, ao serem libertados por um ato de governo, sentissem algum tipo de gratidão pela Monarquia que os manteve escravos.

Não era difícil entender que, diante das restrições dos incentivos criados pelo sistema, os escravos utilizassem a seu favor aquilo que estava disponível. Antes da abolição, por exemplo, existiam os "escravos de ganhos", que tinham autorização de seus donos para vender produtos ou prestar algum serviço. Em troca, entregavam aos proprietários uma porcentagem do que ganhavam.

Por meio do trabalho, uma parcela dos escravos conseguia comprar a própria alforria e, depois, escravos a serem utilizados como mão de obra, realidade que muitos deles já conheciam desde a época em que estavam em seus respectivos países no continente africano.

Uma parcela dos escravos aprendeu a lidar com o sistema e adotou métodos não violentos de resistência para pressionar e negociar, tais como "ações na Justiça, juntas de alforrias, fugas e participação política em irmandades". Boa parte dos descendentes dos 4,8 milhões de africanos escravizados no Brasil em trezentos anos de escravatura conseguiu a liberdade e uma parcela desse grupo se tornou "grandes e pequenos proprietários, comerciantes, artífices e profissionais liberais".[38] João Gonçalves da Costa é um exemplo marcante: escravo alforriado, acumulou fortuna, conquistou prestígio político e foi grande proprietário de escravos.[39]

Para deixar a situação ainda mais intricada, D. Pedro I e D. Pedro II eram pessoalmente contrários à escravidão, que só não foi abolida antes de 1888 porque nenhum dos dois teve coragem e apoio político. Muito provavelmente influenciado pelos grandes abolicionistas da época (Hipólito da Costa, João Severiano Maciel da Costa), D. Pedro I escreveu em 1822 que não via diferença entre brancos e negros ("Eu sei que o meu sangue é da mesma cor que o dos negros") e propôs que a escravidão fosse gradualmente abolida e o trabalho escravo substituído pelo trabalho livre de imigrantes europeus.[40]

A solução gradual sugerida pelo imperador serviria para minimizar a reação contrária dos proprietários de escravos e dos escravocratas diante da ousada proposta num momento histórico em que a escravidão era tão comum quanto a falta de higiene. Certamente contribuiu muito para a posição de D. Pedro I contrária à escravidão o trabalho fundamental desenvolvido pelos nossos abolicionistas desde o século XVIII, que influenciou a mudança política e legal (Lei Eusébio de Queirós em 1850, Lei do Ventre Livre em 1871) e que mais tarde culminou na abolição (Lei Áurea em 1888).

Antes disso, os abolicionistas britânicos, grande influência dos brasileiros, haviam atuado decisivamente para acabar com a escravidão na Inglaterra. O fim do trabalho escravo não seria possível sem o trabalho dos membros da Sociedade pela Abolição do Comércio de Escravos, criada em 1787. Foram vinte anos de atuação até que influenciassem a posição de parte da elite inglesa e conseguissem, com o apoio político de William Wilberforce, a primeira conquista no parlamento: a aprovação da lei que proibia o tráfico e o comércio de escravos em 1807 e, em 1833, a abolição da escravatura.

Para deixar publicamente clara sua rejeição à escravidão, D. Pedro I combateu "com vigor o hábito de alguns funcionários públicos de mandar escravos para trabalhar em seu lugar"; concedeu "lotes aos escravos que libertou na Fazenda (Imperial) de Santa Cruz"; andava sozinho a cavalo ou conduzia a própria carruagem para servir de exemplo aos donos de escravos que preferiam ser transportados "pelas ruas numa rede amarrada num pau que os escravos sustentavam nos ombros"; e proibiu que os "súditos lhe prestassem a homenagem tradicional de mandar os escravos carregarem a 'sua carruagem nas costas por ocasião do Fico'".[41]

O imperador também identificava um efeito nefasto da escravidão na sociedade: tornava "os corações cruéis, inconstitucionais e amigos do despotismo". Como o hábito faz o monge, o proprietário de escravo e os defensores da escravidão olhavam o seu semelhante negro com desprezo e desenvolviam uma sensação de superioridade que, no fim das contas, era exercida contra qualquer pessoa, fosse escrava ou homem livre.[42]

Sede da corte, o Rio de Janeiro foi o palco onde a realeza dividiu as suas pretensões civilizadoras e o orgulho dos seus costumes europeus com uma enorme população de escravos que representava o seu contrário. Em 1851, já sob o reinado de D. Pedro II, a corte abrigava "a maior concentração urbana de escravos existente no mundo desde o final do Império romano: 110 mil escravos em 266 mil habitantes". A quantidade de cativos criou uma divisão muito bem estabelecida na cidade: "de um lado, a rua do Ouvidor, com seus hábitos requintados e europeus; de outro, uma cidade quase negra em suas cores e hábitos africanos".[43]

Abolicionista como o pai, D. Pedro II tratava o problema com a prudência que considerava adequada para não contrariar os interesses dos grandes proprietários de escravos nem retardar decisões políticas cuja demora poderia resultar em radicalismo e revoltas populares. Além disso, havia outro grande problema a ser resolvido: como abolir a escravidão e perder toda a mão de obra agrícola existente no país? Nem o imperador nem os políticos "ousavam enfrentar o problema, que, acreditavam, abalaria os alicerces da Nação".[44] Eles estavam errados.

Ao ser cobrado por abolicionistas franceses em 1866, em plena Guerra do Paraguai, sobre a escravidão no Brasil, D. Pedro II disse que o governo colocaria a abolição como "objeto da primeira importância" para realizar aquilo que "o espírito do Cristianismo há muito reclama do mundo civilizado".[45] Mas o espírito do cristianismo teria que esperar pela resolução da guerra. E só deu o ar da graça, embora parcialmente, depois do conflito, com a aprovação da Lei do Ventre Livre em 1871. A abolição só viria em 1888. Até o final do seu reinado, a escravidão foi a grande contradição durante o império de D. Pedro II.

A posição contrária à escravidão dos dois imperadores e o longo e valoroso trabalho dos abolicionistas desde antes do Primeiro Reinado foram fundamentais para a mudança política e legal. Mesmo considerando que, "quando a abolição finalmente se deu, em 1888, apenas uma pequena parte dos afrodescendentes permanecia cativa", a posição abolicionista dos dois imperadores foi publicamente reconhecida, inclusive pelos poucos cativos e pelos já libertos — menos pelos escravocratas.

A abolição da escravidão expôs três aspectos reveladores da política na época:

1) foi conduzida pela Monarquia junto com os políticos conservadores, não pelos liberais, que eram, ou representavam, os grandes proprietários rurais;

2) foi uma medida liberal que colaborou decisivamente para a queda da Monarquia, em virtude da perda de apoio dos latifundiários escravocratas, que se somou às crises políticas anteriores e à insatisfação dos militares, que, tendo conquistado com a vitória na Guerra do Paraguai uma importância que jamais tivera, se sentiram desprestigiados pela Monarquia;

3) colocou em confronto a liberdade individual e o direito de propriedade sobre os escravos.

A proclamação da República foi, portanto, obra da elite liberal e militar brasileira, "pois a maioria dos afrodescendentes era monarquista, pela lembrança dos reinados africanos, recriados no Brasil, e pelo apoio de D. Pedro II ao movimento abolicionista".[46]

D. Pedro II e o barão de Mauá

D. Pedro II era um homem culto, de bom coração, um imperador que amava genuinamente o Brasil, mas parecia faltar-lhe paciência para o rame-rame da política. Nascido no Brasil em 1825, ficou órfão de mãe quando tinha 1 ano. Aos 5 anos de idade foi abandonado pelo pai, o português D. Pedro I, tendo sido aclamado imperador naquele mesmo ano de 1831.

Batizado como Pedro de Alcântara João Carlos Leopoldo Salvador Bibiano Francisco Xavier de Paula Leocádio Miguel Gabriel Rafael Gonzaga, o que lhe faltava em família sobrava em nome e sobrenome. Em 1841, foi coroado e governou o país até o dia 15 de novembro de 1889. Era o primeiro brasileiro a assumir o poder no país desde a chegada dos portugueses.

A antecipação da maioridade para que assumisse o poder foi um "golpe de Estado legal", dado pelos liberais, em reação ao rolo compressor montado pelos conservadores para anular no parlamento "todas as conquistas descentralizadoras"[47] obtidas com o Ato Adicional de 1834 durante a regência do liberal Diogo Antônio Feijó. Eles conseguiram.

Ao assumir o poder como regente, Feijó iniciou uma pauta de reformas para "descentralizar a administração, consolidar o poder local e extinguir o que restava do tráfico de escravos".[48]

As mudanças também pretendiam estabilizar a política nacional e colocar um ponto final na cultura mercantilista. Durou pouco. Os conservadores retomaram o poder e o projeto de centralização, que, paradoxalmente, garantia as liberdades dos brasileiros que viviam nas regiões afastadas da corte e eram subjugados pelos poderes locais.

Intelectual de primeira grandeza investido de espírito público, o imperador via a política como instrumento para realização do bem comum. Se é verdade que a vida do intelecto o interessava mais do que a chefia de Estado, jamais se furtou a cumprir o que considerava ser a missão superior da coroa: colocar-se acima dos interesses sórdidos do teatro político e dos negócios privados em nome do interesse nacional.

A partir disso é possível compreender a impaciência de D. Pedro II com as disputas pelo poder que se desenvolviam no Parlamento e nas províncias espalhadas pelo país. Mesmo assim, cumpria com diligência a sua responsabilidade ao tomar decisões para resolver contendas e conciliar antagonismos.

Na cabeça do imperador, formada com algumas leituras de autores franceses como François Quesnay, a economia deveria ser a ciência do bem comum, não um instrumento a serviço do interesse pessoal.[49] Era essa a "orientação dos adeptos do despotismo ilustrado" que, "embora professassem uma doutrina semelhante à de Adam Smith [...], admitiam os limites do mercado e reivindicavam a intervenção do Estado para garantir o predomínio do público sobre o privado".[50]

Para o imperador, que compreensivelmente submetia os negócios aos interesses da nação, a economia ou era a ciência do bem comum ou um instrumento da ganância. A atividade privada só era positiva se realizada em benefício do país.

Uma dessas disputas teve como alvo Irineu Evangelista de Sousa, o barão de Mauá. De modesto aprendiz do comércio, Mauá transformou-se num dos mais brilhantes, versáteis e ricos empresários que o Brasil já teve. E tinha muito orgulho de ser quem era e daquilo que conquistou com o seu trabalho. Era, portanto, a personificação de tudo aquilo que uma parcela dos políticos e dos homens de negócios mais desprezava. Ao também fazer negócios com o governo, e ser beneficiado, entrou na lista negra de alguns de seus colegas no Parlamento.

Um deles chamava-se Joaquim José Rodrigues Torres, o visconde de Itaboraí. De posição radicalmente intervencionista, o visconde de Itaboraí exerceu as funções de ministro e de chefe do governo e não via com bons olhos os novos-ricos, como Mauá, porque representavam uma ameaça ao sistema que favorecia os donos das antigas fortunas.

Um dos projetos de Itaboraí para minar o capital privado no sistema financeiro foi a criação de um banco nacional estatal. Para isso, declarou guerra política contra quem promovesse "a ideia da concorrência", lutasse "para fazer mais negócios", saísse "em busca de clientes", procurasse "dar maiores dividendos aos acionistas", descontasse "títulos com facilidade", gostasse de "juros baixos" e transformasse "os bons capitais paralisados em ações".[51] Ou seja, tudo o que um empreendedor e banqueiro como Mauá fazia no seu Banco do Brasil, que, agora privado, mantinha o nome do primeiro banco estatal criado no país por D. João VI, mas que faliu por ingerência do governo.

Muito embora a intervenção do governo na economia existisse, estava restrita a alguns segmentos e regiões. Sendo assim, a liberdade de circulação de capitais era a regra no país. Curiosamente, "desde a abertura dos portos (em 1808), todos os políticos e autoridades sempre defendiam o princípio de que o governo não deveria se intrometer nos negócios privados".[52] Tudo funcionou muito bem até o visconde de Itaboraí entrar em ação.

Num discurso proferido no Senado no dia 18 de maio de 1853, o visconde, que era ministro da Fazenda, afirmou que o Brasil precisava de um banco estatal porque os privados eram inseguros. Por isso mesmo, não poderia haver concorrência e as instituições financeiras deveriam ser submetidas ao Estado.

O discurso provocou uma corrida dos clientes ao banco de Mauá, que não aguentou a sangria desatada e foi obrigado a entregar tudo ao governo, que expropriou inclusive o nome da instituição. O Banco do Brasil voltou a ser estatal. Longe de mim querer ser desagradável, mas saiba, caro leitor, especialmente se for cliente da instituição, que o BB hoje em funcionamento é fruto de um roubo do Estado cometido no passado.

Mas quem era, afinal, o empresário e banqueiro que incomodava o visconde de Itaboraí e seus outros colegas no Parlamento, incluindo os da bancada liberal? De pensamento e ação que o tornavam muito diferente dos outros empresários brasileiros de sua época, Mauá começou a trabalhar aos 9 anos de idade como caixeiro de um armazém no Rio de Janeiro, para onde havia se mudado em 1823.

Nascido no Rio Grande do Sul, por sugestão de um tio deixou a estância de Arroio Grande, onde ficaram a mãe viúva e a irmã, para fazer a vida na capital do império. Aprendeu tudo o que podia sobre o comércio com seu patrão, Pereira de Almeida, um dos principais comerciantes e traficantes de escravos do Rio, cujos negócios, porém, não resistiriam ao fim do tráfico de escravos, a sua principal fonte de renda.

A derrocada de Almeida acabou sendo a grande fortuna do jovem Irineu Evangelista de Sousa, que, ao executar um plano de salvação de parte do patrimônio e da honra do patrão, conheceu o próspero empresário escocês Richard Carruthers, o maior credor da empresa. Ao negociar o pagamento das dívidas com Carruthers, ganhou um valioso mentor, um amigo e, depois, um sócio.

Não era uma época fácil para quem fosse brasileiro. O governo português concedia benefícios e privilégios para portugueses e ingleses, dificultando a vida dos comerciantes e trabalhadores nascidos no Brasil. Muitos não prosperavam ou desistiam. Mas desistir e fracassar eram dois verbos inexistentes no dicionário de Irineu, que teve disposição para reaprender a trabalhar.

No início da vida profissional como empregado de Carruthers, teve que estudar o inglês e aprender a fazer cálculos e registros contábeis do jeito que os ingleses faziam — e que dava mais certo. Ao estudar os livros sobre mercado que o patrão emprestou, descobriu que "tudo o que os autores portugueses davam como certo era por eles considerado uma espécie de arqueologia", pois "os negócios ingleses se regiam por uma filosofia completamente diversa da ensinada nos compêndios que circulavam entre os caixeiros brasileiros".[53]

Em seus estudos, Irineu também descobriria que José da Silva Lisboa, o visconde de Cairu, havia abrasileirado a obra de Adam Smith em seu famoso manual *Princípios de economia política*. Admirador e divulgador do pensamento do autor escocês, Cairu teria adequado as concepções de Smith expostas no livro *A riqueza das nações* para um país de cultura econômica bastante distinta da Inglaterra. Gerações e gerações de comerciantes nativos foram formadas com uma literatura técnica muito diferente daquela a que Mauá teve acesso e que aplicou de forma bem-sucedida em seus negócios.

Carruthers não só abriu um novo mundo intelectual e empresarial para Irineu. Abriu também as portas de uma sociedade secreta que agia e influenciava os rumos políticos e econômicos em várias partes do mundo. O empresário escocês era um maçom azul do rito inglês cujos membros "acreditavam em Deus, na defesa do rei e da Constituição, no trabalho de conscientização de cada indivíduo e nas mudanças progressivas" dentro da Inglaterra.[54] Era esta a concepção da maçonaria inglesa moderna, que nasceu em 1717 com a formação da Grande Loja de Londres.[55]

Assim como as ideias de Locke tiveram na França o efeito de álcool em estômago vazio, a maçonaria de rito azul foi modificada ao ser levada em 1725 por maçons ingleses para a terra do doutor Joseph Ignace Guillotin, sobrenome que dispensa esclarecimentos acerca de sua invenção mais célebre. Assim teria nascido o rito francês, identificado com a cor vermelha e que "pregava a destruição da Monarquia, a luta de morte contra o poder estabelecido, o ateísmo e o republicanismo".[56] Destruição, morte e ateísmo eram algo a que os franceses se dedicavam com zelo semelhante ao da produção de queijos e vinhos.

O objetivo dos maçons ingleses era usar a maçonaria para enfraquecer a inimiga França, mas o tiro saiu pela culatra. O rito vermelho se expandiu rapidamente pelo país e por algumas colônias britânicas, incluindo os Estados Unidos. Na França, os maçons vermelhos conquistaram importância política com a revolução de 1789, assim como os azuis já tinham adquirido junto ao governo inglês.

Tendo como grão-mestre José Bonaparte, irmão de Napoleão, aquele da aborrecida piada sobre a cor do seu cavalo branco, a maçonaria francesa (vermelha) "passou a ser um dócil instrumento de pregação das excelências do imperador e das mudanças republicanas francesas que empolgavam o mundo". O lema liberdade, igualdade e fraternidade, inclusive, teria origem maçônica.[57]

As ideias que fundamentavam a concepção política dos maçons vermelhos, incluindo o republicanismo, seduziram homens como "George Washington, Thomas Jefferson e Benjamin Franklin, três dos principais líderes da Guerra de Independência de 1776".[58] Washington, Jefferson e Franklin pertenciam à maçonaria do rito francês.

Franklin se tornou grão-mestre, a autoridade máxima da ordem, e ajudou os revolucionários franceses (e os de outros países) quando foi embaixador em Paris. E Jefferson foi contactado por inconfidentes mineiros, que, assim como ele, eram maçons vermelhos. Eles o procuraram em busca de ajuda para o "projeto de instaurar uma República no Brasil". O triângulo vermelho da bandeira dos inconfidentes seria uma clara influência da sociedade secreta no movimento.[59]

Na Inglaterra, houve maior aliança dos maçons com o Estado, ao contrário do que "ocorreu nos países latinos, onde a perseguição intensa fez com que a maçonaria assumisse uma posição mais identificada com a luta pela liberdade de pensamento e contra o absolutismo monárquico, geralmente aliado à Igreja".[60]

No Brasil, ocorreu algo curioso. A Igreja Católica tinha grande influência e poder no governo português e continuou a exercê-lo após a independência brasileira. O confronto entre a Igreja e a maçonaria era uma realidade, mas vários membros da elite política portuguesa e brasileira eram católicos e maçons. No futuro, veríamos aqui outro cruzamento inviável: o católico comunista.

O habilidoso ministro José Bonifácio de Andrada, maçom azul do rito inglês, conseguiu costurar um acordo com os maçons vermelhos pelo qual tornava-se grão-mestre da primeira loja maçônica brasileira de rito francês, o Grande Oriente Brasílico,[61] e assim conquistava o apoio das duas representações maçônicas no país (azul e vermelha) para a independência do Brasil, preservando a Monarquia e o imperador.

Andrada conseguiu, inclusive, convencer D. Pedro I a entrar para a maçonaria: o imperador foi sagrado arconte-rei do Apostolado azul criado por Andrada e grão-mestre do Grande Oriente vermelho. Uma das lojas do Apostolado controlada pelo ministro do império chamava-se "Independência ou Morte", e é bastante provável que essa expressão soe um tanto familiar ao leitor. Andrada, é preciso lembrar, entrou para a história como o patriarca da independência.

Mas tão logo conseguiu o que queria, D. Pedro I mandou fechar as lojas, perseguiu e exilou maçons azuis e vermelhos, incluindo seu ex-ministro Andrada, que, ironia das ironias, se exilou na França. Gradualmente, as maçonarias azul (Grande Oriente do Brasil) e vermelha (Grande Oriente Brasileiro) foram se recompondo, reabriram as lojas em 1831 e voltaram a ter representação e influência política.

Foi nessa época que Carruthers iniciou Irineu no rito inglês da maçonaria. Seu destino posterior estaria vinculado à sociedade secreta, "uma escola completa de poder", onde encontraria os amigos, discutiria os problemas nacionais, conheceria os segredos da política inglesa, encontraria sócios de negócios. Desde a sua iniciação, Irineu "seria sempre um maçom azul, fiel aos princípios da crença em Deus, do amor à pátria, da defesa da Monarquia constitucional e da reforma progressiva dos costumes".[62]

Irineu estudou, trabalhou, arriscou e, no final de 1835, tornou-se sócio de Carruthers, que retornou para sua terra natal. Seguindo seu espírito empreendedor, prosperou tendo o empresário escocês como sócio e conselheiro. No auge de sua vida profissional, e já com o título de barão de Mauá, Irineu era dono de dezessete empresas instaladas em seis países. Em 1867, o valor total dos ativos dos seus negócios somava 115 mil contos de réis, montante superior aos 97 mil contos de réis de gastos do governo brasileiro. Ele chegou a ser sócio do célebre barão Lionel de Rothschild.

As conquistas de Irineu foram o resultado do seu talento para pensar além do que estava dado, desafiar as ideias comuns que davam certo e aproveitar as oportunidades, incluindo negócios (e empréstimos) com o governo brasileiro.

Mauá diversificou suas atividades empresariais enquanto os empresários brasileiros preferiam ter uma empresa; investiu em indústrias enquanto a maioria olhava apenas para a agricultura; apostou na mão de obra livre e implantou um programa de administração participativa com distribuição de lucros para os funcionários (incluindo ex-escravos) enquanto os fazendeiros se preocupavam com a falta de escravos; contratou profissionais para criar a tecnologia adequada para seus projetos enquanto o amadorismo era o padrão das atividades econômicas no país.[63]

A prosperidade de Mauá só não era um insulto maior aos olhos dos seus adversários do que a sua impressão de que o empresário defendia "seus interesses como se estivessem acima dos interesses nacionais". Quanto mais investia e ampliava os seus negócios, mais inveja despertava entre adversários políticos e concorrentes.

Convertido em símbolo daquilo que parecia ser o pior tipo de brasileiro na época, "o homem que coloca as suas pretensões acima de tudo", Mauá atraiu contra si os despeitados colaboradores do imperador, muitos deles no governo e no parlamento, que se colocaram à disposição para criar obstáculos às suas aspirações.[64]

Assim como D. Pedro II, Mauá amava muito o Brasil. O empresário tinha certeza de que o desenvolvimento do país só era possível com o trabalho da iniciativa privada. Ele queria ver aqui a prosperidade conquistada na Inglaterra, nem que para isso tivesse ele mesmo de fazer o que os outros empresários e o governo não faziam. Tinha o talento, a vontade e os meios. E assim o fez, cumprindo o seu destino.

Alguns dos grandes erros de Mauá não teriam acontecido se tivesse seguido os conselhos dos sócios europeus, Carruthers e Mac Gregor, de não se meter em negócios com o governo, especialmente no setor bancário.[65] Meteu-se em vários no Brasil e um no Uruguai — e viu-se em maus lençóis nos dois países. Era o início de sua derrocada.

Duas razões principais o conduziram à falência: questões políticas (perseguição de colegas do Parlamento e prejuízos decorrentes de decisões dos governos do Brasil e do Uruguai) e questões morais (decidiu pagar tudo o que devia e usar seu patrimônio como garantia das dívidas por se sentir responsável pelo dinheiro dos sócios, mesmo que a legislação não o obrigasse a fazê-lo). Mauá enfrentou crises, golpes, sentenças judiciais desfavoráveis, saques de correntistas desesperados, moratória, expropriação de seu banco pelo governo brasileiro e até um veto de um pedido de associação com seus concorrentes ingleses na área financeira.

Em vez de uma falência desonrosa na qual se eximia de pagar as dívidas, Mauá, agora visconde, preferiu perder seu império e resgatar a integridade do seu nome. O custo, porém, foi mais alto do que a perda do patrimônio. Em 1878, quando tinha 64 anos, o Tribunal do Comércio decretou com muito gosto a falência de seu império comercial e cassou seu registro de comerciante obtido na década de 1820.

Em seguida, Mauá foi obrigado a entregar todos os seus bens para venda em hasta pública. Disposto a cumprir a promessa de saldar todas as dívidas, recusou até mesmo o benefício legal de ficar com os bens pessoais.

Num texto que era uma prestação de contas pelo que tinha feito e uma tentativa de restabelecer a honorabilidade do seu nome, definiu numa frase um tipo de mentalidade que no Brasil sobreviveria dois séculos depois: "Desgraçadamente entre nós entende-se que os emprezarios devem perder, para que o negocio seja bom para o Estado, quando é justamente o contrário que melhor consulta os interesses do paiz."[66]

Cinco anos depois, aos 70 anos de idade, Mauá conseguiu o que parecia impossível: pagou todas as dívidas, retomou a vida empresarial, recompôs parte de sua fortuna pessoal e reconquistou seu registro de comerciante.

Morreu em 21 de outubro de 1889 com o nome limpo, rico e sem dívida. Foi enterrado sem homenagem nem reconhecimento público. Apesar de tudo o que fez e mesmo depois de tudo o que passou, foi tratado no Brasil como trapaceiro e criminoso; na Inglaterra, como grande homem de negócios, a despeito da malfadada relação, de sócio a adversário, com os Rothschild.

D. Pedro II nem teve tempo de lamentar a morte do empresário com quem mantinha relações cordiais e com quem compartilhava um amor profundo pelo Brasil. Menos de um mês depois, os militares derrubaram a Monarquia e expulsaram a família imperial. Encerrava-se, assim, com imerecida desonra, a nossa Monarquia, que em três ocasiões (1834, 1837, 1881) reformou seu modelo político para se adequar ao momento e que estava prestes a realizar a quarta reforma, com o Gabinete Ouro Preto.[67]

O que veio a seguir ao golpe republicano, feito na surdina e à noite para evitar manifestações do povo, que amava o imperador, foi o aumento do estatismo na elite política e no imaginário popular.

Os republicanos sepultaram não só a Monarquia, mas a parte benéfica de sua experiência de quase sete décadas de Brasil independente, incluindo a tentativa de desenvolver um governo representativo para delimitar o poder de cooptação pelo Estado patrimonial. A República destruiu a herança e o espírito de continuidade que "fornece um princípio seguro de conservação e um seguro princípio de transmissão; sem de todo excluir um princípio de melhoramento", elementos capazes de manter "a união do passado e do presente, da tradição e do progresso".[68]

Lamentavelmente, restou-nos não um legado virtuoso, mas uma infame caricatura, a ridicularização e a ignorância sobre um período relevante e fascinante da história brasileira.

5 Comte comigo: o positivismo da República presidencialista

Do golpe de Estado republicano, ou de quando é preferível não dormir

O presidencialismo no Brasil nasceu com um golpe militar que derrubou a Monarquia e proclamou a República em 15 de novembro de 1889. Diz-se que nesse dia o Brasil dormiu monarquista e acordou republicano. Desde lá, tivemos 34 presidentes e sete constituições republicanas.[1] Assim como voltaria a acontecer em 1964, o golpe contou com o apoio das elites militar, política, econômica e intelectual. Era melhor o país não ter dormido.

A Monarquia brasileira caiu por razões ideológicas, políticas e pelas mudanças ocorridas no país.

Em primeiro lugar, o imperador e os parlamentares não souberam lidar com alguns dos mais graves problemas nacionais, a começar pelos problemas estruturais da própria Monarquia, já enfraquecida e liderada por um imperador velho, doente e cansado. O governo de D. Pedro II estava politicamente dividido, e seus ministros mostraram-se incapazes de ajudá-lo a encontrar soluções.

Em segundo lugar, emergiram com força os efeitos negativos da centralização política e econômica no Rio de Janeiro, mesmo após a província ter perdido o dinamismo econômico concentrado na cafeicultura. Outros dois enormes abacaxis foram a politização do Exército,[2] os reflexos da Guerra do Paraguai entre os militares, como a formação de uma mentalidade corporativista e a indisciplina, e as mudanças geradas pela abolição da escravatura em 1888.

Em terceiro lugar, as ideias republicanas disseminadas pelo país seduziram muita gente envolvida direta ou indiretamente no debate político e foram a base de várias revoltas populares durante o império. Os republicanos, como vimos, chegaram a constituir um grupo político organizado antes mesmo da criação dos partidos Conservador e Liberal em 1838. Na época, o republicanismo ainda era "uma corrente de pouca importância na política brasileira", algo que é demonstrado pelos dados da "última eleição parlamentar do Império, em 30 de agosto de 1889". Do total de "125 parlamentares eleitos, apenas dois eram republicanos".[3] De pouca relevância na política formal, mas que adquiriu prestígio nos setores que mais tarde dominariam a política nacional.

Juntos, os problemas criaram um ambiente propício para a derrubada da Monarquia por um grupo de militares estimulados e apoiados por membros do Exército, fazendeiros, profissionais liberais, intelectuais, simpatizantes da causa federalista. Só faltou mesmo o povo, que era monarquista.

Um dos indicativos desse ambiente favorável foi uma resistência quase inexistente. Era um fato que "o regime estava desgastado e sem bases sociais". O imperador havia perdido "o apoio dos escravocratas e não conseguiu obter adesões dos setores dinâmicos da nova economia cafeeira".[4] Do lado do imperador, restava o povo, que não sabia exatamente o que estava acontecendo e não tinha condições de reagir.

O nascimento da República foi antecipado pelo medo "de que o imperador — ou sua sucessora constitucional, a princesa Isabel — apoiasse um programa de reformas econômico-sociais" que permitisse a sobrevivência da Monarquia. Outro aspecto que garantiu "a adesão em massa dos antigos monarquistas" foi a proposta de "introdução do novo regime federativo, com a transferência de grande parte dos poderes do governo central para as oligarquias estaduais".[5]

A descentralização do poder era um antigo desejo de monarquistas liberais, como Rui Barbosa. Monarquista parlamentar à maneira inglesa, que defendia a liberdade ordeira e a reforma na legalidade, e tentava "inocular na substância do velho regime o princípio da sua regeneração, da sua renovação, da sua reconstituição, com pertinácia, franqueza e energia",[6] Barbosa se tornou um defensor da mudança de regime às vésperas do golpe.

As duas principais bandeiras políticas dos republicanos na época eram o federalismo e o fim da escravidão. A partir de 1880, a abolição "deixou de ser uma bandeira exclusivamente republicana e tornou-se uma causa nacional", que uniu "republicanos e vários monarquistas dos dois grandes partidos do Império — Partido Conservador e Partido Liberal". E coube ao "governo conservador, liderado por João Alfredo", proclamar a Lei Áurea.[7]

A abolição da escravidão também fez com que os partidos Liberal e Conservador incorporassem a maioria das propostas dos republicanos e entendessem que havia chegado o momento de acelerar as reformas políticas e civis, como a ampliação do direito de voto, a concessão de mais poder e autonomia aos governos das províncias, "a liberdade ao culto religioso, a separação da Igreja e do Estado e a legalização do casamento civil".[8]

O último prego no caixão dos sonhos de ascensão política dos republicanos, representados pelo irrelevante Partido Republicano Paulista (PRP), parecia ser o programa de governo apresentado pelos líderes do Partido Liberal na convenção realizada em maio de 1889. O documento assumia "as principais reformas políticas defendidas pelos republicanos, como a reforma eleitoral e a descentralização do poder",[9] baseada na autonomia das províncias.

A proposta de conceder autonomia aos governos provinciais era mais inteligente e viável do que a do federalismo apresentada por Rui Barbosa, que achava que a sua sugestão era "a melhor maneira de derrotar definitivamente os republicanos". Mas o federalismo estava tão "atrelado ao radicalismo republicano" que poderia soar como uma provocação à coroa e inviabilizar a sua aprovação pelo parlamento.[10]

Os liberais estavam certos. Além de aprovar o programa liberal, D. Pedro II "convidou o visconde de Ouro Preto, chefe do Partido Liberal, para formar o novo ministério", com o "propósito de implementar as reformas políticas acordadas na convenção do partido".[11] Quem não ficou nem um pouco satisfeito ao ver a sua proposta ser derrotada na convenção foi Rui Barbosa, que recusou o convite para integrar o novo gabinete e aproveitou o embalo para romper com os liberais.

O interessante do radicalismo de Rui Barbosa em contraposição ao gradualismo de Ouro Preto é que ambos queriam preservar e fortalecer a Monarquia esvaziando as pretensões republicanas. Sua posição a respeito do republicanismo era cristalina: "o mal grandíssimo e irremediável das instituições republicanas consiste em deixar exposto à ilimitada concorrência das ambições menos dignas o primeiro lugar do Estado, e, desta sorte, o condenar a ser ocupado, em regra, pela mediocridade".[12]

Mas, ao romper com os liberais e iniciar pela imprensa uma impiedosa campanha contra o governo, Rui Barbosa legitimou a pregação radical republicana de Quintino Bocaiúva e colaborou decisivamente com a causa dos republicanos. Pelos artigos de jornais, ambos começaram a envenenar o Exército contra a Monarquia, a insuflar os oficiais contra o governo e a incitá-los "nos clubes militares a aderir à causa republicana".[13] Valia de tudo, inclusive inventar mentiras como a de que o governo iria apresentar no parlamento um plano para desorganizar o Exército.

Os textos aumentavam a insatisfação dos oficiais, que se sentiam desprestigiados pela coroa, e serviam de combustível para os golpistas, que passaram a contar com um ambiente propício para a conspiração e para persuadir líderes como Deodoro da Fonseca quanto à necessidade do golpe para derrubar a Monarquia. Conseguiram. E assim, "no dia 16 de novembro de 1889, todos eram republicanos"[14] e devotos da promessa republicana e presidencialista importada dos Estados Unidos.

Mas nem todos foram enganados pelo futuro redentor prometido pelos militantes republicanos. Depois de se deixar corromper na juventude pelo republicanismo radical do jurista e abolicionista francês Édouard René de Laboulaye, fervoroso admirador da política americana que seduziu vários de sua geração, Joaquim Nabuco tornou-se um dos monarquistas mais ardorosos.

Influenciado pelo inglês Walter Bagehot, Nabuco acreditava na "superioridade prática do governo de gabinete inglês sobre o sistema presidencial americano" e na relevância de "uma Monarquia secular, de origens feudais, cercada de tradições e formas aristocráticas, como é a inglesa", que se constituiu num "governo mais direta e imediatamente do povo do que a república".[15]

A crítica que comumente se fazia contra a Monarquia, a de que o rei não era eleito pelo povo, era, para Nabuco, "o segredo da superioridade do mecanismo monárquico sobre o republicano, condenado a interrupções periódicas que são para certos países revoluções certas".[16]

Intelectual refinado e o mais célebre abolicionista do império, Nabuco considerava a República "um relógio de que fosse preciso renovar a mola no fim de pouco tempo", ao passo que a Monarquia era "um relógio por assim dizer perpétuo". A Monarquia também funcionava como "um aparelho mais sensível à opinião, mas rápido e mais delicado em apanhar-lhe as nuanças fugitivas, guardando ao mesmo tempo inalterável a tradição de governo e a aspiração permanente do destino nacional".[17]

Um dos ataques mais contundentes à adoção do sistema presidencialista no Brasil foi desferido pelo professor, jornalista e político José Joaquim de Campos da Costa de Medeiros e Albuquerque. Em seu "Parlamentarismo e presidencialismo no Brasil", panfleto escrito no calor do momento e publicado em 1914, 25 anos depois do fim da Monarquia, ele tentou demonstrar a inferioridade e as fragilidades do sistema.

No libelo, Albuquerque defendeu que o progresso do Brasil a partir da proclamação da República ocorreu apesar, e não por causa, do presidencialismo; que o sistema presidencial é estável para o mal e instável para o bem e que permite a irresponsabilidade presidencial; que a escolha do presidente é sempre uma aventura; que o sistema é fértil em traições e em corrupção moral.

O panfleto também é uma defesa do parlamentarismo, que para o professor seria o melhor sistema de governo para o povo brasileiro por se adaptar facilmente a qualquer tipo de cultura, ao contrário do presidencialismo.

O problema é que, uma vez que a Monarquia foi eliminada junto com a sua cultura política e o seu capital de experiência, nada garantiria que a simples adoção do parlamentarismo seria capaz de resolver os problemas políticos do Brasil. Mudança política sem uma prévia retomada ou reforma cultural beneficia circunstancialmente os agentes políticos dessa mudança.

As fragilidades internas do sistema presidencialista expostas no panfleto continuam a existir em maior ou menor grau. E os sucessivos governos desenvolveram mecanismos para lidar com os problemas do sistema e sobreviver, levando à criação do presidencialismo de coalizão, uma solução encontrada pelo Poder Executivo para se organizar em grandes alianças interpartidárias e assim desenvolver o seu plano de governo.[18]

A partir do golpe de Estado republicano, o sentimento de muitos monarquistas que o apoiaram era semelhante ao expresso pelo jornalista e político Quintino Bocaiúva, polemista inveterado, republicano fervoroso e maçom praticante. Em carta à princesa Isabel, Bocaiúva pediu perdão a Deus pelo que fez para o advento da República e se disse surpreso pelo fato de o povo não "ter cortado a cabeça de quantos" como ele que haviam cometido "tão funesto erro".[19]

Nabuco, Albuquerque e Bocaiúva viram o início do crescimento do Estado e do poder do governo republicano, que contribuiu decisivamente para esvaziar do imaginário popular o sentido de dever e de responsabilidade existente durante a Monarquia e o substituiu gradualmente pela ação do Estado.

Aproveitando a tradição criada pelo marquês de Pombal, "com a República, os militares iriam apropriar-se da bandeira de que ao Estado é que incumbe promover a riqueza, fazendo com que se perpetuasse até os nossos dias essa reminiscência do mercantilismo do século XVIII".[20]

O presentão dos republicanos para D. Pedro II

A derrubada da Monarquia inaugurou no Brasil a República federalista e o sistema presidencialista, ambos oficializados pela Constituição promulgada em 24 de fevereiro de 1891. A nova carta magna, que substituiu a de 1824, definiu o país como "a união perpetua e indissoluvel das suas antigas Provincias" na forma dos "Estados Unidos do Brazil", assim como estabelecia as regras e atribuições de exercício do Poder Executivo, e a forma como seriam eleitos o presidente e o vice-presidente.

No seu artigo 41, a Constituição de 1891 atribuía exclusivamente ao presidente da República dos Estados Unidos do Brasil, como chefe eleito pela nação, o exercício do Poder Executivo. E o artigo 48 definia as atribuições privativas do presidente, tais como "sancionar, promulgar e fazer publicar as leis e resoluções do Congresso; expedir decretos, instruções e regulamentos para sua fiel execução".

As atribuições, deveres e responsabilidades do presidente da República definidas pela Constituição de 1891 se assemelhavam em alguns pontos às do imperador, de acordo com a carta magna anterior.

E se durante a Monarquia o país viveu um período de relativo equilíbrio institucional até 1891, com as instituições políticas submetidas aos poderes do imperador, incluindo o poder moderador,[21] a partir da República passou a haver "a supremacia do Poder

Executivo sobre o Legislativo". O presidencialismo federalista republicano, cópia do modelo americano por orientação e influência de Rui Barbosa, não só não resolveu os problemas políticos do país, como criou novos.

Para piorar o que já não era muito bom, os militares que assumiram o governo "não souberam enfrentar condignamente os impasses institucionais" criados pelo novo sistema, e o Brasil enveredou pelo caminho da instabilidade política e governativa. O resultado fatal foi "o centralismo do poder aliado à manipulação dos partidos políticos" ter sido "a marca registrada da primeira República brasileira".[22]

Defensores do presidencialismo republicano tentaram até enquadrar a história ao argumento para mostrar as virtudes do modelo. O deputado Afonso Arinos de Melo Franco ensaiou, inclusive, uma boa imitação de análise histórica ao dizer que "a tradição de Pedro I e Pedro II se coadunava muito mais [...] com os governos americanos que iríamos tomar como modelos do que com os sistemas europeus, que conhecíamos literariamente e só praticávamos de nome".[23]

Franco parece ter esquecido que, para o bem e para o mal, o Brasil viveu a experiência monárquica desde que Portugal iniciou a colonização. O sistema que uma pequena parcela dos brasileiros conhecia de nome era a República presidencialista. E foi com base numa utopia racionalista que derrubaram o imperador.

Não é senão com uma dose de compaixão que se deve enfrentar a afirmação de que "o presidencialismo brasileiro foi muito mais uma continuação do que uma revolução".[24] Se não houve uma revolução foi porque o "governo provisório, temeroso das manifestações favoráveis ao imperador", obrigou a família imperial a sair do país imediatamente, "na calada da noite" da madrugada do dia 17 de novembro.[25] E porque D. Pedro II se recusou a reagir com violência ao golpe de Estado, recebendo de presente um decreto que o bania do Brasil junto com os seus familiares, o proibia de ter imóveis, o obrigava a vender em seis meses as propriedades que tinha e extinguia as dotações que recebia do governo.

O presidencialismo no Brasil só foi uma continuação da Monarquia se olharmos unicamente para "nossa própria tradição colonial e imperial de governos caracterizados por um Executivo forte".[26] Mesmo assim, se não foi igual, foi pior.

Auguste Comte, o pai de santo do terreiro militar

Se "francês sem teoria é como pai de santo sem terreiro",[27] entre os militares brasileiros do século XIX o pai de santo era francês e atendia pelo nome de Auguste Comte. Pai Comte criou uma ideologia que exerceu enorme influência sobre membros do Exército, intelectuais e políticos do país, e é a peça-chave para entender alguns elementos cruciais do golpe republicano e da vida política na primeira fase da República.

Mas o que era, afinal, o positivismo de Comte? Em resumo, uma doutrina que pretendia ser filosofia, pensamento político e uma religião, alicerçada na crença de que só era possível atingir o conhecimento verdadeiro através do conhecimento científico, pois os fenômenos *positivos* (reais, precisos, orgânicos) da experiência eram a verdadeira origem do saber no mundo físico.

Um dos objetivos centrais do positivismo era moralizar os indivíduos pelo seu próprio método de educação. Peça-chave da ordem social, o ensino não se limitava à instrução. Era um instrumento para reformar os costumes, as opiniões e a mentalidade, pois Comte acreditava que a organização moral da sociedade era o elemento fundamental para a sua organização.

Para existir e se desenvolver dessa forma, o positivismo dependia da eficiência do processo educativo, filosófico e científico, e da sua adequada assimilação pelos indivíduos. Esta combinação seria capaz, segundo os positivistas, de influenciar e definir a cultura, a organização social e a política. Antes de qualquer tentativa de organização política, era preciso desenvolver uma atividade educativa com a finalidade de moralizar a sociedade e transformar as mentalidades e costumes.[28]

A escola positiva, para Comte, era a única que poderia satisfazer simultaneamente todas as "grandes necessidades sociais, propagando com sabedoria a única instrução sistemática que pode [...] preparar uma verdadeira reorganização, primeiro mental, depois moral e, por fim, política".[29] Um objetivo bastante modesto que aliciou muitos brasileiros.

O positivismo partia da constatação de que a desordem interior, mental e moral das pessoas era a fonte do mal dentro da comunidade, não os interesses e a turbulência suscitados pela política. Para regenerar a sociedade era antes preciso atacar a desordem mental na sua origem.

Como fazer isso? Segundo o positivismo, não havia outra forma senão restaurar "os métodos antes das doutrinas" e assim reformular, do ponto de vista moral, as opiniões e os costumes em vez das instituições.[30]

O credo positivista ia além. Garantia aos seus adeptos que só uma reorganização espiritual da sociedade permitiria satisfazer os desejos das pessoas, que não estariam preocupadas exclusivamente com o jogo de interesses materiais apregoados por uma sociedade liberal.[31] O tipo de discurso que sempre seduz os incautos.

A ideologia positivista tentava combinar aspirações filosóficas, religiosas e políticas que viam a mudança externa (material) como resultado da mudança interna (regeneração espiritual, renovação interior). Essa transformação era possível através do método positivo, cujas regras de conduta permitiam desenvolver uma harmonia moral fundamental.[32]

Um aspecto pitoresco do positivismo era a concepção da ideia como algo impessoal, pois não se tratava de algo concebido por uma pessoa, mas o resultado de uma ação coletiva. A ideia não apenas era independente do homem, mas o superava por ser mais importante do que ele.

Ao anular a importância do indivíduo na formulação da ideia, o positivismo criava uma espécie de coletivismo mental em que prevalecia a vontade geral. Isso funcionava como um facilitador do método de instrução e como mecanismo de defesa contra as tentações individuais que poderiam colocar em risco a própria doutrina positivista.

Fracassado em suas ambições filosóficas e religiosas, pelo menos no Brasil o positivismo conquistou influência e importância política, e transformou parte do país num grande terreiro do Pai Comte. Saravá.

Positivismo no Brasil: militância e doutrinação nas escolas

Mais extravagante do que o positivismo em si foi a invulgar doutrina positivista ter conquistado força e prestígio político no Brasil. Mas como isto foi possível, minha Santa Maria de Jetibá?

Parte da influência do positivismo na nossa história é conhecida e ensinada nas escolas, mesmo que de maneira bastante resumida e vinculada aos militares que deram o golpe que derrubou a Monarquia e proclamou a República em 15 de novembro de 1889.

Mas a dimensão e o alcance da influência do positivismo na vida intelectual e política do país só são conhecidos por quem estuda a história da doutrina de Comte no Brasil. Uma prova de sua assimilação cultural é o samba "Positivismo", de 1933, criado numa parceria entre Noel Rosa e Orestes Barbosa:

> *A verdade, meu amor, mora num poço,*
> *É Pilatos, lá na Bíblia, quem nos diz,*
> *E também faleceu por ter pescoço,*
> *O (infeliz) autor da guilhotina de Paris.*
> *Vai, orgulhosa, querida,*
> *Mas aceita esta lição:*
> *No câmbio incerto da vida,*
> *A libra sempre é o coração,*
> *O amor vem por princípio, a ordem por base,*
> *O progresso é que deve vir por fim,*
> *Desprezaste esta lei de Augusto Comte,*
> *E foste ser feliz longe de mim.*

A irônica letra não perdoou nem o querido inventor da guilhotina, e, lamentavelmente, ao contrário da senhorita da canção, a doutrina de Comte decidiu ser feliz no Brasil, para onde foi trazida de mala, cuia e queijo francês.

O positivismo desembarcou no país graças a alguns estudantes brasileiros que, entre 1832 e 1840, foram alunos de Comte na Escola Politécnica de Paris ou tiveram aulas particulares. Um deles se chamava Antônio Machado Dias, que mais tarde se tornou professor de matemática no tradicional Colégio Pedro II, no Rio de Janeiro.[33]

Outro aluno de Comte foi Justiniano da Silva Gomes, que num concurso para professor de fisiologia da Faculdade de Medicina da Bahia em 1844 apresentou pela primeira vez no Brasil um trabalho acadêmico que citava o positivismo.[34] Gomes referiu-se no texto ao método positivo e à Lei dos Três Estados, que Comte havia exposto dois anos antes em seu livro *Curso de filosofia positiva*. O curioso foi o positivismo ter sido apresentado ao país através da biologia, não das ciências exatas ou da política.[35]

O programa político pretensamente científico do positivismo, longe de representar um rompimento, integrou-se à nossa tradição histórica autoritária, com exceção do Segundo Reinado, e tornou-se "o desdobramento natural da tradição cientificista iniciada sob Pombal. Mais que isto: transformou-se no fundamento doutrinário do autoritarismo republicano e paulatinamente enquadrou o marxismo a partir de 1930".[36] Foi o professor marxista Leônidas de Rezende o responsável por defender a ideia de que "as teorias de Marx e Comte seriam absolutamente idênticas, distinguindo os dois, apenas, em que um seria revolucionário e o outro reformista".[37]

Comte teve no Brasil seguidores fiéis que aderiram entusiasticamente ao culto e aos preceitos da Religião da Humanidade. Os positivistas mais conhecidos da segunda metade do século XIX eram Luís Pereira Barreto, Teixeira Mendes, Miguel Lemos e Benjamin Constant. Mendes, Lemos e Constant fundaram, em 1876, a Sociedade Positivista do Brasil, depois sucedida pelo Apostolado Positivista do Brasil, que tinha uma preocupação religiosa e um trabalho voltado à "incorporação do proletariado na sociedade moderna".[38] Lemos depois fundaria a Sociedade Positivista do Rio de Janeiro, que se transformou na Igreja Positivista do Brasil em 1881.

Apesar da intensa atuação dos nomes mais célebres do positivismo, foram os positivistas independentes, ao aceitarem somente o espírito geral da doutrina e o seu método na segunda metade do século XIX, os responsáveis diretos pela repercussão política das ideias positivas no país e pela pavimentação do caminho para a ação sistemática da Igreja e do Apostolado Positivista. A aceitação parcial fez com que o positivismo no Brasil ganhasse uma face diversificada em virtude das diferenças de interpretação, de personalidade e de temperamento. Apesar das divergências, o núcleo do positivismo de Comte foi preservado e seguido.[39]

Os positivistas independentes foram fundamentais para a disseminação da doutrina. Vários deles "ingressaram no magistério superior e secundário, militaram na imprensa, participaram do governo provisório, da Constituinte e das assembleias e governos estaduais, além de ocuparem importantes postos no Exército e na Marinha, no alto funcionalismo, na diplomacia e na magistratura". Sem essa infiltração e trabalho teria sido quase nula "a influência política do Apostolado, frequentemente envolvido em problemas de ortodoxia e cerimônias litúrgicas".[40]

Embora seja preciso tomar cuidado com a dimensão da importância do positivismo no Brasil apontada por autores positivistas, que poderiam dilatá-la, não se pode negar o grande alcance das ideias de Comte na política brasileira, principalmente a partir do golpe que instaurou a República.[41]

A medonha bandeira do Brasil, aliás, é o atestado público dessa ascendência do positivismo sobre a elite militar que se transformou na elite política. Foi idealizada pelos ativos e influentes positivistas Miguel Lemos e Raimundo Teixeira Mendes, diretor e vice-diretor da Igreja Positivista do Brasil, e desenhada pelo pintor Décio Vilares. E a frase *Ordem e progresso* foi extraída da fórmula sagrada dos positivistas: *O Amor por princípio e a Ordem por base; o Progresso por fim*.[42]

Mas nem todo mundo caiu no samba positivista. Felizmente.

O médico e professor Manoel Bomfim, assim como muitos intelectuais brasileiros do fim do século XIX, era um entusiasmado defensor do uso da ciência para o entendimento da realidade, para a elaboração de soluções dos problemas sociais e para a construção do progresso. Mas não viu muito sentido na doutrina positivista, que, embora pretendesse ser tão científica quanto o marxismo, fazia da ordem, e não da ciência, a condição do progresso.

Bomfim atacou a rigidez teórica do positivismo e advertiu que esta característica tornaria a doutrina inadequada para lidar com os "imprevistos e novos aspectos da evolução social". Ele também criticou o "abuso das generalizações" e o "exagero das fórmulas, tão nítidas quanto vazias", que eram capazes de perverter e esterilizar a inteligência.[43]

Mesmo assim, a ideologia positivista vingou no Brasil. Num texto publicado em 1959, o jurista Miguel Reale confirmou que em São Paulo o positivismo exerceu enorme influência no estado de espírito de toda uma geração graças aos "seus princípios e coordenadas bem-definidas, indo da crença no determinismo universal até à certeza da capacidade emancipadora do homem sobre a natureza".[44] Nada melhor para espíritos juvenis do que ideias que prometem respostas absolutas para os problemas humanos.

No Rio de Janeiro, sede da corte, do parlamento, de várias instituições de ensino e de centros culturais, a disseminação e a influência do positivismo foi ainda mais intensa.[45] A partir de 1857, os alunos da Escola de Marinha passaram a estudar o positivismo pelo livro *Sistema de filosofia positiva*,[46] obra que já havia sido encomendada pela biblioteca da Assembleia Provincial do Rio de Janeiro. Até a revelação dessa informação, acreditava-se que o positivismo fora introduzido na Escola Militar por Benjamin Constant,[47] um dos discípulos mais influentes de Comte.

A Escola Militar teve um papel fundamental na divulgação e no estudo do positivismo. Durante a década de 1850, foram apresentados vários trabalhos acadêmicos em áreas como estática, hidrostática, cálculo diferencial, termologia, baseados ou inspirados na filosofia positiva de Comte.

Além da Escola Militar e da Escola de Marinha, os positivistas começaram a apresentar trabalhos utilizando as concepções de Comte em outras instituições de ensino do Rio de Janeiro, como a Escola de Medicina, a Escola Politécnica, o Colégio Pedro II. No fim da década de 1850, o positivismo começou a ganhar espaço fora da academia e a influir na cultura (literatura, moralidade, política).[48] Ao que tudo indica, muito antes dos socialistas e comunistas, os positivistas foram os primeiros no Brasil a aparelhar o ensino e a doutrinar os alunos.

Positivistas de bombacha e chimarrão

A República brasileira pode ser considerada um fenômeno positivista, mas é preciso ter em conta que o positivismo no Brasil assumiu uma expressão singular que o tornou um tanto diferente da versão original elaborada por Comte.[49]

Um exemplo na política foi o gaúcho Júlio de Castilhos. Influenciado pela doutrina, Castilhos adaptou o positivismo de Comte à dimensão da política brasileira e à sua personalidade. Sendo um político profissional, desenvolveu sua versão positivista baseada numa "prática autocrática no exercício do poder político".[50] Era um positivismo que bebia chimarrão.

Bem-sucedido na política gaúcha, o positivismo castilhista exerceu uma influência decisiva no pensamento e no comportamento de três homens fundamentais para a história do Rio Grande do Sul e do Brasil: Borges de Medeiros, Pinheiro Machado e Getúlio Vargas.

No esforço de adequar o positivismo ao seu caráter individual e às suas crenças políticas, Castilhos modificou a sequência para a organização social. Em vez de iniciar com o método educativo, defendeu a moralização dos indivíduos pela intervenção do Estado. Na função de deputado gaúcho na Constituinte da República em 1890, argumentou a favor da implantação de um regime moralizador no Brasil fundado em supostas virtudes republicanas, que surpreendentemente se confundiam com as do positivismo.

A rejeição de sua proposta pelos demais deputados federais não desanimou Castilhos, que já vinha direcionando seus esforços para concretizar o seu projeto no Rio Grande do Sul. Para azar dos gaúchos.

A atuação pública e as manobras realizadas nos bastidores para derrubar seus adversários e inimigos políticos, e com isso destruir aquilo que acreditava ser o pilar de uma sociedade liberal caracterizada unicamente pela satisfação de interesses materiais, culminaram com a aprovação da polêmica Carta Estadual de 1891.[51] A lei institucionalizou um modelo autoritário e antipresidencialista que confrontava abertamente a Constituição Federal de 1891.

Para que a ideia de moralização da sociedade pelo Estado fizesse sentido prático, e não meramente teórico, Castilhos achava que a absoluta pureza de intenções, manifestada pela ausência de interesses materiais, deveria ser a condição fundamental do governante. O político que quisesse conduzir a moralização da sociedade mediante o uso do Estado deveria ter uma imaculada pureza de intenções e assumir a moralidade como uma qualidade de primeira grandeza. Na sua concepção, a República deveria ser o reino da virtude governado pelos virtuosos.[52]

Sobravam virtude e modéstia no castilhismo, a "ideologia política que deu embasamento à prática do autoritarismo republicano, à luz do qual se processaram as reformas modernizadoras necessárias à industrialização do Brasil". Também serviu como o modelo ideal para a construção do nosso "governo republicano, alicerçado na crença positivista de que o poder vem do saber e canalizado, na prática, na preeminência do executivo sobre os outros poderes e no exercício de rigorosa tutela do Estado sobre a massa informe dos cidadãos".[53]

Fundamentada nessa concepção ideológica, a política castilhista impediu "qualquer tentativa de estruturar a representação e de ver garantidos direitos civis básicos como a liberdade de imprensa ou o funcionamento da oposição", que existiam no reinado de D. Pedro II. De fato, "o castilhismo foi, na vida política brasileira, a mais acabada forma de rousseaunismo ou de jacobinismo republicano".[54]

A concepção política radicalmente moralista de Júlio de Castilhos, baseada na tutela do Estado, marcou de forma decisiva o seu mais destacado discípulo político, o advogado e futuro governador do Rio Grande do Sul, Borges de Medeiros.

Indicado e apoiado por Castilhos, Medeiros venceu com facilidade a eleição para o governo estadual em 1897 e a reeleição em 1902. Como governador, "governava amparado pela 'bíblia castilhista', a Constituição rio-grandense de 1891: sustentava a crença no Executivo forte e conservava um Legislativo de fachada".[55]

Medeiros respaldava o seu discurso na eficácia, na coerção política, na modernização do Estado, "no dogma da moralidade administrativa" e na "tese da incorporação de direitos civis aos trabalhadores", o que acabou por lhe garantir "o apoio das nascentes classes médias urbanas". Austero até a medula, Medeiros não permitia que fosse utilizado "dinheiro público na compra sequer de um carro oficial para servir ao palácio". Com essa visão sobre a política, "tinha a missão de dar continuidade a um 'castilhismo sem Castilhos'".[56]

A relação de Medeiros com os trabalhadores e a perspectiva positivista de política social, que seria a gênese do trabalhismo de Vargas, também vieram em reação ao pleito dos representantes das entidades profissionais. Ele atuou como mediador dos operários com os industriais na greve que teve adesão das principais categorias, escolhendo negociar em vez de reprimir. Agiu dessa forma porque acreditava que este deveria ser o papel do governador, mas principalmente pela força do movimento grevista, que se alastrou pelo interior do estado e "foi praticamente uma greve geral — algo jamais ocorrido até então".[57]

Personagem política fundamental na história de Vargas, Medeiros repetiu o que acontecera com ele próprio ao indicar o futuro ditador para substituí-lo no comando do executivo estadual após seu afastamento em 1928.

Posteriormente, os dois romperam relações por divergências iniciadas antes mesmo da indicação ao governo estadual. O ponto culminante foi a prisão de Medeiros por tropas fiéis a Vargas, depois que o primeiro apoiou a Revolução Constitucionalista de 1932 em São Paulo.[58]

Tanto no caso de Medeiros quanto no de Vargas, o mais adequado é considerar o positivismo e o castilhismo que fundamentaram o pensamento e a ação de ambos como elementos fundamentais, mas não exclusivos. Ambos adequaram as ideias positivistas às suas personalidades e às condições e circunstâncias concretas da época.

O exemplo mostra que nem sempre a ideologia do governante é a do seu governo, que tende a assumir a face mais ou menos heterogênea pela composição diversificada dos seus membros.[59] Esta observação vale não só para o positivismo, mas para os demais *ismos* políticos que ajudaram a modelar nossa história política intervencionista e foram responsáveis por criar uma cultura conciliatória de servidão, submissão e dependência.

6 Dr. Presidente, ou de como aprendi a amar ainda mais o Estado

A República Velha nasceu velhaca

A República nasceu maculada. Fruto de um golpe de Estado, jamais conseguiu superar as virtudes construídas pela Monarquia. Com a República, o que era ruim não era novo, e o que era novo era péssimo.

Para impor culturalmente o novo modelo político num país majoritariamente monarquista, os republicanos fizeram tudo o que podiam para "eliminar o mais rapidamente da paisagem os vestígios da Monarquia". Nesse processo, a bandeira foi modificada, foram criadas diversas datas cívicas e o cumprimento maçônico *saúde e fraternidade* foi convertido por lei "em saudação obrigatória no Brasil republicano".[1]

Nos 41 anos entre o golpe militar republicano em 1889 e a revolução de 1930, o país teve catorze presidentes e uma Junta Governativa. São eles: Deodoro da Fonseca, Floriano Peixoto, Prudente de Morais, Campos Sales, Rodrigues Alves, Affonso Penna, Nilo Peçanha, Hermes Fonseca, Wenceslau Braz, Delfim Moreira,

Epitácio Pessoa, Arthur Bernardes, Washington Luís, Júlio Prestes e a Junta Governativa formada por José Linhares, Augusto Fragoso, Isaías de Noronha e Menna Barreto.

O primeiro presidente da República foi o marechal Deodoro da Fonseca, que era maçom. O último presidente eleito, o advogado Júlio Prestes, nem chegou a tomar posse, em virtude da revolução de 1930, que depôs o presidente Washington Luís. No lugar de Prestes, os revolucionários deram posse a uma Junta Governativa formada pelos generais Augusto Tasso Fragoso e Menna Barreto e pelo almirante Isaías de Noronha.

Após o golpe militar, que conhecemos pelo eufemismo *proclamação da República*, Deodoro da Fonseca assumiu o governo provisório, que durou de 15 de novembro de 1889 a 24 de fevereiro de 1891. Em seguida, foi eleito de forma indireta pelo Congresso Nacional, tendo governado o país de 25 de fevereiro a 23 de novembro de 1891.

Os republicanos assumiram o país com muitas promessas, que depois, não cumpridas, foram esquecidas, inaugurando uma tradição bastante respeitada pelos presidentes desde então.

Na época, o Brasil republicano, que nasceu sob juras políticas, tinha cerca de 14 milhões de habitantes. Apenas quinze entre cem brasileiros eram alfabetizados (entre os ex-escravos, apenas 1% sabia ler e escrever) e somente 8 mil tinham curso superior.

A maioria morava na zona rural (oito em cada dez brasileiros) e a agricultura era o carro-chefe da economia nacional, responsável por 70% da riqueza produzida no país. Nosso principal produto de exportação era o café, que representava cerca de 60% de tudo que era produzido no mundo.[2]

Deodoro era mais um dos ex-monarquistas convertidos de última hora, um cristão-novo do republicanismo nacional. Em carta ao sobrinho Clodoaldo da Fonseca, aluno da Escola Militar de Porto

Alegre e membro da mocidade militar liderada pelo positivista Benjamin Constant, o marechal afirmou, um ano antes do golpe, que "República no Brasil é coisa impossível, porque será uma verdadeira desgraça", pois "os brasileiros estão e estarão muito mal educados para republicanos".[3]

Deodoro não tinha qualquer dúvida de que "o único sustentáculo do Brasil" era "a Monarquia; se mal com ela, pior sem ela". Relutante até nos momentos cruciais que antecederam o golpe, Deodoro, "aparentemente, só se converteu ao projeto republicano forçado pelas circunstâncias e a contragosto, ao perceber que a mudança de regime se tornara inevitável".[4]

Uma vez convertido, o marechal gostou tanto do poder que não queria mais sair. Inabilidade política e uma sucessão de erros anteciparam o fim da sua presidência. Deodoro não soube lidar com a oposição no Congresso Nacional nem com a grande insatisfação da sociedade diante dos problemas econômicos agravados por decisões do seu próprio governo, como a desastrosa política monetária conduzida pelo ministro da Fazenda, Rui Barbosa.

Para tentar evitar uma crise institucional e preservar o poder de Deodoro, Henrique Pereira de Lucena, o barão de Lucena, o ministro mais influente do governo, tentou negociar o apoio do Legislativo com o líder da oposição Campos Sales. Em troca de trégua e apoio, oferecia dois ministérios ao PRP. Na reunião da cúpula do partido para decidir se aceitava o acordo, prevaleceu o voto contrário de Prudente de Morais, com o apoio decisivo de Quintino Bocaiúva, sob o argumento de que não se poderia confiar em Lucena e que aqueles que fossem indicados ministros seriam sacrificados e, depois, forçados a deixar os cargos.[5]

O fracasso da estratégia do barão de Lucena de dividir a oposição para enfraquecê-la foi mais um golpe contra a presidência de Deodoro, "que interpretava as derrotas do governo no Congresso como uma ofensa pessoal" por "não aceitar as limitações constitucionais nem a divisão dos poderes entre o Executivo, o Legislativo e o Judiciário".[6]

Acostumado à vida militar estruturada em comandos e disciplina, muito diferente da vida política baseada em negociação e concessão, Deodoro estava cansado do jogo político e adoeceu logo depois de recusar a demissão coletiva dos seus ministros. O vice-presidente Floriano Peixoto, que deveria assumir o cargo, também adoeceu. A presidência foi então ocupada pelo barão de Lucena, que decidiu vingar as derrotas do governo.

Em 3 de novembro de 1891, ordenou que tropas militares fechassem o Congresso, prendessem os oposicionistas e censurassem a imprensa do Distrito Federal (Rio de Janeiro). O ministro acreditava que essa era a forma mais adequada para dominar o parlamento e "concentrar o poder nas mãos de um presidente forte e autoritário". O barão de Lucena acreditava piamente que o despotismo presidencial era necessário "até o Congresso e a sociedade adquirirem um grau de maturidade política que lhe permitissem viver sob um regime democrático".[7] Era um tipo de perspectiva sobre o papel do governo e sobre a sociedade brasileira compartilhada por parte da elite política e intelectual brasileira durante o império e depois do golpe republicano.

Para coroar o processo, o barão de Lucena decretou estado de sítio no país com o objetivo de dar um golpe, o segundo no curto espaço de dois anos. Também tentou comprar apoio político distribuindo "crédito público e facilidades a empresas e instituições" e vendendo os estoques de ouro do governo para beneficiar os especuladores.[8]

O plano, porém, foi malsucedido. Nove meses depois de assumir a presidência, o marechal foi obrigado a renunciar diante da reação da oposição no Congresso e de militares como o contra-almirante Custódio de Melo, "que mobilizou seus navios e enviou um ultimato ao marechal Deodoro".[9] Até o vice-presidente, Floriano Peixoto, se posicionou contra o golpe.

Mas Floriano também não era flor que se cheirasse. Ex-combatente da Guerra do Paraguai, onde havia começado como tenente e terminado como major, Floriano conspirou contra e traiu o governo de D. Pedro II em 1889 ao omitir do Gabinete Ouro Preto que havia uma rebelião militar em curso, não reagir como deveria na função de ajudante-general e ainda se unir aos rebeldes.[10]

Floriano era republicano antes da queda da Monarquia não por convicção ideológica, mas por ser abolicionista e avesso à ordem política do império. Ao contrário de muitos militares da época, não se tornou positivista, provavelmente pelo pacifismo da ideologia de Comte, que, inclusive, fez com que os alunos da Escola Militar na década de 1880 fossem contra a ação brasileira no Paraguai.[11]

Mais curioso ainda é o fato de que a Guerra do Paraguai, que se dependesse dos militares positivistas jamais teria acontecido, foi um fator relevante para a queda da Monarquia e a ascensão política dos militares positivistas na República presidencialista.

Apesar de não ser um seguidor das ideias de Comte, Floriano e seus aliados compartilhavam alguns elementos ideológicos com os positivistas republicanos, especialmente com o professor Benjamin Constant e seus alunos da Escola Militar: o *republicanismo*; o *progressismo* ("apologia da ciência e da sociedade industrial"); e o *autoritarismo* (uma visão autoritária e hierárquica que defendia "uma sociedade governada por uma nova elite científico-industrial").[12]

Constant era um professor conhecido e conquistou tamanha influência política que foi nomeado ministro da Guerra por Deodoro na cota dos positivistas, assim como Rui Barbosa fora nomeado ministro da Fazenda na cota dos ex-monarquistas.

Floriano conseguiu reunir ao seu redor uma fauna ideológica que abrigava militares republicanos, autoritários, progressistas e positivistas.[13] A ala mais radical dos seus apoiadores no Rio de Janeiro, que também incluía comerciantes, funcionários públicos e farmacêuticos, foi apelidada de *jacobinos brasileiros*, uma amável referência aos radicais franceses que também foi atribuída aos seguidores de Júlio de Castilhos.[14]

Xenófobos, os jacobinos cariocas eram nacionalistas, autoritários, anticlericais e tinham como lema "O Brasil para brasileiros!", que mostrava no ponto de exclamação a natureza de sua força verbal. Na década de 1970, o governo militar, sob a presidência do sempre sorridente general Emílio Garrastazu Médici, gaúcho como Júlio de Castilhos, Borges de Medeiros e Getúlio Vargas, iria patrocinar o "Brasil, ame-o ou deixe-o" como um mote igualmente acolhedor.

Integrante da ala nacionalista, autoritária e progressista[15] do Exército, que se opunha ao conservadorismo do tipo militar representado por Deodoro, Floriano pretendia ser a alternativa política para a nova ordem estabelecida a partir da derrubada da Monarquia e contra as supostas ameaças de retomada do poder pelos membros remanescentes da antiga elite imperial.

A posição autoritária do seu governo conseguiu expurgar os sobreviventes da política monárquica e abriu caminho para a ascensão do PRP, que representava "a ascendente e poderosa elite exportadora de café", defensora do federalismo e, portanto, da descentralização política, e com quem Floriano em seguida iria romper.[16]

Surgia, assim, uma nova elite política que se firmava no cenário político nacional, inaugurando uma circulação de elites que foi maior ou menor ao longo dos anos, mas sem o caráter homogêneo nem os princípios e responsabilidades daquela existente no império. Não só era diferente, como era inferior.

Ao assumir em 23 de novembro de 1891 o cargo de segundo presidente da nascente República, Floriano Peixoto, conhecido pelo delicado apelido "Marechal de Ferro", prometeu resgatar e respeitar a lei e a ordem, revogou o estado de sítio decretado por Deodoro, convocou o Congresso para uma reunião e mandou soltar os militares presos.

Para organizar as combalidas finanças do país, resolver o problema monetário e promover o equilíbrio das contas do governo, nomeou o liberal Rodrigues Alves como ministro da Fazenda. Muita gente na época pensou: agora vai. Mas não foi.

Em 1892, Alves deixou o ministério alegando falta de apoio para fazer o que precisava ser feito — e o que veio a seguir foi uma política intervencionista de dirigismo econômico. A presidência de Floriano Peixoto passou a operar com base no culto à personalidade (depois repetida por diversos políticos, de Vargas a Lula) e numa política claramente autoritária, com deposição de governos estaduais, prisões, deportações, decretação de estado de sítio, fortalecimento do poder público, que englobava uma política estatal de desenvolvimento econômico com um pacote de medidas protecionistas.[17]

A nova diretriz política do governo de Floriano desagradou os jacobinos apoiadores de Deodoro, as lideranças estaduais ligadas ao ex-presidente, que haviam sido afastadas de seus cargos, e os banqueiros, que se viram prejudicados com a proibição estatal de emissão de moeda pelos bancos privados.

A situação política e econômica detonou revoltas armadas em diversos pontos do país que ajudaram a esvaziar os cofres do

Estado e a desestabilizar a política nacional. Os levantes foram sufocados pelo governo com a ajuda do Congresso e resultaram na prisão de alguns dos envolvidos. Um deles era o poeta e jornalista Olavo Bilac, um apoiador de Deodoro que, certamente, entendia mais de soneto que de política.

O governo intervencionista e autoritário de Floriano Peixoto, que agia de maneira dissimulada e ambígua, não afetava apenas a política e a economia, mas os brasileiros e o ambiente cultural do país. Quem captou nitidamente a consequência maléfica foi o escritor Euclides da Cunha, autor do clássico *Os sertões*. No texto "O Marechal de Ferro", Euclides disse que o presidente "cresceu, prodigiosamente, à medida que prodigiosamente diminuiu a energia nacional"; que "subiu, sem se elevar — porque se lhe operara em torno uma depressão profunda"; e que "destacou-se à frente de um país, sem avançar — porque era o Brasil quem recuava, abandonando o traçado superior das suas tradições".[18]

Vitorioso contra as insurreições, mas com a saúde combalida, exaurido política e financeiramente e sem apoio, Floriano viu seu poder escorrer por entre os dedos com a eleição de Prudente de Morais, que se tornou o terceiro presidente do Brasil e governou o país de 15 de novembro de 1894 a 15 de novembro de 1898.[19] Floriano morreu em 1895.

Prudente de Morais, assim como seus sucessores Campos Sales (1898 a 1902) e Rodrigues Alves (1902 a 1906), conseguiu levar para a Presidência da República um pouco da herança benéfica da antiga elite política monárquica em relação ao sentido de dever e de obrigação dos políticos quando investidos do poder.

Em seus respectivos governos, conseguiram defender "os princípios republicanos, os valores democráticos e as instituições dos ataques sistemáticos dos caudilhos e dos demagogos".

Prudente de Morais comandou "a batalha pela instauração da República constitucional", Campos Sales favoreceu o "Estado liberal e o saneamento das finanças públicas", e Rodrigues Alves "soube cingir os princípios constitucionais e os valores liberais à eficácia administrativa, o que levou o país a um período de prosperidade econômica e liberdade política".[20]

Mas nem Sales, nem Alves, nem Morais, as exceções dentre os treze presidentes da República Velha que exerceram seus mandatos, conseguiram controlar a natureza intervencionista do governo ou reduzir a mentalidade estatista, porque não foram capazes de fazê-lo e porque as urgências eram outras. O penúltimo presidente do período, inclusive, o advogado Arthur Bernardes, comandou o país, durante quatro anos, sob estado de sítio e num ambiente de cassação de liberdades, censura, violência e repressão.

A disposição centralizadora e a interferência estatal se mantiveram, em maior ou menor grau, ao longo de toda a República Velha, mesmo com a alternância de poder das elites políticas de São Paulo e de Minas Gerais. Quando estourou a cavalgada das bombachas rumo à revolução de 1930, o caminho da servidão já estava pavimentado.

Coronelismo: os verdadeiros Mundinho Falcão e Ramiro Bastos

A revolução de 1930, porém, se fez com a ajuda das oligarquias locais. Por isso é importante conhecer um pouco sobre o coronelismo, fenômeno político que se manifestou com vigor durante a República Velha. Quem não se lembra dos adoráveis coronéis das novelas exercendo de maneira peculiar o seu poder local?

Mas a imagem do coronel exibida na TV é uma mera caricatura. O chefe político local podia tanto ser um latifundiário rude e sem estudos quanto bem-formados comerciantes, advogados e médicos. Em seu livro *Gabriela, cravo e canela*, Jorge Amado mostrou muito bem esses dois tipos de coronel, o rude e o ilustrado, através dos personagens Ramiro Bastos, o velho fazendeiro chefe político da cidade de Ilhéus, e Mundinho Falcão, o jovem exportador carioca.

Nem todos os coronéis permaneciam em seus redutos no interior depois de consolidado o poder local, fosse este conquistado por herança familiar ou por iniciativa própria. Alguns moravam na cidade grande e só retornavam em intervalos regulares para "descansar, visitar pessoas da família ou, mais frequentemente, para fins partidários".[21]

O título de coronel era concedido aos chefes locais mais importantes e tinha origem na "Guarda Nacional, criada pouco depois da Independência para defender a Constituição, auxiliar na manutenção da ordem prevenindo as revoltas, promover o policiamento regional e local". A Guarda foi extinta logo depois do golpe republicano, mas a designação extraoficial se manteve, "outorgada espontaneamente pela população àqueles que pareciam deter em suas mãos grandes parcelas do poder econômico e político".[22]

O poder dos coronéis atingiu seu auge a partir da presidência de Campos Sales e se estendeu até a revolução de 1930.[23] Baseado numa relação peculiar do poder privado com um regime político de ampla base de representação, o coronelismo foi um fenômeno complexo da política brasileira, desenvolvido desde o município.

O coronelismo se constituiu como "uma complexa rede de relações" que se expandia "desde o coronel até o presidente da República, envolvendo compromissos recíprocos" dentro de "um sistema político nacional, baseado em barganhas entre o governo e os coronéis".[24] O fenômeno se realizava a partir do "poder exercido por chefes políticos sobre parcela ou parcelas do eleitorado"[25] com a finalidade de eleger os seus candidatos.

O coronelismo foi, "sobretudo, um compromisso, uma troca de proveitos entre o poder público, progressivamente fortalecido, e a decadente influência social dos chefes locais, notadamente dos senhores de terras".[26]

Eis um ponto interessante: o coronelismo desenvolveu-se como uma reação dos fazendeiros à própria decadência econômica, o que os enfraquecia politicamente diante dos seus adversários, inimigos e dependentes. A relação com o Estado era, portanto, uma maneira que os chefes políticos municipais encontraram para recuperar ou manter sua influência e poder local.

Para os políticos, coronéis e seus beneficiários a relação era muito boa, pois "a manutenção desse poder passava, então, a exigir a presença do Estado, que expandia sua influência na proporção em que diminuía a dos donos de terra". Ganhava quem fosse próximo dos políticos e dos coronéis porque "o coronelismo era fruto de alteração na relação de forças entre os proprietários rurais e o governo, e significava o fortalecimento do poder do Estado antes que o predomínio do coronel".[27]

O coronelismo só vingou porque se baseou numa relação mutuamente benéfica entre os envolvidos nas esferas municipal, estadual e federal. E como se dava essa relação de poder e de barganhas? O governo estadual garantia ao coronel "o controle dos cargos públicos, desde o delegado de polícia até a professora primária", e o coronel, por sua vez, apoiava publicamente o governo, o que incluía orientar e cobrar voto de todos aqueles submetidos ao seu poder. Num degrau acima, o presidente da República reconhecia o domínio do governador em seu estado em troca de apoio, que abrangia toda a zona de influência dos coronéis que compunham o esquema.[28]

Há outro aspecto que torna o coronelismo um tema ainda mais instigante. O federalismo republicano, que substituiu o centralismo do governo monárquico e descentralizou o exercício do poder federal, acabou criando e concedendo amplos poderes ao governador do estado, que passou a utilizá-los como moeda de troca com os coronéis para obter apoio e eleitores. Como o coronel precisava reconquistar ou preservar o poder local, e o governador e o presidente precisavam conquistar o voto do eleitorado rural, foi aberta uma grande janela de oportunidades.

Por suas características, o coronelismo também estabeleceu no interior do país uma política de compromissos que, de certa forma, adequou aos seus contextos regionais a conciliação de ambiguidades que caracteriza a sociedade brasileira.

Fenômeno que teve seu auge na República Velha, o coronelismo começou a ruir por "uma conjugação de vários fatores, que agiram com maior ou menor intensidade nas diversas regiões do país". Além do "crescimento demográfico, urbanização, industrialização",[29] a revolução de 1930 colaborou decisivamente nesse processo de decadência.

A retomada da centralização do poder federal, a instituição do voto secreto e do voto das mulheres e a nomeação de interventores nos estados, além da prisão de poderosos coronéis na Bahia, foram algumas das principais medidas de Vargas que resultaram no esvaziamento dos coronéis e na extinção da estrutura coronelística tal qual existia.

O coronelismo ajudou a lapidar uma relação promíscua entre agentes privados e políticos e a reforçar uma relação de dependência que estrutura a mentalidade estatista. Apesar de não mais existir com as características que tinha na República Velha, em vários pontos do interior do país ainda há traços de sua existência nos compromissos recíprocos estabelecidos entre quem detém o poder econômico e aqueles que têm o poder político.

Outro elemento do coronelismo que resistiu foi a influência e o poder político dos clãs regionais formados por oligarcas e seus descendentes. Uma pesquisa realizada pela ONG Transparência Brasil e publicada em junho de 2014 mostrou que 47% dos parlamentares pertencentes a famílias politicamente influentes tinham parentes atuando em cargos eletivos. O levantamento demonstrou que a "transferência de poder de uma geração a outra da mesma família provoca tanto a formação de uma base parlamentar avessa a mudanças significativas como a perpetuação no poder de políticos tradicionais desgastados ou até impedidos de concorrer em eleições".[30]

Na Câmara dos Deputados, segundo a pesquisa, os parlamentares nordestinos tinham o maior número de parentes na política: 92% eram da Paraíba, 88% do Rio Grande do Norte, 78% de Alagoas, 70% do Piauí e 64% de Pernambuco. No Senado, todos os senadores do Acre, de Alagoas, da Paraíba, do Paraná, do Rio Grande do Norte e de São Paulo já tiveram um familiar ocupando cargo político.

Adeus, República Velha de presidentes advogados e maçons

A República Velha deu o último suspiro em 24 de outubro de 1930, dia da revolução. Chegava ao fim o primeiro período da história republicana, que teve na presidência três militares e dez advogados representantes das elites de Minas Gerais e de São Paulo.

Além de fazerem parte da tradição de políticos formados em direito, entre os "presidentes da Primeira República, oito eram maçons". Eis o resumo da ópera maçônica da política brasileira: "a Independência foi proclamada por um grão-mestre maçom, D. Pedro I", e a "República, por outro, o marechal Deodoro da Fonseca".[31]

A começar pelo marechal Deodoro da Fonseca, que assumiu o poder como chefe do governo provisório e montou um ministério "totalmente composto de maçons: Benjamin Constant (Guerra), Quintino Bocaiúva (Transportes), Aristides Lobo (Interior), Campos Sales (Justiça), Eduardo Wandenkolk (Marinha), Demétrio Ribeiro (Agricultura) e Rui Barbosa (Fazenda)".[32]

Evidenciar o fato de que os presidentes da República Velha pertenciam à maçonaria é ideologicamente relevante pela influência que esta sofreu do iluminismo francês.[33] Além disso, os maçons usaram o iluminismo como um importante instrumento para a expansão da ordem secreta porque compartilhavam a concepção política segundo a qual, uma vez no poder, deveria se "estabelecer a igualdade real e não apenas jurídica entre os homens, acrescentando aos direitos individuais um direito social".[34]

O problema é que a promessa de uma utópica igualdade real, com o pequeno inconveniente de que as pessoas são diferentes e têm interesses diversos, exige interferência do governo. Primeiro com a criação de leis que definam os novos direitos e, em seguida, com investimentos em ações que os promovam e garantam. Em ambos os casos, há um crescimento do Estado pela ampliação do ordenamento jurídico e pelo aumento da tributação.

Além de serem maçons, quase todos os presidentes advogados, à exceção de Nilo Peçanha e de Epitácio Pessoa, pertenceram à Bucha. Este era o nome da sociedade secreta criada em 1831 na Faculdade de Direito do Largo de S. Francisco, em São Paulo, formada pelos alunos que mais se destacavam por seus méritos morais e intelectuais.

A Bucha foi fundada pelo professor alemão Julius Frank. Ele quis reproduzir no Brasil a experiência que havia tido como membro de uma sociedade secreta na Alemanha criada com influência iluminista francesa e maçônica. O nome Bucha era uma abreviação aportuguesada da palavra alemã *Burschenschaft*, cuja tradução é fraternidade.

O objetivo da Bucha era ajudar os estudantes mais carentes da faculdade recorrendo a alunos e a ex-alunos. Com o tempo, tornou-se uma confraria que "jamais se esquivou de empenhar-se na política em prol da fração de classe dominante à qual pertencia" e "procurou garantir, através dos seus intelectuais tradicionais, a manutenção da direção política e cultural do Brasil".[35] Maçonaria vermelha, iluminismo francês e positivismo, estes eram os nortes ideológicos da República Velha.

De fato, os membros da Bucha conquistaram influência e poder político, diplomático e jurídico — e fizeram uso eficiente de ambos. Um exemplo dá a dimensão dessa importância Ao ler nos documentos da fraternidade apreendidos pela polícia do Estado Novo os nomes dos seus integrantes, Vargas teria decidido colocar uma pedra sobre o assunto.[36]

Considerando a força política da maçonaria durante o império, é plausível pensar que as relações sociais e de irmandade estabelecidas na maçonaria e na Bucha tenham contribuído de forma decisiva para a alternância de poder durante a República Velha, e não apenas a política do café com leite conduzida pelas oligarquias paulista e mineira, que também contavam com maçons e membros da Bucha.

A fraternidade começou a entrar em decadência após a revolução tenentista de São Paulo, em 1924, e submergiu com a revolução de 1930. Não há registro de que a sociedade tenha sido extinta, mas a maçonaria, mesmo sem a força de antes, continuou a contar com seus membros na elite política nacional.

Como era grande (ditador) o pequeno Vargas

Getúlio Vargas, mais um advogado a presidir o país, construiu uma bem-sucedida carreira política e foi personagem central da história brasileira. Deixou um legado profundo, duradouro e maléfico na cultura política e social do país. Foi deputado estadual, deputado federal e líder da bancada gaúcha na Câmara dos Deputados (1923-26), ministro da Fazenda do também advogado Washington Luís (1926-27) e presidente do Rio Grande do Sul (1927-30).[37] Em 1930, após ter comandado a vitoriosa revolução, assumiu o poder do governo provisório e nomeou interventores que passaram a atuar como governadores nos estados.

Vargas foi um dos grandes nomes do positivismo castilhista até 1930, mas seu pensamento e suas ações a partir daí mostram um político em busca de identidade própria. Embora não tenha abandonado completamente as bases ideológicas do passado, agiu no comando do país de acordo com as circunstâncias e urgências, e muitas vezes adotando medidas antipositivistas. Uma delas foi a centralização do poder, que era a negação do federalismo defendido pela ideologia positivista.

A implementação do projeto de como deveria ser o Estado e o governo não era uma proposta individual de Vargas, mas um propósito compartilhado com as oligarquias estaduais, com os militares, com os representantes da burocracia e com os membros da Igreja Católica. Eles acreditavam que só um regime autoritário seria capaz de estabelecer a ordem, garantir a estabilidade política e conduzir o país à modernização.

Como para cada ideia equivocada existe uma teoria que lhe atribui uma aparência sensata, a tese de Oliveira Viana caiu como uma luva para os anseios daqueles grupos. Jurista, historiador, sociólogo e professor, Viana desenvolveu, na década de 1920, uma modesta proposta segundo a qual era preciso instituir no Brasil um sistema autoritário para construir uma sociedade liberal. Isso mesmo, um autoritarismo pela liberdade.

Viana defendia uma organização política autoritária para eliminar tudo aquilo que impedia a ordem social brasileira de se tornar liberal. Sem um sistema político adequado, o país continuaria a ter uma sociedade fundamentada em clãs feudais e parentais, e sustentada numa base autoritária, sem conseguir avançar para um estágio de liberdade.

O professor acreditava que "o problema da liberdade individual e civil no Brasil — problema que é preliminar a toda e qualquer liberdade política" — era "justamente eliminar este 'longo hábito de impunidade'". Para ele, a "certeza da impunidade, que os nossos costumes asseguram ao arbítrio, corrompe tudo; mata no seu berço o cidadão e impede a formação do verdadeiro espírito público". Eis a utopia: "eliminada que seja dos costumes esta certeza da impunidade, as liberdades civis estarão asseguradas".[38]

Mas como eliminá-la?

Não era mediante a autonomia política dos estados e municípios defendida pelos nossos liberais, "fascinados pelo exemplo inglês". Viana achava que as "franquias autonômicas — municipais ou estaduais" — poderiam "ser úteis para outros fins administrativos, menos significativos; não para este fim específico e superior".[39] O fenômeno do coronelismo comprovava a sua afirmação.

Eis o que propunha o professor: um modelo político estabelecido por um Estado autoritário que funcionaria como instrumento para a construção de uma sociedade liberal. Somente um sistema político autoritário e um Estado forte seriam capazes de eliminar dos costumes a certeza da impunidade e de assegurar as liberdades civis.[40] Só não seria capaz de nos proteger do governo.

A proposta de um autoritarismo instrumental pela liberdade "foi aceita, e seguida, por um número relativamente grande de políticos e analistas que, depois da revolução de 1930, lutaram pelo estabelecimento de um governo forte como forma de destruir as bases da antiga sociedade não liberal".[41] Convertida em projeto político, essa concepção ideológica gravou o número da besta na testa da política nacional. O cheiro de enxofre continua forte.

Viana acabou sendo integrado à tradição do autoritarismo doutrinário que teve em Júlio de Castilhos sua primeira expressão elaborada de forma coerente.[42] Mas o grande ideólogo do Estado Novo não foi Viana, mas o advogado e jurista Francisco Campos, que tentou justificar teoricamente as práticas autoritárias e a centralização do poder do governo Vargas.

Autor da Constituição de 1937, Campos combinou o pensamento autoritário com a busca de legitimidade política pelo governo a partir de instrumentos plebiscitários (como tenta fazer hoje o PT). E deixou para a história frases cativantes como "governar é prender" e "o povo não precisa de governo, precisa de curatela".[43]

A postura de Vargas como presidente e, depois, ditador era a demonstração de seu afastamento gradual do positivismo ao longo da República Velha. Ao contrário de Júlio de Castilhos e de Borges de Medeiros, Vargas começou a abandonar a ortodoxia positivista ainda quando era governador do Rio Grande do Sul. Sua interpretação dos ensinamentos de Comte passou a divergir de ambos, e as menções públicas às ideias positivistas se tornaram cada vez mais raras.

A partir de 1930, "não há registro de uma vez sequer em que admitisse continuar adepto do positivismo — embora haja passagens em seus discursos demonstrando que a influência não se apagara totalmente". Embora o positivismo continuasse a fazer parte de sua matriz ideológica, Vargas ampliou o seu rol de influências para "fazer uso dos ensinamentos de todos os autores contemporâneos capazes de colaborar para a solução dos problemas brasileiros".[44] Ele certamente percebeu que a dimensão dos problemas do país era muito maior do que a visão estrita oferecida pelo positivismo.

Em 1932, a elite paulista conseguiu pressionar o governo para a convocação de uma Assembleia Nacional Constituinte, realizada no ano seguinte. Em 1934, Vargas elegeu-se presidente e promulgou uma nova Constituição.[45] Esta segunda Constituição republicana, que marcava juridicamente o fim da República Velha, mostrou que a disputa de poder entre o governo federal e as oligarquias locais não havia acabado com a mudança do regime.

Embora tenha promovido mudanças profundas na organização do Estado, nas relações trabalhistas e na representação eleitoral, ficou "igualmente conhecida a marcante tendência centralizadora e tecnocrática" de Vargas, "bem expressada nos Conselhos Técnicos". Eleito presidente pela Assembleia Nacional Constituinte, Vargas "conseguiu instituir legalmente uma forma de conduzir as oligarquias locais, formando, para tanto, um aparato tecnocrático".[46]

As atribuições do presidente pela Constituição de 1934 estavam definidas pelo artigo 56, e incluíam desde "sancionar, promulgar e fazer publicar as leis" a exercer a chefia suprema das forças militares da União, "declarar a guerra, depois de autorizado pelo

Poder Legislativo", e a "intervir nos Estados ou neles executar a intervenção, nos termos constitucionais".[47]

Mas a Constituição de 1934 teve vida curta. As tensões sociais, políticas e econômicas no país, além de um suposto plano comunista para derrubar o governo (Plano Cohen), foram a justificativa política ideal para que, em 1937, Vargas outorgasse uma nova carta constitucional.[48] Era mais um golpe de Estado para a história da infâmia política brasileira, e, mais uma vez, com preocupações legais. Por isso, a Constituição preservou o regime republicano, o federalismo e o presidencialismo, mas, na prática, converteu o presidente em ditador e o Estado revolucionário em autoritário. O "Estado Novo" de Vargas de "novo" só tinha o nome.

Imbuída do espírito revolucionário, a Constituição definia o presidente, em seu artigo 73, como "autoridade suprema do Estado", que "coordena a atividade dos órgãos representativos, de grau superior", e que "dirige a política interna e externa, promove ou orienta a política legislativa de interesse nacional e superintende a administração do país".

Ao garantir amplos poderes para si próprio, Vargas fez o que todo ditador costuma fazer: fechou o Congresso, outorgou uma nova Constituição, atribuindo ao Executivo o controle dos poderes Legislativo e Judiciário, e determinou a proibição dos partidos políticos. Seu governo também perseguiu, torturou e matou opositores, e quem mais fosse considerado inimigo.[49] O chefe de polícia do governo Vargas, Filinto Müller,[50] ficou conhecido tanto pela diligência com que cumpria o seu trabalho quanto pela despudorada simpatia pelo regime nazista. Um democrata.

Em 1937, Müller teria passado um ano em Berlim recebendo treinamento da Gestapo e sido condecorado com a Ordem de Primeira Classe da Cruz Vermelha por Heinrich Himmler,[51] o poderoso dirigente nazista responsável pela implementação e controle dos campos de concentração.

A repressão política durante o governo Vargas foi institucionalizada e legalizada. Um estado de exceção foi juridicamente arquitetado, suspendeu direitos fundamentais e criminalizou certas atividades políticas, as que representassem ameaça à ordem estatal.[52] A Lei de Segurança Nacional e as constituições de 1934 e de 1937 eram o corolário daquela mentalidade política que estabelecia a supremacia do Estado sobre a sociedade brasileira.

Criou-se, assim, um Estado policial que atribuiu tanto poder aos seus representantes que eles, gradualmente, não conseguiam mais distinguir entre os inimigos reais e os imaginários. O ônus da prova foi invertido e qualquer um era considerado criminoso até que provasse o contrário.

A legalização da repressão também foi realizada durante o regime militar, de 1964 a 1984, embora a ditadura de Vargas tenha sido muito mais violenta. Ambos os casos são exemplares, cada um a seu modo, da peculiar preocupação dos nossos governos em dar um verniz de legalidade ao combate contra seus adversários e inimigos políticos. Mesmo com o monopólio da violência, o governo tenta legitimar o uso da repressão política como uma categoria especial de controle social.

A natureza da concepção de Vargas sobre a relação do Estado com a sociedade foi apresentada publicamente num discurso feito em São Paulo, no dia 23 de julho de 1938, em agradecimento a uma manifestação trabalhista. Vargas disse que "o Estado Novo não" reconhecia os "direitos de indivíduos contra a coletividade", pois "os indivíduos não têm direitos, têm deveres", e os "direitos pertencem à coletividade". Caberia ao Estado sobrepor-se "à luta de interesses", garantir "os direitos da coletividade" e exigir o cumprimento dos "deveres para com ela".[53] Esta posição política tem uma natureza similar à concepção coletivista desenvolvida por J. J. Rousseau no seu famoso *O contrato social*, o que comprova o infortúnio brasileiro na importação de artigos franceses que deveria ter se limitado aos queijos e vinhos.

Vargas também afirmou que "as leis trabalhistas" criadas em seu governo eram "leis de harmonia social".[54] A regulamentação do trabalho, o direito à aposentadoria, a carteira de trabalho, a Justiça do Trabalho, o salário mínimo e o descanso semanal tiveram um enorme impacto social. A Consolidação das Leis do Trabalho (CLT), de 1943, continua sendo uma das realizações mais elogiadas e duradouras do varguismo, e correspondeu "ao ideal castilhista — e positivista — da incorporação do proletariado à sociedade".[55]

O curioso dessa história é que os primeiros críticos da legislação trabalhista de Vargas foram os comunistas, que passaram a acusar a CLT de ser uma cópia da Carta del Lavoro criada pelo governo fascista italiano. A acusação foi uma resposta à política de combate aos marxistas empreendida pelo governo Vargas após a intentona comunista de 1935.[56] Décadas mais tarde, comunistas e socialistas se tornariam ferrenhos defensores da CLT, e os liberais, seus críticos mais vigorosos.

Mas se não era uma cópia da Carta del Lavoro, em que o governo Vargas se baseara para criá-la? A CLT teria sido inspirada num conjunto de fontes: na "Rerum Novarum", encíclica do papa Leão XIII de 1891, em algumas teses apresentadas no I Congresso Brasileiro de Direito Social, na "OIT e suas recomendações e convenções", nas "Constituições ocidentais modernas do século XX", na "Revista do Trabalho e os boletins do Ministério do Trabalho, Indústria e Comércio", em "alguns pareceres dos grandes juristas da época (Oliveira Viana e Oscar Saraiva)" e em "processos judiciais".[57]

O prestígio da CLT desde a sua criação até hoje pode ser explicado pela satisfação de interesses de uma parcela da população que se sente economicamente desprotegida e em desvantagem na relação com os empresários. A legislação também serve como um consolo ideológico para todos aqueles envolvidos na sua aplicação, ou seja, juízes trabalhistas, promotores, defensores públicos, advogados, políticos, sindicalistas e militantes socialistas.

Essencialmente manipuladores, "os programas decorrentes da legislação social de Vargas" podiam ser qualificados como "técnicas enganosas empregadas para canalizar a energia de grupos emergentes — principalmente das classes médias e trabalhadoras assalariadas e urbanas — para entidades controladas pelo governo".[58]

Era compreensível que esse tipo de política fosse aceito, pois as propostas de Vargas prometiam "melhores condições de trabalho, garantia de emprego e oportunidade de habitação subsidiada".[59] Nada mudou de lá para cá: quanto mais pobre um país e mais dependente a sua população da ajuda estatal, mais prestígio e apoio terá um programa de ajuda aos mais necessitados.

As leis sociais eram parte do projeto de Vargas para reestruturar o Estado a partir da concentração de poder e de um amplo, geral e irrestrito programa de intervenção política e econômica. O projeto incluía a "criação das autarquias reguladoras da produção e do comércio" e a "promulgação de programas e normas que legitimavam a posse, pelo governo, de meios decisivos para conduzir a vida econômica".[60]

Para desempenhar esse papel, o governo Vargas criou vários órgãos destinados a intervir na economia brasileira: Conselho Federal de Comércio Exterior, Conselho Técnico de Economia e Finanças, Conselho Nacional do Petróleo, Conselho Nacional de Águas e Energia Elétrica, Departamento Nacional do Café, Instituto do Açúcar e do Álcool, Instituto Nacional do Mate, Instituto Nacional do Sal, Instituto Nacional do Pinho, Comissões Executivas de Frutas, do Leite, de Produtos da Mandioca e da Pesca.

O controle da economia também exigiu a criação das primeiras grandes empresas estatais para produzir tudo aquilo que fosse estratégico ao desenvolvimento econômico do país. Com isto em mente, o governo Vargas fundou a Companhia Siderúrgica Nacional (1940), a Companhia Vale do Rio Doce (1942), a Companhia Nacional de Álcalis (1943), a Fábrica Nacional de Motores (1943) e a Companhia Hidro Elétrica do São Francisco (1945).

O governo também criou um programa com a finalidade de apoiar o importante segmento do café. Mas apoio estatal, sabe-se, é como fazer acordo com o diabo. Não deu outra. A ajuda governamental resultou em "fixação de preços e controle de produção" e no "controle cambial implantado em 1931". Além disso, "o Código de Águas, sancionado em 1934, foi um completo instrumento de regulação que conferiu ao Estado, entre outras atribuições, o poder de fixar tarifas elétricas".[61]

Na década de 1940, em virtude de uma solicitação feita pelo governo Vargas para que fosse elaborado um relatório sobre a necessidade de uma política industrial e comercial para o país, os economistas Eugênio Gudin Filho e Roberto Simonsen travaram um dos mais interessantes debates sobre o intervencionismo no Brasil, mas não seria inapropriado falar em massacre intelectual.

Simonsen, dotado de poucos recursos técnicos, argumentou em favor da planificação da economia brasileira para proteger a indústria nacional e foi engolido pelas críticas de Gudin, que apontou as falhas e consequências negativas da intervenção do governo e defendeu a liberdade de mercado e a abertura do país aos investimentos estrangeiros.[62]

Ao contrário da proposta de Simonsen sugerindo a interferência do Estado na vida econômica do país como meio de estimular a industrialização, o economista "Gudin reafirmou sua velha tese: o Estado não deveria se meter onde naquele momento era chamado a agir em nome do progresso industrial".[63]

Apesar da superioridade dos argumentos de Gudin, a tese do intervencionismo, mais uma vez, saiu politicamente vitoriosa porque, afinal, qual é o político que endossará uma posição que o faça perder o controle da situação e, claro, o poder?

Antes mesmo desse episódio, Gudin já era um crítico vigoroso do governo Vargas. Em seus artigos para os jornais, tentava mostrar a natureza política e as consequências da mentalidade intervencionista no poder. E não apenas exerceu uma qualificada oposição ao varguismo, mas a "todos aqueles que interpretou como os sucessores de seu legado: Juscelino Kubitschek, João Goulart e Leonel Brizola", além dos militares candidatos à presidência "Eurico Gaspar Dutra e Henrique Teixeira Lott".[64]

As estatizações também foram uma marca do Estado Novo. Em 1937, a Companhia de Navegação Lloyd Brasileiro foi convertida em autarquia federal depois de ter passado algumas vezes por mãos privadas e estatais desde a sua criação em 1897. Em 1940, as empresas privadas Company of Port of Pará e The Amazon River Steam Navigation Company Ltd. foram nacionalizadas e transformadas na estatal Serviço de Navegação da Amazônia e Administração do Porto do Pará (que, em 1967, seria dividida na Companhia Docas do Pará e na Empresa de Navegação da Amazônia).

Em 1942, com o decreto-lei nº 4.648, o governo Vargas expropriou por apropriação a Companhia Nacional de Navegação Costeira.[65] A empresa pertencia ao empresário Henrique Lage, preso durante a revolução de 1930 porque se recusara a ajudar na campanha de Vargas à presidência e assim tomar partido numa eleição em que tinha amigos dos dois lados.

O governo justificou a apropriação dizendo que a empresa, junto com outras, representava um valioso patrimônio de interesse da defesa nacional, o que significava que seria mais bem administrada pelo Estado do que pela iniciativa privada. Não seria.

Além disso, como dono de empresas que dependiam da autorização do Estado e que prestavam serviços para o governo, Lage tinha de manter boas relações com os governantes. Isto significava evitar qualquer ato que pudesse ser considerado hostil ao governo.[66]

Por necessidade, senso de oportunidade e de sobrevivência, Lage construiu sua bem-sucedida vida de empresário mantendo relações próximas com os governantes, incluindo Vargas. Foi beneficiado pelo Estado e ajudou o governo. Quando morreu, em 1941, sua Organização Lage estava endividada por causa dos empréstimos contraídos com o governo. Exato, Eike Batista não foi um pioneiro nessa área.[67]

Vargas, aliás, não foi original. Em 1919, pelo decreto nº 11.806, Wenceslau Braz desapropriou os navios da Marinha Mercante nacional enquanto durasse a Primeira Guerra. A justificativa era tentar evitar atritos com outros países caso houvesse venda das embarcações em virtude da neutralidade do Brasil no conflito internacional.

O ditador também soube usar a seu favor a influência das instituições intermediárias entre a sociedade e o governo. Além de controlar diretamente o sistema partidário e alguns partidos, foi muito bem-sucedido ao utilizar os sindicatos como instrumentos de sua gestão.[68] Era uma estratégia eficiente de agregar o corporativismo ao seu modo de fazer política, com a finalidade de neutralizar fontes de conflitos como a luta de classes ou diferenças ideológicas.[69]

Dessa maneira, Vargas conseguiu controlar os trabalhadores e a relação dos sindicatos com os empresários, que também estavam submetidos ao poder do seu governo. De forma autoritária, praticava uma política de conciliação monitorada. Décadas mais tarde, o ex-sindicalista Lula iria aproveitar sua experiência de negociação com empresários para, uma vez na Presidência da República, aprimorar o controle e o uso político dos sindicatos.

Em relação à legislação sindical brasileira, há um toque excêntrico em sua história. O decreto nº 19.770 de 1931, "que regulou a sindicalização das classes patronais e operárias e introduziu a unicidade sindical", foi elaborado "por grandes juristas de filosofia confessadamente de esquerda: Evaristo de Moraes, primeiro consultor jurídico do Ministério do Trabalho e fundador do Partido Socialista Brasileiro; Joaquim Pimenta, comunista; e Agripino Nazareth, da Bahia, um socialista confesso".[70] Resumo da ópera-bufa: o ditador criou as leis trabalhistas e os sindicatos pelegos; os comunistas e socialistas criaram a legislação sindical.

A influência política nas associações de classe não foi inventada por Vargas, muito embora ele tenha desenvolvido mecanismos próprios de convivência e de controle dos sindicatos. No Brasil império, D. Pedro II já sustentava uma relação bastante íntima e financiava entidades como a Sociedade Auxiliadora da Indústria Nacional (fundada em 1827) e o Corpo do Comércio (criado em 1820 e, em 1867, rebatizado de Associação Comercial).[71]

O vínculo estabelecia um compromisso pernicioso entre governo e iniciativa privada e informava aos empresários qual era o tamanho do poder de intervenção do Estado na vida econômica do país. O recado era claro: só há economia privada porque há governo.

A preocupação de Vargas com os trabalhadores era um eco do positivismo que ele soube trabalhar muito bem politicamente.

A solicitude com o trabalhador também era uma das bandeiras dos socialistas e comunistas brasileiros já na década de 1930. É curioso observar, em retrospecto, que dois grandes adversários ideológicos e políticos, o ditador Vargas e o comunista Luís Carlos Prestes, compartilhavam uma concepção política bastante similar. Ambos olhavam para as parcelas mais pobres da população e para os trabalhadores de cima para baixo, de maneira mais ou menos paternalista, e viam no Estado o grande instrumento de ação social fundamentado numa base autoritária.

Como o Estado Novo estatizou a cultura e cooptou a *intelligentsia*

O projeto político de Vargas tornou-se não apenas um fenômeno político, mas também cultural, graças à cooptação de intelectuais como o já citado Oliveira Viana. Na década de 1930, o governo converteu a cultura do país em assunto de Estado. Para exercer o domínio oficial, criou uma estrutura burocrática com orçamento próprio, atraiu intelectuais e certa *intelligentsia* (jornalistas, professores, escritores, artistas) e interveio "em todos os setores de produção, difusão e conservação do trabalho intelectual e artístico".[72]

Com essa base montada, o governo podia oferecer a eles "acesso às carreiras e aos postos burocráticos em quase todas as áreas do serviço público (educação, cultura, justiça, serviços de segurança etc.)".[73] Nesse processo de cooptação foi fundamental a atuação do ministro da Educação e Saúde, Gustavo Capanema, o trabalho do Departamento de Administração do Serviço Público, do Departamento de Imprensa e Propaganda (DIP) e de sua revista *Cultura Política*.

A revista era "o principal 'órgão teórico' de difusão do regime estado-novista". Tinha como propósito organizar a "cultura, com um conteúdo socialmente útil e um sentido de orientação para o bem comum, coerentes e solidários ambos com a orientação geral do Estado e com o próprio ritmo da vida política".[74]

Embora houvesse uma pluralidade ideológica entre os colaboradores, havia uma homogeneidade no discurso político que não apenas mostrava "o caráter complexo da incorporação dos intelectuais ao regime", mas também que eles estavam "vinculados ao aparelho de Estado" ou participavam efetivamente da "montagem do projeto ideológico autoritário".[75]

Os textos que tratavam de temas políticos eram a prova de que "a maior parte da ideologia política do regime difundida em *Cultura Política*" era "formulada pela burocracia do Estado Novo", pois 80% dos autores dos artigos estavam de alguma maneira "vinculados à burocracia estatal" e colaboravam "com quase 85% do total de matérias".[76]

Parte dos intelectuais se deixou atrair pelo Estado varguista por interesse ou por necessidade, numa época em que o mercado de trabalho era bastante limitado e amador. Isso fez com que, "na virada dos anos 30, [...] uma parcela dos jovens intelectuais, contando os de esquerda, se aproximasse dos organismos culturais do Estado Novo, particularmente das revistas controladas pelo DIP".[77]

Enquanto alguns viram na estatização da cultura "uma espécie de guarda-chuva para o desenvolvimento de sua atividade criadora", outros "aderiram de corpo e alma ao projeto estatal, certos de que, por meio dele, estariam realizando uma missão com caráter público: a modernização como forma de criar a nação".[78]

Nada poderia soar mais agradável à vaidade dos intelectuais do que a proposta do governo de integrá-los no projeto para "transformar a sociedade e a cultura vigente através de ações políticas articuladas, reivindicando a 'liderança moral da nação', isto é, atuando como uma elite dirigente".[79]

O trabalho foi refinado pelo ministro Gustavo Capanema, responsável por estabelecer "uma teia de relações com os mais diversos grupos de intelectuais do período", que representavam diferentes orientações ideológicas e práticas políticas. Capanema conseguiu cooptar uma turma que abrangia "grupos de intelectuais católicos, nos quais pontificava Alceu Amoroso Lima, a intelectualidade autoritária com nítidas influências fascistas, tão bem expressa por Francisco Campos e Azevedo Amaral, os modernistas", dentre os quais destacavam-se "as figuras de Carlos Drummond de Andrade e Mário de Andrade, além dos denominados 'educadores profissionais' como Fernando Azevedo e Anísio Teixeira".[80] O poeta Drummond serviu a um governo que foi, de fato, uma pedra no caminho do país.

O fim de Vargas não foi o fim do varguismo

A face intervencionista do governo Vargas não foi uma exclusividade brasileira. O ambiente político na época era favorável à intervenção e à maior presença do Estado na vida política, social e econômica, especialmente depois do *crash* da bolsa de Nova York em 1929.

A teoria do economista inglês J. M. Keynes, segundo a qual o governo deveria intervir na economia em momentos pontuais, específicos e cruciais, foi diligentemente acolhida pelos políticos (seus principais beneficiários) e intensificada em várias partes do mundo.

Nos Estados Unidos, por exemplo, Roosevelt prolongou os efeitos da grande depressão com medidas políticas equivocadas, vendidas aos americanos como a solução mais adequada para a crise.[81] Paralelamente e com uma mentalidade estatista similar, as ideologias totalitárias ascenderam ao poder na Europa.

Presidente-ditador em exercício dotado de poderes constitucionais, Vargas manteve seu projeto de estruturação do Estado, do governo e da economia brasileira baseado na intervenção estatal e no nacionalismo. Mas a Segunda Guerra Mundial, iniciada em 1939, mudaria a vida política de Vargas e do país — e o ditador se viu numa situação de inviabilidade política após o fim do confronto.

Simpatizante de regimes autoritários, Vargas conseguiu manter o Brasil numa posição oficial de neutralidade até 1942 mediante o decreto-lei nº 1.561, de 1939. Em 1941, logrou negociar um acordo com o presidente F. D. Roosevelt, que aceitou financiar a construção da primeira indústria siderúrgica brasileira, a Companhia Siderúrgica Nacional, em troca de apoio no conflito. A contrapartida brasileira incluía permitir que o governo americano instalasse bases militares americanas na região Nordeste do país.

A posição de neutralidade, porém, ficou insustentável após os ataques aos navios brasileiros por submarinos alemães. Sem ter como continuar justificando-a, Vargas decretou o estado de guerra em 31 de agosto de 1942.

Em 1945, com o fim dos conflitos e a vitória dos países democráticos (Aliados) contra os autoritários (Eixo), fortaleceu-se a oposição à ditadura do Estado Novo. Vargas foi deposto em 29 de outubro daquele ano por um grupo de generais que tinha feito parte de seu governo. Ficou impossível sustentar a ambiguidade de manter um governo autoritário que, no entanto, apoiara as democracias ocidentais na guerra contra o nazismo e o fascismo europeus.

A queda de Vargas, porém, criou um problema. Não havia quem pudesse assumir o governo porque a Constituição de 1937 não estabelecera a função de vice-presidente. Por isso, o então presidente do STF, José Linhares, foi nomeado chefe do governo pelos militares até a eleição realizada em 2 de novembro de 1945.

O presidente eleito foi o general Eurico Gaspar Dutra. Até 9 de agosto de 1945, Dutra havia sido o ministro da Guerra do governo Vargas, forçado a apoiar a candidatura vencedora à presidência para não ser exilado. Dutra tomou posse em 31 de janeiro de 1946 e Vargas se elegeu senador no mesmo ano, quando da convocação da Assembleia Nacional Constituinte.

A Constituição de 1946, a quinta do país e a quarta do período republicano, foi promulgada em 18 de setembro. O texto constitucional preservou o presidencialismo, o federalismo e a República, e restabeleceu a democracia e os direitos individuais. Formalmente. Na prática política, o país permaneceu onde já estava.

Isso significava preservar a estrutura centralizada do poder federal, com o suporte das poderosas instituições do governo criadas e alimentadas após a revolução de 1930. Decididamente, a queda de Vargas não representou um "rompimento efetivo com as ideias e ações básicas do longo regime daquele presidente".[82] Caiu Vargas, ficou o varguismo.

Cinco anos após ser deposto, ele venceu a eleição presidencial de 1950, pelo voto popular, e retornou ao comando do país. Mas seu mandato foi marcado por sucessivas crises políticas e, por fim, pela tentativa fracassada de matar o jornalista, editor e político Carlos Lacerda, seu grande inimigo.

Lacerda foi um dos mais extraordinários personagens da vida política nacional, que passou de comunista a anticomunista conservador católico por influência do escritor Alceu Amoroso Lima.

Intelectual conhecido, Alceu era herdeiro intelectual de Jackson de Figueiredo, criador do Centro Dom Vital no Rio de Janeiro, em 1921, e que exerceu enorme influência no pensamento católico baseado num tradicionalismo reacionário anticomunista e antiliberal. Figueiredo definiu um princípio programático fundamentado na ordem, na autoridade, na legalidade e numa posição antirrevolucionária. Graças a esse trabalho, o conservadorismo católico se tornou uma força atuante e com influência na política nacional da época e nas décadas seguintes.[83]

Nessa linha, Lacerda achava que a sociedade precisava de uma base moral sólida, elemento que orientava sua costela liberal e condicionava sua concepção de liberdade, sempre ancorada no papel a ser desempenhado pelo Estado. Mais interessado pelo poder do que pela política, foi o melhor governador que já passou pelo Rio de Janeiro e o maior conspirador público da história brasileira.

Um dos mais conhecidos agentes do golpe militar de 1964, Lacerda apostou suas fichas na intervenção por achar que esta lhe abriria as portas para sua eleição à Presidência da República. Só faltou combinar com os militares, que, ao cassá-lo, determinaram o fim de sua carreira política.

Mas uma década antes disso, Lacerda fora alvo de um atentado cuja investigação policial apontou Gregório Fortunato, segurança particular de Vargas, como mandante do crime. Tudo indica, porém, que o buraco era mais embaixo do que aquele aberto pelo tiro no pé de Lacerda, e envolvia o irmão e alguns apoiadores do presidente.[84]

Em 1954, acuado diante da possibilidade de ser deposto ou obrigado a mais uma vez renunciar, Vargas se suicidou, deixando um legado nada honroso para a política nacional. O país teria sido outro sem ele? Sem dúvida, mas, como a história política nos ensina, é sempre possível piorar.

7 Esses presidentes extraordinários e suas máquinas estatais interventoras

Adeus, Vargas. Olá, JK. Ou de como a política pode sempre piorar

Finda a era Vargas, com a imprescindível ajuda dele próprio, a política brasileira confirmou o célebre provérbio do barão de Itararé: de onde menos se espera, daí é que não sai nada.

Com o suicídio de Vargas, o vice-presidente Café Filho assumiu o governo em 24 de agosto de 1954. Sua presidência ficou marcada "pelos insucessos da política de estabilização tentada por Eugênio Gudin e da tentativa de implementação de uma reforma cambial ortodoxa por parte de José Maria Whitaker, que visava eliminar o chamado confisco cambial aos cafeicultores, de forma que tal governo não contribuiu para amenizar a situação a ser recebida por Kubitschek".[1]

Posteriormente, Café Filho foi obrigado a se afastar do cargo por causa de um distúrbio cardiovascular. Quando se preparava para reassumir a presidência, o Congresso Nacional votou o seu impedimento diante da suspeita de envolvimento na conspiração para evitar a posse de Juscelino Kubitschek, vulgo JK, e de João Goulart, vulgo Jango, eleitos presidente e vice-presidente por voto direto em outubro de 1954.

Coube ao presidente da Câmara dos Deputados, Carlos Luz, assumir o cargo em 8 de novembro de 1955. Mas Luz teve um mandato-relâmpago. Presidente por três dias, foi afastado pela mesma suspeita que recaíra sobre Café Filho após substituir o ministro da Guerra, o general Lott, notório defensor da posse dos recém-eleitos. A presidência foi então transmitida ao vice-presidente do Senado, Nereu Ramos, em 11 de novembro de 1955.

O momento político era delicado. A União Democrática Nacional (UDN), partido formado por vários inimigos de Vargas, exigiu novas eleições sob a alegação de que JK, do Partido Social Democrático (PSD), não conseguira a maioria absoluta dos votos. O general Lott foi fundamental para a ação política conhecida como "golpe da legalidade", que garantiu que JK e João Goulart tomassem posse em 31 de janeiro de 1956. Durante todo o seu mandato, Kubitschek enfrentou forte oposição da UDN e de militares.

O governo JK ficou conhecido pelo ambicioso projeto de desenvolvimento econômico que prometia cinquenta anos de progresso em cinco anos de gestão, e pela construção da nova capital do país, Brasília. Poucos presidentes conseguiram ser tão bem-sucedidos em dois grandes fracassos.

Quando JK assumiu a presidência, o mundo vivia um momento de efervescência política, econômica e cultural E ele soube utilizá-la a seu favor exercitando o seu carisma, charme pessoal e uma extraordinária habilidade para atuar no universo político. Virou o presidente bossa-nova.

Mas o Brasil, ainda bastante atrasado em vários setores, carente de infraestrutura básica, de saneamento a estradas, de ferrovias a portos, com graves problemas sociais, de ensino e de qualificação profissional, precisava de capitalismo, não de mais Estado. JK, por sua vez, achava possível que o governo pudesse ser o motor do desenvolvimento necessário e conseguisse orientar positivamente a transição do presente de pobreza para o futuro crescimento.

A construção desse novo Brasil passava pela contratação de empreiteiras, que, de empresas locais, passaram a ter dimensão, poder e influência nacional. Contratadas para realizar as obras do governo federal, tornaram-se parte não oficial da estrutura do Estado e elemento fundamental do financiamento político que ganhou escala a partir do regime militar[2] e foi aperfeiçoado no governo do PT.

Mesmo tendo herdado problemas do governo Vargas, incluindo uma inflação ascendente, JK não hesitou em expandir o papel do Estado na economia. O símbolo maior de sua administração foi o Plano de Metas, nome pomposo para designar um irresponsável projeto de desenvolvimento comandado pelo governo.

Apesar de o plano partir de uma ideia correta, que era identificar os problemas e os setores críticos que atrapalhavam a economia brasileira com a finalidade de superá-los, tinha em sua origem o erro fatal, muito popular tanto na época quanto hoje: pretender resolvê-los com a mesma ação política que os criou, o intervencionismo estatal.

Um órgão governamental que desempenhou um papel ideológico e técnico relevante no governo JK foi o Instituto Superior de Estudos Brasileiros (ISEB). Criado pelo governo de Café Filho em 1955, era vinculado ao Ministério da Educação e Cultura e tinha como missão estudar, ensinar e divulgar as ciências sociais, e aplicar os resultados desse trabalho para analisar e compreender a realidade brasileira.

O objetivo, portanto, não se resumia a transformar o ISEB num empreendimento intelectual, mas convertê-lo num centro de influência política para o desenvolvimento do país em bases nacionalistas e desenvolvimentistas. Em suma, mais governo.

Os intelectuais envolvidos no ISEB tinham a convicção de que o desenvolvimento do país exigia uma política nacionalista que intensificasse a industrialização. Só assim o Brasil conseguiria crescer preservando a soberania nacional. A discussão interna entre os membros do instituto era se "o ISEB deveria aceitar a maior participação do capital estrangeiro no desenvolvimento" ou se deveria "radicalizar a posição nacionalista".[3]

A posição radical foi vencedora, mas o governo JK manteve a sua orientação: admitiu a participação do investimento externo e beneficiou vários grupos empresariais nacionais.

Em suas intervenções públicas, JK imprimia esse tom de maneira peculiar. A tão elogiada habilidade política para lidar com diferentes situações também podia ser verificada na maneira como utilizou o discurso para defender e difundir o desenvolvimentismo estruturado em "três conceitos básicos: industrialização, intervencionismo pró-crescimento e nacionalismo".[4] Mas o tripé não se sustentava porque se baseava num oximoro.

Um dos artífices do desenvolvimentismo, que, inclusive, atuou "como um dos executores do Plano de Metas do governo Kubitscheck",[5] foi o economista Roberto Campos. Em 1952, no segundo governo Vargas, Campos fora um dos criadores e diretor do Banco Nacional de Desenvolvimento Econômico (BNDE), do qual se tornou presidente durante o governo de JK. Posteriormente, abandonaria a ideologia estatista e se tornaria um dos mais conhecidos e aguerridos liberais brasileiros do século XX.

O BNDE foi criado para ser o órgão responsável pela formulação e execução da política estatal de desenvolvimento econômico numa época em que o país praticamente não tinha infraestrutura, principalmente nas áreas de energia e transporte. Trinta anos depois, em 1982, o banco ampliou a sua atuação e ganhou o S, de social, na sigla, mas o espírito que justificava a sua existência se manteve o mesmo. O que mudou foi a posição de Roberto Campos em relação à atuação do Estado e do governo. Se antes a responsabilidade era do governo, "a melhor política industrial" passou a ser "deixar o industrial em paz".[6]

Tendo sido também um dos criadores do Banco Central (BC) no governo de Castelo Branco, do qual foi ministro do Planejamento, Campos lamentou em 1996 que a instituição tivesse se transformado num Frankenstein. Junto com a Caixa Econômica Federal e com o Banco do Brasil, o BC dividia a responsabilidade de socorrer "principalmente os bancos privados e [...], principalmente, os bancos públicos e governos estaduais". Quando perguntado "se era ou não a favor da 'independência' do BC", Campos dava uma resposta "do tipo existencial: será que o monstro deve existir?".[7]

O governo JK tinha natureza claramente intervencionista, mesmo que a atuação do governo estivesse em parte direcionada a estimular a iniciativa privada numa época em que os empreendedores nacionais sofriam as consequências do péssimo ambiente de negócios criado e mantido pelo Estado e precisavam de linhas de financiamento. A presidência de JK juntou a fome com a vontade de comer.

Em virtude da intensa atuação do governo na economia, as consequências da gestão de JK não tardaram a aparecer: aumento dos gastos públicos, endividamento, desestabilização monetária, impressão de moeda, inflação, aumento de impostos, desequilíbrio da balança comercial, criação de órgãos como a Superintendência do Desenvolvimento do Nordeste (que se mostrou ineficiente e corrupta e foi extinta em 2001) e subsídios e concessão de empréstimos a segmentos econômicos considerados estratégicos, um eufemismo para qualificar as políticas destinadas a beneficiar segmentos empresariais de interesse do governo.

Tudo isso embalado num populismo suave, com discurso nacionalista e evocação da soberania nacional. Ardilosamente, JK estimulou a luta entre as alas desenvolvimentista e monetarista do seu próprio governo — e utilizou o conflito a seu favor. Para completar o circo de horrores, o governo rompeu com o Fundo Monetário Internacional (FMI) em junho de 1959. Esse tipo de postura perante o FMI influenciaria vários políticos, partidos e governos socialistas no país.

Impulsionada por políticas econômicas artificiais e incentivos tentadores, a industrialização foi anabolizada, as pessoas conseguiam comprar (geladeira, TV, carro) e a economia brasileira cresceu. No entanto, os resultados positivos, a euforia pública diante deles e o discurso nacionalista do governo serviram para esconder os graves defeitos da gestão JK. O presidente era bossa-nova, mas quem dançou foi a sociedade brasileira.

Nem as decisões corretas de sua administração, como a de deixar de atrapalhar a iniciativa privada nacional e internacional, que abriu fábricas e investiu pesado no Brasil,[8] foram capazes de minimizar os seus erros. Para piorar a situação, houve uma grande queda nas exportações dos principais produtos brasileiros em razão da forte depressão no mercado internacional.

O que fez JK? Deixou a batata quente na mão do sucessor Jânio Quadros e a conta da farra para a sociedade brasileira pagar. E ela veio em forma de queda do Produto Interno Bruto (PIB) e mais aumento da inflação.

Jânio Quadros, o presidente sem bossa que tocava vassourinha

Jânio Quadros talvez tenha sido a figura mais excêntrica da política brasileira. Advogado e maçom (mais um), construiu uma improvável e meteórica carreira em São Paulo elegendo-se sucessivamente vereador (1948), prefeito (1953) e governador (1954).[9] Sem ser membro de família importante, rico ou dono de jornal, conseguiu potencializar politicamente seu carisma populista e personalista, assim como fizeram Floriano Peixoto e Getúlio Vargas, com um discurso de combate à corrupção e à imoralidade.

Na prefeitura e no comando do governo estadual, Jânio fez fama de bom administrador e de político independente. Ao se lançar candidato à presidência, ganhou votos ao se apresentar como alguém que não pertencia à elite política tradicional.[10] Colou.

A aparência de novidade conquistou apoio de pequenos e grandes partidos, como a UDN, e convenceu os eleitores. Em outubro de 1960, elegeu-se presidente com uma vassoura na mão, prometendo varrer a corrupção. João Goulart, de novo, foi eleito vice-presidente. Na época, os candidatos eram escolhidos por votação independente, ao contrário de hoje.

Se a carreira política de Jânio Quadros foi meteórica, a sua presidência foi relâmpago. E pode ser resumida parafraseando Júlio César:[11] vim, blefei e perdi.

A sorte do país foi o governo ter durado apenas sete meses. Com mais tempo, o estrago poderia ter sido maior. Jânio se mostrou completamente despreparado para exercer a função. Imprevisível, sem talento e paciência para negociar e conciliar, conseguiu desagradar, inclusive, aqueles que o apoiavam.

Jânio Quadros assumiu a presidência com o desafio de "sanear os desequilíbrios econômicos externos e internos herdados da administração Juscelino Kubitschek".[12] Para isso, adotou um programa de ajuste das finanças públicas, para reduzir os gastos de governo e aumentar a receita tributária, conseguiu aprovar uma reforma no sistema cambial e começou a negociar a dívida externa.

As decisões pareciam ser acertadas, mas o resultado foi diferente do esperado. Apesar de a arrecadação ter aumentado "consideravelmente no trimestre seguinte", as despesas, ao contrário do que fora planejado, aumentaram "nas mesmas proporções, enfraquecendo o programa de ajuste das finanças públicas".[13]

Há três possíveis explicações para isso: a inexistência de instituições adequadas para as decisões tomadas, a limitação dos instrumentos de política econômica e de técnicos na época e a necessidade de Jânio de adotar medidas populistas para estimular o crescimento econômico e assim agradar empresários e a população, mas que inviabilizaram o projeto de estabilização.[14]

Além dos problemas econômicos, Jânio deixou aflorar a sua costela autoritária, se indispôs com os parlamentares e tentou deslegitimar publicamente o Congresso Nacional, algo que Fernando Collor de Mello faria décadas mais tarde com semelhante competência.

No discurso de posse, deu mostras do que pretendia ao destilar posições intervencionistas. Jânio afirmou que o governo era "o construtor e o supervisor da fortuna coletiva" e que a democracia deveria ser fortalecida "mais e mais, mediante a ação do Estado no campo da iniciativa particular, orientando, empreendendo, complementando, atenta às novas exigências demográficas e socioeconômicas".[15]

Expondo sua visão de forma direta, declarou que seu objetivo na presidência era "multiplicar os órgãos da mecânica democrática, fazendo que surjam, ao lado dos tradicionais, outros, mais próximos das massas, que deem a estas a representação a que fazem jus, com participação efetiva nas responsabilidades governamentais".[16] Presumo que o PT, com sua proposta de estatização voluntária das ONGs a serviço do partido, subscreveria integralmente essa perspectiva.

No âmbito das relações internacionais, Jânio adotou uma política externa independente, que serviu para aprofundar a crise com os aliados domésticos e internacionais, como o governo dos Estados Unidos, num período em que a Guerra Fria se desenvolvia em alta temperatura. Como parte de seu projeto, restabeleceu as relações diplomáticas com países socialistas, como a União Soviética e a China.

A cereja do bolo dessa política externa independente foi receber e condecorar em agosto de 1961 o terrorista Ernesto Che Guevara com a Ordem Nacional do Cruzeiro do Sul, a mais alta do país. Guevara, conhecido pela delicadeza com que matava os inimigos e os colegas revolucionários, era ministro da Economia de Cuba e quase quebrou o país em tempo recorde. Logo depois, Fidel Castro preferiu vê-lo espalhando a revolução em outros países a continuar arruinando as finanças de Cuba, o que ele próprio trataria de fazer depois de forma lenta, gradual e segura.

Jânio conseguiu tornar insustentável a sua permanência na presidência e, seguindo o seu comportamento imprevisível e autoritário, renunciou no dia 25 de agosto de 1961. Na carta-renúncia, escreveu que fora vencido pela reação de "forças terríveis" que haviam se levantado contra ele.[17] E mais não disse nem lhe foi perguntado.

Tudo indica que a renúncia foi um malsucedido blefe político para potencializar o apoio popular e conseguir sustentação política, inclusive no Congresso Nacional. Jânio esperava que os parlamentares cedessem à sua ambição de ter ampliados os poderes do Poder Executivo para evitar uma crise política. Mas o Congresso aceitou a renúncia e Jânio ficou a ver alambiques. Era o início de uma grave crise institucional, que abriu espaço para o golpe militar em 1964.

Jânio entraria para a história brasileira pela inesperada renúncia, pelas frases de efeito em português castiço e por beber como nenhum outro presidente (incluindo, talvez, Lula). Tornou-se célebre a frase em que harmonizou o seu respeito à norma culta com a sua disposição etílica: "Bebo-o porque é líquido, se fosse sólido comê-lo-ia."

A morte e a morte de João Goulart

Quando Jânio Quadros renunciou, João Goulart estava em visita oficial no lugar mais inapropriado para se estar naquele momento: China. Foi informado sobre a renúncia e voltou no meio do turbilhão político. Era mais um advogado que se tornava presidente. Mas quase perdeu o cargo antes mesmo de tomar posse.

João Goulart não era bem-visto por militares, políticos e por uma elite intelectual e econômica, que tentaram impedir que assumisse a presidência sob a justificativa de que o seu governo seria uma ameaça à ordem e às instituições do país. O Congresso, no entanto, rejeitou o pedido de impedimento no dia 29 de agosto de 1961.

A alternativa encontrada para uma solução política pacífica foi limitar os poderes do presidente. No dia 2 de setembro, foi aprovada uma emenda constitucional que estabeleceu uma consulta popular para que os eleitores pudessem escolher o sistema de governo, presidencialismo ou parlamentarismo.

Empenhado na campanha pelo retorno do presidencialismo e enfrentando sérios problemas políticos, econômicos e sociais, Goulart viu seus poderes de presidente restaurados com a vitória no plebiscito realizado em 6 de janeiro de 1963. Era o fim da curta experiência parlamentarista no Brasil.[18] Ele ainda tentou, à maneira autoritária que se fazia tradicional na política brasileira, dar um golpe ao pedir ao Congresso que fosse decretado o estado de sítio, mas foi "abandonado pela esquerda, que repeliu a manobra".[19]

Seus atos na presidência soaram como provocação de um político considerado socialista desde que atuou como ministro do Trabalho do governo Vargas (entre 1951 e 1954), buscou avançar com uma reforma agrária e aumentou em 100% o salário mínimo. Como presidente, tentou novamente emplacar uma reforma agrária e tomou decisões políticas que em nada ajudaram a resolver o aumento da inflação e a queda do crescimento econômico.

Goulart impunha a sua agenda política, mas as condições econômicas se deterioravam, "com crescimento baixo e inflação acelerada", e ditavam o ritmo dos conflitos políticos. Para agravar a situação, "cessaram os investimentos externos" e "importantes elites civis e grupos militares, com o apoio dos Estados Unidos, estavam cada vez mais empenhados numa intervenção castrense (militar) para depor Goulart — o qual, por sua vez, agia de maneira politicamente temerária, indo contra a opinião até dos colaboradores mais próximos".[20]

A gota d'água foi a participação do presidente num comício realizado no dia 13 de março de 1964, em frente do Edifício Central do Brasil, no Rio de Janeiro, e que teria reunido 150 mil pessoas. A exemplo de Vargas e de Jânio Quadros, João Goulart fez da acusação às elites políticas e econômicas um instrumento retórico para angariar o apoio dos manifestantes e, com isso, tentar pressionar os adversários e os membros do Congresso.

A luz vermelha acendeu não apenas pelo tom feroz e desafiador do seu discurso, mas com o anúncio de que havia assinado dois decretos claramente autoritários e intervencionistas. O primeiro declarava "de interesse social para fins de desapropriação as áreas rurais que ladeiam os eixos rodoviários federais, os leitos das ferrovias nacionais, e as terras beneficiadas ou recuperadas por investimentos exclusivos da União em obras de irrigação, drenagem e açudagem, atualmente inexploradas ou exploradas contrariamente à função social da propriedade, e dá outras providências".[21] O segundo estatizava e expropriava todas as refinarias privadas de petróleo em operação no país. As empresas passariam "a pertencer ao povo" e "ao patrimônio nacional", um eufemismo para *o povo paga a conta e os políticos se refestelam.*

Para coroar o discurso, Goulart declarou que a sua decisão era uma homenagem ao "grande e imortal Presidente Getúlio Vargas",[22] cuja grandeza e imortalidade tinham a medida de sua altura: 1,60 metro.

No comício da Central, o presidente incendiou a multidão que estava presente, mas também colocou fogo no próprio governo num momento extremamente conturbado. No ano anterior, no dia 6 de janeiro de 1963, seu discurso na sede do Automóvel Clube já tinha provocado um estrago. E a revolta dos marinheiros no dia 25 de março de 1964 ajudou a agravar a situação política, contribuindo para desestabilizar as Forças Armadas, que, "baseada em princípios simples, claros e antigos, estava em processo de dissolução" pela quebra "da disciplina e a hierarquia".[23]

No dia 1º de abril de 1964, com o aumento da radicalização política, com a perda, desinteresse ou falta de meios para ajudar os aliados, com a pressão de uma parcela influente da sociedade e dos militares, o presidente fugiu para o sul do país e, no dia 4, para o Uruguai.

No dia 2 de abril, após a declaração do Congresso de que a presidência estava vaga, o presidente da Câmara dos Deputados, Ranieri Mazzilli, assumiu interinamente o governo. Mas a manobra foi inconstitucional, pois Goulart ainda não havia deixado o país e, portanto, não cabia a acusação de que viajara sem prévia autorização do Congresso.[24] Depois ele, de fato, partiu para o exílio. No dia 10 de abril, teve os seus direitos políticos cassados por dez anos e em 1976 faleceu na Argentina.

A desgraça para o país foi o fato de o debate sobre as alternativas políticas se resumir à manutenção do caos político gerado pelo governo João Goulart e à instauração da ordem por um golpe militar. Mas era uma época de clivagem ideológica bastante evidente e dura, com ameaças e atos políticos concretos, fruto não apenas da Guerra Fria, mas do desdobramento da própria experiência política do Brasil, especialmente a partir do golpe republicano em 1889. Se hoje as justificativas que levaram à derrubada do presidente parecem insatisfatórias, na época a sociedade não esperava que a atuação militar degenerasse em uma ditadura, o que torna o apoio civil, naquele contexto, perfeitamente compreensível.

Setenta e cinco anos depois do golpe republicano, as elites política, econômica, intelectual e militar voltaram a se unir, dessa vez por razões diferentes, para realizar um segundo golpe militar. Ao fazê-lo, assumiram os riscos de uma nova ditadura, que duraria muito mais tempo do que as dos governos de Deodoro da Fonseca e de Floriano Peixoto, os dois militares que inauguraram a história republicana e presidencialista no país.

A história se repete como ditadura, não como farsa

Eis um dos dilemas da política: "Democracia é quando eu mando em você, ditadura é quando você manda em mim." Certamente para desgosto de seu autor Millôr Fernandes, a frase foi mais uma vez confirmada na história brasileira. No dia 15 de abril de 1964, teve início o mais longo governo militar do país — e a ditadura começa, de fato, em 1968 com o Ato Institucional nº 5.[25] Durou 21 anos e foi comandado por cinco presidentes das Forças Armadas e por uma junta militar.

Foram eles:

1) marechal Castelo Branco (15 de abril de 1964 a 15 de março de 1967);
2) marechal Costa e Silva (15 de março de 1967 a 31 de agosto de 1969);
3) junta militar formada pelo general Aurélio Lyra, almirante Augusto Rademaker e brigadeiro Márcio de Souza Mello (31 de agosto de 1969 a 30 de outubro de 1969);
4) general Emílio Garrastazu Médici (30 de outubro de 1969 a 15 de março de 1974);
5) general Ernesto Geisel (15 de março de 1974 a 15 de março de 1979);
6) general João Baptista Figueiredo (15 de março de 1979 a 15 de março de 1985).

Como já mencionei, foi a partir da Guerra do Paraguai (1844-70) que as Forças Armadas no Brasil passaram a ter atuação política e a exercer alguma influência até conquistar o poder em 1889, com a derrubada da Monarquia.

Durante a República Velha, porém, os militares perderam o antigo prestígio, que só foi recuperado com a revolução de 1930. Nesse momento, Vargas apoiou a reestruturação das Forças Armadas, especialmente a do Exército, que voltaram a ser uma instituição relevante na política nacional para finalmente, em 1964, tomarem o poder com um golpe militar pedido e apoiado por parte da sociedade brasileira.

Inicialmente, os civis que apoiaram o golpe e uma parcela dos militares acreditavam que a intervenção seria rápida e a democracia, logo restabelecida. Mas, depois da eleição indireta de Castelo Branco, "os militares, pela primeira vez, resolveram desenvolver um projeto político próprio, sob total controle castrense (militar), e ficariam vinte (e um) anos no poder".[26]

O ambiente no Brasil e no mundo era completamente diferente do de hoje, e o socialismo e o comunismo representavam, de fato, ameaças reais. O momento histórico era bastante peculiar, com medos fundados e infundados, e não parecia haver pessoas ou grupos influentes que pudessem orientar a discussão para outro lado que não a que se estabeleceu entre quem defendia o socialismo e quem defendia a intervenção militar no país.

Olhando com os olhos da época, é compreensível que as elites e parte da sociedade brasileira tenham preferido apoiar os tanques nas ruas, e dificilmente saberemos a dimensão positiva e negativa da dissuasão preventiva realizada pelo golpe.

O fato incômodo não foi a utilização das Forças Armadas como instrumentos da sociedade, para protegê-la de uma eventual revolução socialista ou comunista, mas a maneira como tudo foi feito e como os militares tomaram a dianteira do processo a ponto de decidir unilateralmente que deveriam também assumir o poder político.

O grande problema é que as alternativas políticas disponíveis, com força social, intelectual e institucional para combater as ideologias socialistas e comunistas, compartilhavam uma natureza autoritária similar, apesar da diferença na forma e no conteúdo. As ideologias e projetos políticos que tinham sustentação partidária e apoio em parcelas da sociedade eram claramente intervencionistas.

Outro infortúnio das ideologias concorrentes é que poderiam ser consideradas amadoras se comparadas ao modo profissional como os socialistas e comunistas, financiados pelo governo da União Soviética, conquistavam corações e mentes ao redor do mundo. Com sua promessa utópica de futuro glorioso, estabelecia com a militância um compromisso que transcendia o vínculo meramente ideológico.[27]

No Brasil, a intervenção militar como instrumento de resolução de crises políticas já tinha sido convertida numa maldita tradição. O golpe como solução era, como visto nos capítulos anteriores, um recurso comum tanto da oposição quanto de quem estava no poder de turno e queria preservar ou ampliar os seus poderes. Num ambiente em que isso era a regra, alguns traços de sua influência resistem na cultura política nacional. Por isso, não causa tanto espanto que ainda hoje exista gente no Brasil propondo golpe militar para resolver problemas políticos graves.

A ditadura militar no Brasil a partir de 1964 iniciou um novo período de supressão das liberdades públicas num momento de grandes transformações sociais, políticas, econômicas e científicas. O choque entre esses dois mundos equivalia a duas rodas girando em sentido contrário, "moendo uma geração e vinte anos da vida nacional".[28]

E que rodas eram essas? A primeira era representada pelo "dirigismo conservador e anticomunista dos anos 1950". Como "legítimo produto da Guerra Fria, esse pensamento político projetou-se sobre a direita brasileira como uma utopia planejadora, centralista, acompanhada por uma visão catastrofista da desordem administrativa e do caráter errático do voto popular". A sua essência era "ao mesmo tempo racional e autoritária" e "entendia que o povo não sabia escolher os governantes e estes, uma vez no poder, não sabiam governar".[29] Este paternalismo elevado à categoria de projeto político era parecido com o dos políticos e intelectuais a serviço do Estado Novo de Vargas.

Os militares utilizaram esses elementos para construir e fundamentar a propaganda do regime e unir interesses divergentes para combater o inimigo comum: o comunismo.

O governo e seus apoiadores tinham preocupações reais com a ameaça comunista, e a divisão política internacional, com as democracias ocidentais de um lado e as ditaduras comunistas de outro, reforçava tais temores. Mas, ao convertê-los em discursos e atos políticos, criavam uma mentalidade e um ambiente de rejeição para quaisquer ideias e propostas reformistas que parecessem *coisa de comunista*.

As incertezas e a desordem políticas ampliadas pelo curto governo de João Goulart eram as aliadas perfeitas para o discurso do regime em defesa de um governo federal centralizador. Como a fé não costuma falhar, a crença "no planejamento estatal fazia parte da religiosidade política da direita militar, mas também da esquerda. O que fazia toda a diferença, naquela época, era a construção, pelo regime, de uma roda em que o planejamento do progresso se associava à necessidade de desmobilização da sociedade".[30]

Os militares do regime preferiam a despolitização da sociedade, enquanto os comunistas e os socialistas dependiam da politização para formar uma militância capaz de ocupar e aparelhar pontos-chave da política, do ensino e da cultura nacional. E assim o fizeram sem encontrar obstáculos e com certa ajuda do próprio regime, por ação ou omissão.

A segunda roda, que girava em sentido contrário ao dirigismo conservador e anticomunista, era a "década de 1960, com as memoráveis mobilizações e desordens de 1968".[31] Naquela época, o mundo Ocidental sofreu uma revolução cultural em que não faltaram liberdade sexual, drogas, cabelos bizarros, roupas exóticas e ocupação ideológica socialista nos diversos ambientes em que esta poderia ser desenvolvida, legitimada e disseminada. Se para muitos os anos 1960 foram libertadores, os "anos dourados", para várias sociedades representaram doenças venéreas, filhos não planejados, separações e divórcios, dependência de drogas, overdose, radicalização do discurso antirreligioso e um processo de dominação dos departamentos de humanidades nas universidades, de aumento da influência dos intelectuais da Nova Esquerda[32] e de formação de uma nova massa de revolucionários.

No Brasil não foi diferente, e, no caso do regime militar, uma parcela da sociedade passou a ver a ordem que o governo imprimiu como algo positivo porque parecia ser uma reação necessária e adequada à desordem provocada pela ameaça socialista/comunista.

Durante o regime militar, houve uma mistura de experiências e ideologias políticas com um nacionalismo militar que, em termos de intervenção estatal, pouco se diferenciava dos governos anteriores. Se no passado a escola militar sofreu influência do positivismo, durante a Segunda Guerra Mundial muitos militares brasileiros fizeram cursos e foram treinados no National War College, nos Estados Unidos.

A Escola Superior de Guerra (ESG) foi criada em 1949, tendo o National War College como influência, para ser um centro de estudos e pesquisas nas áreas de política, estratégia e defesa. Assim como a escola militar americana, a ESG foi estruturada sob a ideia de defesa nacional como importante fundamento de atuação militar.

Conhecida pelo "pernóstico apelido de Sorbonne", a ESG "era produto de um sincero interesse da cúpula militar pelo aprimoramento intelectual dos oficiais superiores, mas também de um desejo dos ministros de manter longe dos comandos de tropa e de posições importantes no Estado-Maior os oficiais de muita capacidade e pouca confiança".[33]

Vários militares que ocuparam funções relevantes no regime a partir de 1964 foram alunos da ESG. O marechal Castelo Branco, o primeiro presidente do regime militar, foi professor da instituição e autor da despretensiosa frase inscrita no portal do Departamento de Estudos: "Nesta casa estuda-se o destino do Brasil."[34] A instituição também treinou vários civis que depois se tornaram professores (permanentes e convidados) e conferencistas.[35]

Foi na ESG que nasceu a versão brasileira da Doutrina de Segurança Nacional (DSN), que fundamentou a política da ditadura. A DSN vinculava a geopolítica à política externa baseada numa política doméstica nacionalista e expansionista (ideológica e intervencionista), contrária a atos subversivos e revolucionários, e que serviria para fortalecer o nosso Estado no plano internacional.[36]

Mais uma vez, a política americana serviu de influência para o Brasil. Depois do modelo republicano presidencialista, era a vez da

Doutrina de Segurança Nacional. É uma pena que nos dois casos as elites política e militar não tenham importado a concepção de liberdade, de limitação do Estado e do governo e o papel restrito das Forças Armadas.

Os militares não formavam um grupo homogêneo. Os sucessivos governos do regime tinham características próprias que os diferenciavam, com alguns menos autoritários (Castelo Branco e Geisel) do que outros (Costa e Silva e Médici). Apesar disso, todos eles, em maior ou menor grau, "estavam determinados a organizar um poderoso Estado centralizado, sob o domínio do executivo federal, limitando os demais poderes e o campo de ação dos estados e municípios".[37]

O governo militar promulgou em 1967 uma nova Constituição, que preservou a República federativa e o presidencialismo. O regime também decidiu adotar mandatos presidenciais fixos (o presidente era escolhido pelos militares e apenas confirmado por deputados e senadores), manter aberto o Congresso Nacional (mas com poder reduzido e com as bancadas controladas), preservar as eleições (indiretas para presidente e governador), o bipartidarismo (Aliança Renovadora Nacional, a Arena, e Movimento Democrático Brasileiro, o MDB), cassar direitos políticos e exilar os inimigos. Uma preocupação dos militares era conduzir a ditadura baseada em legitimidade política, jurídica e constitucional.

Algumas divergências entre os militares diziam respeito ao grau "de centralização do regime, duração da intervenção militar e uso dos instrumentos de exceção".[38] Uma ala formada por oficiais e civis do governo defendia o endurecimento do regime, como os integrantes do Alto Comando das Forças Armadas e o ministro da Justiça, Gama e Silva, que tinha "sempre no bolso um arsenal de medidas de exceção prontas para receber a assinatura do marechal

Costa e Silva".[39] A outra ala, formada pelos moderados, considerava tais instrumentos "recursos extremos que só deveriam ser empregados em último caso".[40]

A linha dura do regime assumiu o governo com a eleição do general Costa e Silva. Foi sob a sua presidência, em 13 de dezembro de 1968, que entrou em vigor o Ato Institucional nº 5 (AI-5), "que consolidou a ditadura e iniciou um dos períodos mais repressivos e amargos da história brasileira".[41]

Em decorrência do AI-5, o Estado de direito foi abolido, direitos, garantias e liberdades constitucionais que ainda vigoravam foram suspensos, o Congresso foi fechado, vários políticos e adversários do regime foram cassados, presos, exilados ou mortos.

O AI-5 manteve a Constituição de 1967 e as constituições estaduais, mas determinou o fechamento do Congresso Nacional, das Assembleias Legislativas e das Câmaras de Vereadores. Democraticamente, o ato institucional autorizou "o Poder Executivo a legislar em todas as matérias e exercer as atribuições previstas nas Constituições ou na Lei Orgânica dos Municípios"; concedeu ao presidente "o poder de decretar a intervenção nos Estados e Municípios, sem as limitações previstas na Constituição", e de nomear os interventores; autorizou a "suspensão dos direitos políticos de quaisquer cidadãos pelo prazo de dez anos e a cassação de mandatos políticos"; suspendeu "a garantia de *habeas corpus*, nos casos de crimes políticos, contra a segurança nacional, a ordem econômica e social e a economia popular".[42]

Os guerrilheiros socialistas e comunistas, que pretendiam derrubar a ditadura militar para instaurar uma *ditadura do proletariado*, intensificaram as suas ações armadas, iniciadas antes mesmo de 1968.[43] Praticaram vários tipos de crimes, de roubos e sequestros a assassinatos de envolvidos no conflito, tanto dos próprios companheiros (como o militante da dissidência da VAR-Palmares, Geraldo Ferreira Damasceno, morto em 29 de maio de 1970, no Rio de Janeiro) quanto de militares (como o cabo da polícia militar Sylas Bispo Feche, metralhado por terroristas da Ação Libertadora Nacional) e de pessoas inocentes (como Walter César Galetti, morto em 1973 por terroristas da ALN durante um assalto à loja onde era gerente).[44]

Em agosto de 1969, Costa e Silva se afastou da presidência após sofrer uma trombose cerebral. Ele perdeu os movimentos, a voz "e, durante muitos dias, em estado de coma, alienado, ficou evidente que [...] não teria condições de reassumir o governo", nem de saber que estava em curso um golpe para derrubar o seu governo. Os integrantes do Alto Comando das Forças Armadas não queriam respeitar a solução constitucional e deixar que o vice-presidente assumisse porque "Pedro Aleixo fora contra o AI-5 e, na reforma constitucional, insistia em não manter os instrumentos de exceção, interrompendo a continuidade revolucionária".[45]

A movimentação dos integrantes do Alto Comando das Forças Armadas resultou na substituição do governo Costa e Silva por uma junta militar formada pelo general Aurélio Lyra Tavares, pelo almirante Augusto Rademaker e pelo brigadeiro Márcio de Souza Mello. Os três deixaram a presidência dois meses depois em virtude da eleição de Emílio Garrastazu Médici, que presidiu o "governo mais fechado e repressivo do regime militar e da história brasileira".[46]

Durante o governo de Médici, que durou de outubro de 1969 a março de 1974, houve intensa repressão e supressão das liberdades civis. O combate aos comunistas e socialistas também afetou aqueles que desejavam apenas liberdade, mas estavam no fogo cruzado entre duas mentalidades intervencionistas e inimigas da liberdade.

Embora mantivesse intensa repressão e constantes ataques às liberdades civis, o governo aproveitou as altas taxas de crescimento econômico, a grande geração de empregos e a melhoria do padrão de vida da classe média para usar intensivamente os meios de comunicação a favor da popularidade do regime.[47]

O governo, porém, enfrentou graves problemas internos, como a corrupção crescente e as ameaças à hierarquia e à integridade das Forças Armadas. O ambiente desfavorável acabou ajudando a ala moderada a emplacar o nome de Ernesto Geisel como o sucessor de Médici. Geisel tomou posse em 15 de março de 1974 com a promessa de iniciar um processo de abertura lenta, gradual e segura e a finalidade de devolver o poder político aos civis. Mas quase que dá tudo errado.

Para o azar da ala moderada e dos brasileiros, o choque do petróleo em 1973 e as suas consequências negativas na economia dificultaram o processo de negociação com os militares radicais. Além disso, o governo perdeu o controle dos órgãos de repressão comandados pela linha dura do regime, que passaram a agir por conta própria.[48]

Apesar dos reveses, Geisel e seus aliados mantiveram o processo de abertura. O presidente revogou o AI-5 em 31 de dezembro de 1978 e conseguiu emplacar o general João Baptista Figueiredo como seu sucessor. Figueiredo, que também entrou para a história política brasileira por um humor singular e por frases célebres como "prefiro cheiro de cavalo a cheiro de povo", comprometeu-se a continuar o processo de abertura — e assim o fez. Com a delicadeza peculiar, avisou à sociedade, mas especialmente àqueles militares contrários à devolução do poder aos civis, que estava mesmo disposto a abrir o regime: "E quem não quiser que abra, eu prendo e arrebento."[49]

Figueiredo não estava para brincadeira. Começou a libertar os presos políticos e a restituir os direitos cassados pelos atos institucionais. Em 28 de agosto de 1979, sancionou a lei que concedeu a anistia "a todos quantos, no período compreendido entre 2 de setembro de 1961 e 15 de agosto de 1979, cometeram crimes políticos ou conexos com estes, crimes eleitorais, aos que tiveram seus direitos políticos suspensos".[50]

A lei da anistia foi fundamental para promover a transição pacífica da ditadura militar para o governo civil, sem uma ruptura violenta, mas foi criticada à época, assim como é hoje, por beneficiar também os militares envolvidos na repressão, na tortura e nas mortes.[51] Mas tanto no passado quanto no presente, seus críticos não querem nem ouvir falar de julgamento contra os guerrilheiros socialistas e comunistas que cometeram crimes naquela época e que foram igualmente beneficiados com a anistia. A começar pela primeira mulher presidente do Brasil, Dilma Rousseff.

No cômputo geral dos 21 anos de regime militar, as intervenções na economia também foram extremamente nocivas. O governo conseguiu "exercer um controle imenso sobre as principais decisões públicas ou privadas na área econômica"[52] ao desenvolver uma política em que comandava e administrava os preços a partir de um amplo sistema de concessão de crédito, de incentivos e de subsídios para empresas privadas, e mediante a atuação direta das empresas estatais.

A ampla política de intervenção pretendia "estimular e direcionar o investimento privado para as áreas prioritárias", mas de acordo com a avaliação e o interesse do governo, e não segundo as necessidades dos consumidores e das empresas. O resultado foi que "poucos projetos privados se iniciavam sem a aprovação de alguma instituição governamental, para obter crédito, licença de importação ou subsídios fiscais".[53] Nada poderia servir tão bem para anabolizar um ambiente de dependência estatal e de servidão voluntária.

Embora tenha havido aumento do número de empregos durante um período, a política salarial restritiva imposta pelo regime militar gerou reflexos negativos: manteve os salários baixos; impediu que os trabalhadores fossem beneficiados pela prosperidade econômica; aumentou a concentração de renda e a desigualdade social.[54]

Outro tipo de intervenção veio na forma de reserva de mercado. Um grande exemplo foi aquele estabelecido pelas Diretrizes para a Política Nacional de Informática a partir de 1979.[55] Em 1984, a cereja do bolo estatista: o governo militar criou uma lei protecionista[56] com a justificativa de estimular o setor nacional e acabar com a dependência do Estado em relação à tecnologia produzida por empresas estrangeiras.

Na prática, porém, a norma criou uma estúpida e contraproducente reserva de mercado que beneficiou apenas quem trabalhava no segmento e impediu que os brasileiros tivessem acesso a uma tecnologia melhor e mais barata. A medida protecionista só foi extinta em 1992 com a lei nº 8.248, de 23 de outubro de 1991.[57]

Mas não foi só na economia que o regime foi prejudicial. Os governos dos militares destruíram uma parte da elite política que não era de esquerda, inviabilizando qualquer tipo de reação ao que veio depois, e colaborou involuntariamente para que as universidades, o ensino, a imprensa, as manifestações artísticas se tornassem redutos e centros de difusão da ideologia socialista.

O regime militar acabou oficialmente no Brasil no dia 15 de março de 1985, mas ampliou de forma desmedida a presença do governo na vida da sociedade e reforçou no imaginário popular a ideia de que o Estado deve intervir para garantir a ordem política, econômica e social, e assim servir à população. Essa concepção política foi muito bem aplicada pelos governos que o sucederam.

Quem definiu muito bem o resultado desse tipo de política foi Tancredo Neves, que depois seria eleito o primeiro presidente civil após o fim do regime militar e tinha um coração estatista. Num discurso proferido em 1982, Tancredo foi certeiro ao afirmar que o processo autoritário "começa desfigurando as instituições e acaba desfigurando o caráter do cidadão". Na mosca.

Quanto a Figueiredo, o último presidente do regime militar e personagem crucial da transição, ele deixou o cargo decepcionado com a experiência política. E resumiu esse sentimento na frase que poderia servir como epitáfio político: "Peço ao povo que me esqueça." Seu desejo foi parcialmente respeitado.

Tancredo e a infecção que quase impediu a transição

A transição do regime militar para um governo civil foi orientada pelos militares. Tancredo Neves, político habilidoso, respeitado e com longa experiência, incluindo ter sido ministro do governo Vargas, foi eleito presidente da República de forma indireta pelo Colégio Eleitoral, segundo as regras da Constituição em vigor.[58]

Tancredo se lançou candidato na chapa de oposição aos militares, que apoiaram o candidato Paulo Maluf. O vice era o então senador José Sarney, antigo aliado do governo militar. Eleitos Tancredo e Sarney, a história brasileira registrava mais dois advogados para ocupar a Presidência e a Vice-Presidência da República. Ocupariam.

Na véspera de assumir, no dia 14 de março de 1985, Tancredo foi internado num hospital com fortes dores abdominais. Submetido a uma cirurgia de emergência, a que se seguiram outras operações, faleceria após um quadro de infecção generalizada. A notícia da morte chocou a população e detonou uma intensa negociação nos bastidores para impedir que os militares mudassem de ideia e decidissem ficar mais tempo no poder. Afinal, o presidente eleito morrera antes de tomar posse. Deu certo.

Morto Tancredo, é impossível saber como seria o seu governo. Só resta especular que teríamos mais um presidente intervencionista por causa de sua biografia política, incluindo os serviços prestados ao governo de Getúlio Vargas como ministro da Justiça, e do relato do diplomata e político Roberto Campos, que o conheceu bem.

Numa carta endereçada a Tancredo, com data de 21 de agosto de 1984, Campos disse que o político mineiro, ao contrário dele, estava comprometido com a estatização, o que incluía ser contrário à liberdade econômica e a favor da reserva de mercado — Tancredo foi, inclusive, um dos que apoiaram a famigerada Lei de Informática.[59] Em suma, mais um estatista de carteirinha.

Jamais saberemos, porém, quais ideias Tancredo Neves rejeitaria ou apoiaria na presidência. O fato concreto é que ele, ao morrer, nos deixou de presente um dos piores presidentes da história.

Sir Ney, o homem que falava maranhês

A Presidência da República caiu no colo de José de Ribamar Ferreira de Araújo Costa, vulgo José Sarney. Ele construiu sua carreira política no Maranhão como um coronel ilustrado, uma espécie de Mundinho Falcão que falava maranhês. Filiado à União Democrática Nacional (UDN), exerceu péssima influência dentro do partido ao fazê-lo aderir ao desenvolvimentismo com o objetivo de promover *justiça social*, esta expressão coringa que tem um efeito político extraordinário, mas que, no fundo, nada significa.

Para muitos que veem Sarney como o grande representante da direita oligárquica talvez seja surpreendente descobrir que ele tenha, na época, ajudado a criar o grupo bossa-nova, a ala da esquerda da UDN com pretensões de renovar o partido. Os objetivos dos esquerdistas da UDN foram tornados públicos com a divulgação da carta-manifesto em 10 de fevereiro de 1960. Neste documento, seus signatários, os então deputados Sarney, Edilson Távora e Ferro Costa, entre outros pontos, defenderam o desenvolvimento com justiça social; as relações diplomáticas e comerciais também com a China comunista; a reforma agrária; a "humanização do capital" a partir do controle de investimento privado estrangeiro no país e de remessa de lucros para o exterior; o monopólio estatal do petróleo e das demais fontes de energia. Mais socialista, impossível.[60]

Político com veleidades literárias e apoiador do regime militar, foi uma dessas piadas de mau gosto da história ter cabido a ele ser o presidente da República após o fim da ditadura. Como político, conseguiu a proeza de superar o escritor, autor de *Os marimbondos de fogo*. De maneira única, Sarney conseguiu exaurir a política e a literatura.

Com a morte de Tancredo Neves antes da posse e já filiado ao Partido do Movimento Democrático Brasileiro (PMDB) depois de passar pelo Partido Democrático Social (PDS), União Democrática Nacional (UDN), Aliança Renovadora Nacional (Arena) e pelo Partido Democrático Social (PDS), Sarney assumiu a Presidência da República graças a um acordo de bastidores com políticos e militares, pois a Constituição exigia uma nova eleição.

Mas, se a regra fosse respeitada, havia o risco de a linha dura do regime bater o coturno para continuar no poder. Entre cumprir a Constituição e permitir a volta da democracia, optou-se pela segunda. Sarney foi presidente de 15 de março de 1985 a 15 de março de 1990.

E fez um dos mais desastrosos governos da história recente da República, rivalizando com o do seu sucessor Fernando Collor de Mello. Em termos qualitativos, sua presidência talvez só rivalize com seu talento literário. Depois de mais da metade do mandato, ganhou o apodo *Sir Ney* e sua presidência chegou a ser qualificada como "a expressão sintética das sete pragas de Moisés ao Egito",[61] uma clara injustiça com as pragas.

Justiça seja feita, o governo Sarney conseguiu reformar parte do legado institucional autoritário do regime militar, adequando a política do país ao processo de redemocratização. Com o apoio do Congresso, o presidente revogou as leis que regulavam a vida das pessoas e impediam a participação na política, mas sua agenda de ampliação dos direitos sociais pavimentou o caminho para a formação de uma cultura social que estabelecia uma hierarquia na qual os direitos ficavam alguns degraus acima dos deveres e da responsabilidade.

Se durante o regime militar o Estado limitava ou extinguia direitos, o governo federal passou a se colocar diante da população como uma instituição benevolente e disposta a conceder direitos para todos. Para a sociedade, ficava a ideia de que é função do governo conceder a liberdade e os direitos, e não de que a liberdade e os direitos são uma conquista dos indivíduos. Parecia ser esta a mentalidade da elite política quando da concepção, elaboração e posterior promulgação da Constituição Federal de 1988, nascida do casamento da ressaca do regime militar com os temores de uma nova ditadura.

Ao mesmo tempo que "ampliou o poder de ação do Legislativo, do Judiciário e do Ministério Público nos processos de decisão governamentais", a Constituição "definiu como dever do Estado garantir vários direitos sociais",[62] o que, paradoxalmente, só serviu para inviabilizar a sua garantia pelo governo. Na prática, as promessas constitucionais serviram para aumentar a cultura da reclamação por direitos prometidos e insatisfeitos. E feriu de morte o nosso diáfano espírito de dever e de responsabilidade.

Na esfera econômica, o governo Sarney também foi responsável pelo fracassado Plano Cruzado, que atingiu o queixo de cada um dos brasileiros. Duas vezes. O primeiro Cruzado foi desferido em março de 1986; o segundo, em novembro do mesmo ano. Apesar do momento inicial, em que o plano parecia bem-sucedido, com redução drástica da inflação, não demorou muito para que a brilhante ideia de congelar os preços fizesse parecer que chegar logo ao fundo do poço não fosse algo assim tão ruim.

A princípio, o plano dava a impressão de que, finalmente, resolveria alguns problemas crônicos da economia brasileira. A inflação baixa, o fim do imposto inflacionário sobre a retenção da moeda, a brutal expansão da moeda, a manutenção de juros artificialmente baixos, o reajuste salarial e o congelamento de preços tiveram grande apoio da população e da imprensa. Livres dos obstáculos criados pelo governo e com mais dinheiro no bolso, as pessoas passaram a fazer o que não podiam antes: começaram a consumir. E muito.

Só que as empresas não estavam preparadas para aquela explosão de consumo. E também não tinham qualquer estímulo para produzir, porque estavam proibidas de definir os preços. O resultado foi o óbvio: os estoques esvaziaram e começaram a faltar produtos. Para agravar a situação, uma parcela dos empresários, antecipando-se à inevitável liberação dos preços e o aumento da taxa de juros pelo governo, passou a especular com produtos e estoques.

Consequências? A fila virou uma instituição nacional. Tinha fila nos supermercados, nas feiras, nas distribuidoras de gás, nos postos de gasolina, nos carrinhos de picolé. Quem precisava comprar bens duráveis, como automóveis, ainda se sujeitava a pagar um valor mais alto do que o preço de tabela. O ágio também virou uma instituição nacional.

Para deixar a situação ainda mais constrangedora, Sarney convocou a população para ajudar o seu governo: "cada brasileiro e brasileira deverá ser um fiscal dos preços, um fiscal do presidente para a execução fiel desse programa em todos os cantos desse país".[63]

Era uma estratégia malandra. Ao mesmo tempo que jogava na conta dos empresários a culpa pela variação dos preços, o governo transferia para as pessoas a responsabilidade que tinha assumido de fiscalizar. E muita gente, estranhamente, aceitou. Foi constrangedor.

Voluntariamente, milhares de pessoas passaram a agir como fiscais, verificando os preços e denunciando os reajustes ilegais. Vários estabelecimentos comerciais foram obrigados a fechar as portas, deixando as famílias dos donos e dos funcionários em sérias dificuldades financeiras. E teve *fiscal do Sarney* que ainda se sentiu autorizado a depredar e a saquear lojas que ousavam desafiar o controle de preços. Tudo o que aconteceu foi de uma indignidade moral deplorável.

Mesmo com o fracasso retumbante dos Planos Cruzados 1 e 2, Sarney estava mesmo disposto a entrar para a história nacional pela quantidade de planos econômicos malsucedidos. Os brasileiros foram vítimas deles: o Plano Bresser em junho de 1987, e o

Plano Verão, em janeiro de 1989. Em ambos, como nos antecessores, a inflação caiu drasticamente, para depois retornar plena e vigorosa — e pior do que antes.

Diante dos expressivos resultados negativos dos dois primeiros planos, o governo perdeu o apoio da população, que resolveu seguir o provérbio: "Se alguém te enganar uma vez, a culpa é dele; se alguém te enganar duas vezes, a culpa é dos dois; se te enganar três vezes, és o único culpado."

Para sorte do país, o mandato era de cinco anos e não havia reeleição. Se o Brasil tinha sobrevivido ao governo Sarney, tudo era possível. Inclusive resistir ao governo de Fernando Collor de Mello, que se tornaria o primeiro presidente eleito por voto direto popular após o fim do regime militar. E membro da competitiva galeria de honra dos nossos piores presidentes.

O Brasil colloriu de marré de si

Fernando Collor de Mello surgiu na eleição presidencial de 1989 como um furacão — e o seu efeito sobre o país foi um tanto parecido, provavelmente pior. Acostumados a tempestades políticas, os brasileiros achavam que as condições normais da meteorologia eleitoral eram sempre de chuvas e trovoadas. Sendo assim, o que seria mais um turbilhão de ventos e relâmpagos que prometia a bonança depois do vendaval?

O que não podiam imaginar era que o jovem tufão de nome Collor estava longe de trazer a prometida calmaria política, social e econômica. Dada a natureza autoritária dos sucessivos governos da história republicana, a sociedade deveria ter desconfiado de mais um ambicioso projeto presidencial tendo em mente o certeiro aviso de Rui Barbosa: "A liberdade não é um luxo dos tempos de bonança: é, sobretudo, o maior elemento de estabilidade das instituições, o princípio fecundante da ordem e a válvula de segurança suprema nas quadras de agitação, de descontentamento, de aspirações inflamadas." [64]

Filho do político e jornalista Arnon de Mello, que fora senador pela mesma Arena de Sarney, e neto, por parte de mãe, do também político Lindolfo Collor, ministro do Trabalho do governo Vargas, Fernando Collor de Mello era formado em economia, filiado ao inexpressivo Partido da Reconstrução Nacional (PRN) e representava o estado de Alagoas, onde tinha sido prefeito (medíocre) e governador (espalhafatoso). Ideologicamente, estava vinculado com o *oligarquismo alagoano*. Era o candidato improvável de uma eleição hiperbólica.

Com o fim do regime militar e diante da possibilidade de votar e ser votado por escolha direta, as eleições de 1989 foram como o estouro de uma boiada. Na disputa, 22 candidatos. Tinha partido e político para todos os gostos, de Aureliano Chaves (Partido da Frente Liberal — PFL) a Roberto Freire (Partido Comunista Brasileiro — PCB), de Fernando Gabeira (Partido Verde — PV) a Enéas Carneiro (Partido de Reedificação da Ordem Nacional — Prona), de Guilherme Afif Domingos (Partido Liberal — PL) a Paulo Maluf (Partido Democrático Social — PDS), de Ulysses Guimarães (Partido do Movimento Democrático Brasileiro — PMDB) a Ronaldo Caiado (Partido Social Democrático — PSD), de Leonel Brizola (Partido Democrático Trabalhista — PDT) a Mario Covas (Partido da Social Democracia Brasileira — PSDB), de Lula (Partido dos Trabalhadores — PT) a Collor (PRN).

No fim das contas, sobraram Lula e Collor. Na campanha, Collor adotou um discurso populista e moralizador, repetindo o fenômeno Jânio Quadros. Venceu a eleição com a promessa de acabar com os privilégios, com a corrupção, com os marajás e com os vários obstáculos que impediam o florescimento de uma autêntica economia de mercado, enfim, tudo aquilo que atrapalhava o crescimento do país (suas promessas só não incluíam ele próprio). Entre um barbudo com discurso raivoso e um playboy com uma conversa que parecia razoável, os eleitores preferiram quem tinha a melhor lábia.

Collor se apresentou como o presidente que livraria o país de uma tradição estatista e intervencionista. O político que, depois de D. João VI, seria responsável pela segunda abertura dos portos do país. Mas parece que esse negócio de abrir os portos do Brasil não traz boa sorte: enquanto o rei foi obrigado a retornar a Lisboa, Collor foi convidado a se retirar da presidência.

No poder, o novo presidente se revelou tão ou mais intervencionista do que os seus antecessores, embora tenha adotado medidas importantes como privatização, eliminação de monopólios estatais, abertura do mercado nacional à concorrência estrangeira, redução de tarifas alfandegárias.

Por ter sido eleito sem a ajuda dos grandes partidos, imprimiu um estilo autoritário de governar porque se sentiu autorizado a realizar as mudanças que considerava necessárias sem dar satisfação a quem quer que fosse.

Uma dessas medidas foi anunciada no dia seguinte à posse com o nome de Plano Brasil Novo — depois apelidado de Plano Collor. No dia 16 de março de 1990, o país ouviu chocado a notícia de que o governo, além de alterar a moeda de cruzado novo para cruzeiro, bloquearia, durante longos dezoito meses, os valores acima de 50 mil cruzados novos, de todos os brasileiros, que estivessem depositados em contas-correntes, cadernetas de poupança e *overnight* (aplicações de rendimento diário).

Ou seja, quem tivesse dinheiro no banco só poderia sacar até 50 mil cruzados novos. O que ultrapassasse este valor ficaria à disposição apenas do governo. No total, segundo estimativas da época, foram confiscados algo em torno de 100 bilhões de dólares (30% do PIB). Valia tudo para vencer a inflação, até apreender o dinheiro da população.

A medida radical surtiu efeito temporário, derrubando a inflação por alguns meses. Em seguida, porém, ela voltou ainda mais impiedosa. O estrago na vida de milhares de pessoas foi incalculável. Naquele tempo, muita gente deixava a maior parte do dinheiro depositada nos bancos para não perder com a inflação voraz. Quando o governo bloqueou os depósitos, essas pessoas não tinham capital disponível nem a quem recorrer para pedir empréstimos. O resultado seria terrível.

Com o confisco, muitas empresas faliram, muitos trabalhadores perderam seus empregos, alguns morreram. O governo teve uma atitude criminosa e não há como deixar de responsabilizar o presidente, a ministra da Economia e sua equipe pelos "infartos, suicídios, ruínas financeiras, traumas; cancelamento de projetos, de festas, viagens, mudanças, novos negócios, carreiras". Não só isto, pois "o espetáculo bufo das prisões arbitrárias mostrou que estivemos muito perto de um Estado policialesco".[65]

No dia do anúncio do confisco, os brasileiros ainda conheceram a ministra da Fazenda, Zélia Cardoso de Mello, cujo talento para se fazer entender era equivalente ao de adotar políticas econômicas bem-sucedidas. Ficou no cargo de março de 1990 a maio de 1991. Saiu sem deixar saudades. Voltou a despontar para um justo anonimato.

O governo logo adotou o Plano Collor 2, que congelou os preços dos produtos e o valor dos salários, desindexou contratos, adotou medidas para alcançar um equilíbrio fiscal e implementou um programa de estímulo à indústria. Mas a segunda versão do plano também deu errado.

Collor agiu na presidência como um pequeno tirano. E ainda bateu de frente com o Congresso Nacional. Em pouco tempo, a economia do país estava em frangalhos, e o presidente era acusado de consumir drogas, de ser macumbeiro e de fazer parte de um grande esquema de corrupção comandado pelo seu ex-tesoureiro de campanha PC Farias.[66]

Junto com o governo Collor, as reformas liberais foram por água abaixo. Apesar disso, a abertura promovida e os seus claros benefícios abriram caminho para as reformas liberalizantes, concessões e privatizações realizadas nas gestões de Itamar Franco e de Fernando Henrique Cardoso.

Sem apoio e alvejado por uma série de denúncias, algumas feitas pelo seu próprio irmão Pedro,[67] Collor deu vazão ao seu temperamento explosivo e brigou com as principais lideranças políticas no Congresso Nacional num momento extremamente delicado. Em 2 de outubro de 1992, a Câmara dos Deputados autorizou a abertura do processo de *impeachment*. Afastado do cargo por decisão dos deputados federais, Collor decidiu renunciar à presidência antes do fim da sessão de julgamento, realizada no dia 29 de dezembro e na qual foi condenado pelo Senado por crimes de responsabilidade e à perda dos direitos políticos por oito anos.

De volta à política após cumprir a punição, Collor se elegeria senador e tomaria posse em 2007. Em abril de 2014, foi inocentado pelo STF das acusações de peculato, corrupção passiva e falsidade ideológica no tempo em que foi presidente.

No Senado, passou a apoiar o PT, o antigo inimigo que, em matéria de escândalo de corrupção, o colocou no bolso — metaforicamente falando.

Itamar Franco, o estatista de carteirinha

Membro de honra do Clube dos Estatistas Brasileiros, Itamar Franco era o improvável vice-presidente de Fernando Collor. Tendo assumido o governo com o afastamento e a renúncia do presidente, num momento de instabilidade política e econômica, por uma dessas bem-vindas ironias coube a Itamar, o topete mais birrento da história nacional, continuar o processo de privatização e de liberalização da economia, além de aceitar a ideia da criação do Plano Real.

Mas não foi tão fácil.

Nacionalista ferrenho e encrenqueiro profissional, o engenheiro Itamar Franco era contra o programa de privatizações do governo Collor por considerá-lo um instrumento de fragilização do Estado. Antes mesmo de assumir a vice-presidência, quando ainda estava no Senado, "Itamar sempre mostrou reservas em relação à eficiência do mercado, ao papel das multinacionais e às vantagens de abrir as fronteiras para o comércio mais livre com os outros países. Como tantas pessoas que reverenciam o Estado fortalecido e desconfiam da iniciativa privada, ele nunca aprovou a venda das estatais".[68]

A rejeição de Itamar ao plano econômico do governo, que incluía a privatização das estatais, foi manifestada já na primeira semana da presidência de Collor, que espertamente isolou o vice-presidente da administração. Em diversas ocasiões e publicamente, Itamar deixou sua posição bastante clara, provocando atrito com os ministros e com o presidente, com quem rompeu durante o mandato.

Quando os escândalos de corrupção atingiram diretamente Collor e o seu nome começou a ser apontado para substituí-lo em caso de renúncia ou afastamento, Itamar tentou suavizar sua imagem de estatista com declarações à imprensa simpáticas à abertura da economia. Era uma tentativa de vencer a resistência por parte de representantes de segmentos políticos e econômicos que temiam um retrocesso nas já iniciadas reformas liberais.

Ao assumir interinamente a presidência até o julgamento de Collor no Congresso, Itamar esqueceu o que havia dito e deixou aflorar novamente o seu *intervencionismo pão de queijo*. Tratou logo de dizer que colocaria a administração pública a serviço do Estado e criticou todos aqueles que defendiam o seu enfraquecimento em benefício da iniciativa privada. "Se o Estado não servir para promover a paz, a justiça e o bem-estar entre os homens, para que servirá?"[69] Só era preciso combinar com os políticos e com a realidade do funcionamento do governo.

Depois da saída de Collor, já como presidente empossado, Itamar construiu com os partidos um pacto de governabilidade e tomou decisões contrárias ao programa liberal que havia herdado, como o decreto que modificava as regras de privatização das estatais e concedia ao presidente poderes para interferir no processo.

Como a situação financeira do país continuava sua longa queda rumo ao fundo do precipício, Itamar foi obrigado a retomar o programa de privatização. Uma das estatais privatizadas foi a Companhia Siderúrgica Nacional (CSN), criada pelo governo Vargas, em 1940, com apoio do governo americano.

Em meio aos problemas políticos e econômicos, foi realizado em abril de 1993 o plebiscito para a escolha do regime e do sistema de governo. A parte da população brasileira que votou decidiu manter a República e o presidencialismo, menos pelas virtudes de ambos do que pela ausência de memória histórica em virtude do trabalho de desconstrução e ridicularização da monarquia realizado pelos republicanos.

Em maio, Itamar nomeou como ministro da Fazenda o sociólogo Fernando Henrique Cardoso, então ministro das Relações Exteriores. No fim do ano, a inflação atingiu 2.567,46%, a mais alta da história do país, segundo dados da Fundação Getúlio Vargas (FGV).

No início de 1994, o governo, para aumentar a arrecadação, prejudicou a população com um aumento da alíquota do imposto de renda de pessoas físicas. O reajuste só não provocou mais escândalo do que as fotos em que o presidente Itamar aparecia num camarote da Marquês de Sapucaí, em pleno carnaval, ao lado de uma senhorita sem calcinha que exibia, sem pudores, a sua comissão de frente.

Sob ferrenha oposição do PT, Itamar e sua equipe econômica começaram a implementar o Plano de Estabilização Econômica e retomaram as privatizações. No dia 1º de março de 1994 entrou em vigor a Unidade Real de Valor (URV), um instrumento de transição para a nova moeda. Em março, o Índice Geral de Preços (IGP) da FGV indicava uma inflação acumulada de 5.153% referentes aos doze meses anteriores. O real nasceu no dia 1º de julho e em quinze dias houve uma queda significativa da inflação. Em setembro, a inflação já era de 1%.

A nova situação econômica colocou o candidato à presidência Fernando Henrique Cardoso numa posição vantajosa para as eleições. FHC acabou vencendo com o apoio do presidente Itamar, que governou o país de 2 de outubro de 1992 a 1º de janeiro de 1995. Diagnosticado com leucemia, Itamar faleceria em 2011.

FHC: o socialista que privatizou, mas não tragou

Não deve ter sido fácil para Fernando Henrique Cardoso ter se tornado alvo do escárnio dos socialistas depois de ter construído uma vida acadêmica e política dentro da esquerda. FHC e seu governo foram transformados em sinônimos do maior insulto ideológico que se tem no Brasil: neoliberal.

Justo contra ele, que chegou a disputar a representação no Brasil da Internacional Socialista em um encontro realizado em Viena, em 1979. Perdeu a disputa para Leonel Brizola e iniciou um processo de conversão ao socialismo fabiano que anos mais tarde resultaria na criação do PSDB.[70]

Sociólogo socialista, este pleonasmo vicioso, FHC foi treinado e formado na Universidade de São Paulo (USP), onde trabalhou sob orientação do professor socialista Florestan Fernandes.[71] Fundador da sociologia crítica no Brasil, Fernandes se filiou ao PT em 1986, ano em que se elegeu deputado federal pela primeira vez (em 1990 foi reeleito).

Uma vez na política, FHC preferiu o pragmatismo fabiano à utopia dos tempos de marxismo. E foi por ter agido como um político pragmático, não por acreditar em princípios liberais ou nas virtudes da economia de mercado, que o seu governo aprofundou as reformas e as privatizações iniciadas no governo Collor e mantidas a contragosto por Itamar.

FHC foi um dos intelectuais[72] que ajudaram a reforçar e a legitimar, nos círculos universitários e políticos, a mentalidade de que o governo deveria ter um papel decisivo no desenvolvimento econômico e, por extensão, na vida da sociedade. Tal concepção do papel do Estado agradava a esquerda e a direita brasileira da época. E era o credo ideológico de intelectuais de esquerda ligados ao Centro Brasileiro de Análise e Planejamento (Cebrap) e à Comissão Econômica para a América Latina e o Caribe (Cepal), um órgão da Organização das Nações Unidas (ONU). FHC trabalhou na Cepal a partir de 1964 e liderou a criação do Cebrap em 1969.

Um dos economistas marxistas que trabalharam na Cepal desde a sua criação em 1948 foi Celso Furtado, outra referência intelectual de FHC.[73] Furtado tentou combinar em seu pensamento "a crença no conhecimento científico do positivismo, a consciência da historicidade dos fenômenos econômicos e sociais do marxismo, a atenção à cultura da antropologia norte-americana".[74] Esse pertinente casamento ideológico, que exumava até as ideias de Auguste Comte, alicerçou os seus principais livros, *Formação econômica do Brasil* e *Economia colonial do Brasil no século XVI e XVII*.

A intervenção do Estado na economia para proteger as empresas nacionais ante as empresas estrangeiras, que supostamente agiam de acordo com os interesses dos governos de seus países de origem para manter os países *periféricos* (subdesenvolvidos) dependentes dos países do *centro* (ricos e industrializados), fez muito sucesso nas décadas de 1960 e 1970. Um dos livros que refinaram teoricamente e popularizaram essa ideia foi *Dependência e desenvolvimento na América Latina* (1969), que FHC escreveu junto com o sociólogo chileno Enzo Faletto, seu colega na Cepal.

A teoria foi refutada pela realidade nas décadas de 1980 e 1990, com o crescimento acelerado das economias *periféricas* da Ásia oriental (Coreia do Sul, Singapura e Malásia) na comparação com países do *centro*, como os da Europa e os Estados Unidos. O golpe fatal foi desferido pelo próprio FHC, um dos principais teóricos da dependência, que, na presidência do Brasil, "se voltou para políticas liberais de crescente dependência nos mercados globais".[75]

Foi também por meio da Cepal, com o trabalho de Raul Prebisch, que o receituário do economista inglês John Maynard Keynes, "que preconiza a ação do Estado na promoção e sustentação do pleno emprego em economias empresariais", foi introduzido na América Latina. No Brasil, Celso Furtado foi "um dos primeiros expoentes do pensamento keynesiano, apesar de suas poucas referências explícitas a Keynes". Sua obra mais influente, *Formação econômica do Brasil*, é "reconhecida como uma aplicação da abordagem macroeconômica proposta por Keynes à historiografia econômica".[76]

Há pelo menos três décadas, dois polos de estudo e irradiação do pensamento keynesiano são a Universidade de Campinas (Unicamp), onde "o estudo de Keynes de certa forma culmina uma trajetória iniciada com a crítica marxista às ideias cepalinas nos anos 1970", e o Instituto de Economia da UFRJ, vinculado ao "pós-keynesianismo norte-americano, liderado por autores como Paul Davidson e Hyman Minsky".[77] A Unicamp é a *alma mater* de vários petistas, incluindo Dilma Rousseff, que lá teve acesso ao pensamento intervencionista de Minsky.

Fernando Henrique Cardoso foi eleito em 1994 pelos resultados positivos do recém-nascido Plano Real. Assumiu o governo em 1º de janeiro de 1995 com a economia do país numa situação ainda bastante complicada. Mesmo assim, manteve o plano de estabilização econômica e iniciou as reformas e um programa de privatizações, que, juntos, "representavam uma ruptura com o forte modelo estatista que surgira com Getúlio e fora enfatizado durante o período militar".[78] Ruptura sem radicalismos. Seguindo a agenda social-democrata, o Estado continuava a intervir para impor limites e regular o mercado, além de implementar políticas sociais.

Em 1997, FHC queimou parte importante do seu capital político para aprovar a emenda constitucional que permitia a reeleição para presidente, governador e prefeito. Só que a aprovação na Câmara dos Deputados teria sido conseguida pelo governo com a compra de votos dos parlamentares. A confissão foi feita em gravação por dois deputados federais do Acre que teriam vendido seus votos por R$ 200 mil cada.[79]

Os partidos de oposição liderados pelo PT tentaram em vão aprovar requerimento para a criação de uma comissão parlamentar de inquérito. A investigação da Polícia Federal não deu em nada. O presidente foi reeleito para o segundo mandato, que durou de 1º de janeiro de 1999 a 1º de janeiro de 2003.

Em oito anos como presidente, o governo de FHC concedeu o setor de telecomunicações a empresas privadas, vendeu algumas estatais, quebrou o monopólio nos segmentos de energia elétrica, petróleo e navegação de cabotagem, abriu o país ao capital estrangeiro, saneou o sistema financeiro, fez uma reforma parcial na Previdência Social, conseguiu a aprovação da Lei de Responsabilidade Fiscal, promoveu um ajuste fiscal, criou agências reguladoras e um sistema de meta de inflação.[80]

Para o governo, a concessão de monopólios estatais à iniciativa privada teve importantes consequências positivas, incluindo a redução dos gastos públicos e o correspondente aumento da arrecadação tributária com mais empresas privadas pagando impostos. Para a sociedade, os principais benefícios foram a saída do Estado de áreas importantes da economia e a prestação privada de um serviço mais amplo e de melhor qualidade.

A concessão, porém, provocou reações violentas de segmentos nacionalistas e estatistas, incluindo, claro, o suspeito de sempre, o PT. A outorga do sistema Telebrás à iniciativa privada e a venda da Vale do Rio Doce, por exemplo, foram objeto de denúncias que iam de interferência indevida do governo e favorecimento a empresários a corrupção. Este foi um dos vários escândalos do governo FHC.[81]

O setor de telecomunicações é um ótimo exemplo dos benefícios da concessão a empresas privadas. Até aquele ano, conseguir uma linha de telefone fixo era caro e demorado. O proprietário da linha, ao comprá-la, se tornava obrigatoriamente acionista de alguma empresa estatal do Sistema Telebrás, que detinha o monopólio do serviço.

O alto preço e a demora do acesso ao telefone funcionavam como um instrumento de exclusão social. O interesse reprimido e a falta de oferta criavam filas de espera e geravam todo um mercado paralelo de compra e venda facilitadas. Era preciso recorrer a conhecidos, a amigos, a amigos dos amigos que trabalhavam na Telebrás para conseguir uma linha, mesmo que essa transação, não raro, estivesse descrita em alguns artigos do Código Penal.

Telefone era um luxo. Pobre não o tinha porque não podia pagar. A privatização permitiu que a sociedade passasse a ter acesso ao serviço que, descobriu-se depois, era fundamental e que no futuro abriria as portas para essa extraordinária tecnologia que é a internet. Deixamos de nos preocupar em ter o serviço e podemos dedicar tempo e talento para decidir o que fazer com o telefone. Inclusive, ganhar dinheiro.

O acesso ao serviço, o desenvolvimento tecnológico, certa prosperidade econômica e o acesso fácil ao crédito também permitiram que as pessoas descobrissem que a telefonia fixa era coisa do passado. Os celulares ocuparam o lugar do telefone tradicional para depois também serem utilizados como um computador de bolso.

Com o celular, a empregada doméstica não precisava mais passar pelo constrangimento de atender o telefone fixo da casa onde trabalhava quando algum familiar ligava. Além disso, pela facilidade de comunicação, muitas mulheres com espírito empreendedor deixaram de ser funcionárias fixas para se tornarem prestadoras de serviço como diaristas. Passaram a ganhar mais e puderam dar aos filhos um padrão de vida que jamais tiveram.

Apesar de todos os benefícios, o setor de telefonia no Brasil ainda peca pela baixa qualidade e pelos preços dos serviços. Outra crítica importante a ser feita diz respeito ao modelo de concessão escolhido, que estabeleceu oligopólios privados em vez de abrir o mercado para uma verdadeira concorrência. O mais benéfico para os consumidores seria várias companhias disputando o mercado por meio da oferta de melhores produtos, serviços e menor preço. O modelo em vigor, por outro lado, faz com que as poucas empresas vencedoras do processo de concessão se preocupem mais em atender as exigências do governo do que as necessidades dos seus clientes. Quanto menor a concorrência, maior o poder do governo, dos políticos e das grandes empresas — e pior para nós usuários.

Nesse sentido, apesar do que prometem, a legislação antitruste e a atuação das agências reguladoras são nocivas aos consumidores. No caso da lei, a sua origem (o Sherman Act nos Estados Unidos em 1890) está vinculada à "tentativa (bem-sucedida) de empresários incompetentes de usarem o Estado para atacar empresários competentes, que conquistam poder de mercado a partir da eficiência (produtos/serviços que são escolhidos voluntariamente pelos consumidores)". [82]

Tanto nos Estados Unidos quanto no Brasil, onde o principal órgão de "promoção" da concorrência é o Conselho Administrativo de Defesa Econômica (Cade), as leis antitruste têm consequências negativas porque atentam contra a livre concorrência e impedem "atos de concentração empresarial que criam empresas mais eficientes e, consequentemente, mais capazes de ofertar bens e serviços com maior qualidade e menor preço".[83]

A criação de agências reguladoras, com a desculpa de "organizar a transição do regime monopolístico para o regime concorrencial, promovendo a livre concorrência nos mercados antes monopolizados", faz parte do processo de privatização ou concessão. A lógica intervencionista é a seguinte: uma vez privatizados, os antigos monopólios públicos se tornarão monopólios privados. Por isso "a necessidade de que tais agências reguladoras promovam a concorrência, o que se faz, paradoxalmente, adotando-se medidas como o controle da entrada de agentes econômicos e fixação de preços".[84] O resultado? As medidas estatais para promovê-la acabam por arruinar a concorrência.

Agências reguladoras como a Agência Nacional de Vigilância Sanitária (Anvisa) e a Agência Nacional de Telecomunicações (Anatel), na prática, "protegem as empresas dos consumidores" ao pretender estipular os preços e os serviços que as empresas reguladas devem oferecer e também "protegem as empresas reguladas ao restringir a entrada de novas empresas neste mercado".[85]

Com natureza contrária à livre iniciativa, ao livre mercado e à concorrência, as "agências reguladoras nada mais são do que um aparato burocrático que tem a missão de cartelizar os setores regulados — formados pelas empresas favoritas do governo —, determinando quem pode e quem não pode entrar no mercado, e especificando quais serviços as empresas escolhidas podem ou não ofertar, impedindo desta maneira que haja qualquer 'perigo' de livre concorrência".[86]

O governo FHC conseguiu conceder o setor de telefonia à iniciativa privada, mas não foi bem-sucedido em alterar quase nada da legislação trabalhista, sindical, judiciária e tributária, quatro tipos de câncer em metástase avançada. E as crises internacionais nos dois mandatos fizeram com que o governo adotasse políticas econômicas restritivas que resultaram em aumento de impostos, elevação da taxa de juros, alteração do regime cambial, redução do crescimento e aumento do desemprego.[87]

Em virtude dos ajustes realizados, muitas empresas foram obrigadas a fechar as portas e a demitir seus funcionários. Até os bancos foram afetados e alguns faliram. Para tentar evitar uma quebradeira geral no sistema bancário, o governo criou o Programa de Estímulo à Reestruturação e ao Fortalecimento do Sistema Financeiro Nacional (Proer). O programa, que permitia ao Banco Central intervir, se necessário, nas instituições financeiras em dificuldades, fortaleceu o setor e, depois, atraiu investimentos de bancos estrangeiros no país.

Se tecnicamente o Proer podia ser justificado pelo governo, para o cidadão comum não pegou nada bem ajudar banqueiro falido com dinheiro público. E a oposição, sempre comandada pelo previsível PT, soube utilizar de forma muito eficiente esse fato e anabolizou as críticas.

A oposição continuava a chamar FHC de agente do neoliberalismo, mas o presidente não esquecera seu compromisso com a bandeira da igualdade. A mão que privatizou foi a mesma que concedeu bolsas sociais. O governo criou o bolsa-escola, bolsa-renda, bolsa-alimentação, auxílio-gás, além do salário mínimo para idosos e deficientes, e desenvolveu o programa de erradicação do trabalho infantil. Em 2004, mediante a lei nº 10.836, o governo do PT malandramente reuniria os quatro primeiros programas sob o nome bolsa família, aumentaria os recursos e alegaria a paternidade.

O mais importante das políticas bem-sucedidas do governo de FHC, como o Plano Real, o fim da inflação e as privatizações, foi mostrar à população como o governo atrapalha a vida das pessoas intervindo direta ou indiretamente — e como a ajuda quando deixa de atrapalhar. No fundo, as consequências positivas de sua presidência mostraram que, afinal, conseguimos resolver nossos problemas e prosperar quando os obstáculos estatais são removidos. Ao adotar medidas que reduziram os efeitos danosos da intervenção do governo em nossas vidas, desde o controle da inflação, passando pelas privatizações e pela abertura do mercado, a administração de FHC permitiu que pudéssemos tocar as nossas vidas sem nos preocuparmos tanto com o Estado quanto antes. E, mais do que isso, que pudéssemos ver que os obstáculos do passado tinham o próprio governo como um de seus principais responsáveis.

Por outro lado, num país com tradição política autoritária, governos intervencionistas, economia controlada, inflação, desestímulo à prosperidade e problemas graves de pobreza, as políticas sociais tinham duplo efeito: minimizavam as terríveis condições de vida da população miserável, mas reforçavam a ideia do Estado como instituição benevolente e assistencialista.

A mudança na economia permitiu a formação espontânea de um ambiente e de uma ordem social um tanto diferentes, pois que não dependiam tanto da política (apesar das intervenções que permaneceram). Isto fica evidente quando se observa a maneira como se comporta a geração que era criança durante e depois do Plano Real. O trabalho, o dinheiro, a prosperidade passaram a ter um significado diverso porque o poder de compra da moeda no dia seguinte era o mesmo do dia anterior.

Não precisávamos mais dedicar nosso tempo e esforços para lidar com os efeitos da inflação, por exemplo. Em vez disso, podíamos direcionar nossas energias para aquilo que era importante para cada um nós. Trabalhar e prosperar ficou menos difícil, assim como desfrutar dos resultados da prosperidade no consumo, saúde, alimentação, lazer.

A tecnologia dos computadores, celulares e internet nos permitiu ter acesso fácil e rápido à informação do Brasil e à de outros países, a estabelecer contato com pessoas de vários cantos do planeta, a ter referências positivas e negativas, a ter padrões de comparação, sobre o que acontece dentro e fora do país. O mundo ficou maior e o grau de exigência também.

Depois de tudo o que aconteceu, e apesar do inegável sucesso do Plano Real e da política social, os oito anos de governo provocaram um cansaço na população e reduziram o prestígio político do presidente. Na eleição seguinte, nem FHC nem o PSDB conseguiram a proeza de emplacar a insossa candidatura de José Serra, um intervencionista de primeira grandeza. Dessa vez, a janela de oportunidade se abriu para o eterno candidato do PT, Luiz Inácio Lula da Silva, o sindicalista de língua presa que prometeu incendiar o Brasil.

Rumo à estação Sion, ou de como Lula colocou o Estado a serviço do PT

Antes de ser eleito presidente em 2002 e de ser promovido a messias pelo PT, Lula ficou conhecido publicamente como o sindicalista incendiário que liderava as greves em São Paulo, o que já demonstrava o seu grande apreço pelo trabalho. Ele próprio deu o exemplo: trabalhou apenas nove anos como operário (de 1963 a 1972) até se tornar militante sindical[88] e do PT, e depois político com mandato (deputado federal e presidente).

Para coroar a vida dedicada ao trabalho árduo, aposentou-se aos 42 anos, como perseguido político, por ter ficado 31 dias na cadeia. Foi nessa ocasião que cometeu aquele que provavelmente é o seu maior ato revolucionário: tentou driblar a greve de fome combinada entre os companheiros de cela ao esconder debaixo do travesseiro um pacote de balas Paulistinha.[89]

Privadamente, Lula era conhecido nos escritórios dos diretores das montadoras de veículos não só pelas habilidades como negociador, mas pela maneira empolgada com que declarava o seu amor pela Escócia. No sindicato dos metalúrgicos, sua fama era bem mais prosaica: a de Don Juan de jovens viúvas desamparadas.

Numa entrevista à revista *Playboy* em 1979, confessou ter pedido a um colega do sindicato que o "avisasse sempre que aparecesse uma viúva bonitinha". Uma delas foi sua atual mulher, Marisa. De uma maneira um tanto peculiar, pavimentou seu caminho político para se tornar o que sempre foi.

A história política de Lula começa no sindicato, mas sua relação formal com o mundo político se iniciou com o PT, partido que ajudou a fundar em 1980. A ata de fundação foi assinada por intelectuais, professores, religiosos e representantes de sindicatos no prédio do Colégio Sion, uma escola de elite criada em 1901 e localizada no bairro de Higienópolis, em São Paulo, conhecido pela alta renda de seus moradores e pela grande presença de judeus. O colégio, que de proletário marxista não tinha nem o nome, fazia parte da Congregação de Nossa Senhora de Sion, criada na França, no século XIX, por Teodoro Ratisbonne, um judeu que se converteu ao catolicismo.

Um ano antes da criação do PT, sua proposta de fundação foi aprovada num congresso de metalúrgicos que lhe definiu as bases radicais da ideologia e do método de ação. O objetivo do futuro partido era proclamar uma verdadeira república democrática e socialista a partir da organização e da mobilização dos trabalhadores para lutar "por suas reivindicações e pela construção de uma sociedade justa, sem explorados e exploradores".[90]

Num manifesto apresentado em 1980 essa orientação era ratificada com a afirmação de "que o país só será efetivamente independente quando o Estado for dirigido pelas massas trabalhadoras". O documento explicava que, por essa razão, o PT pretendia "chegar ao governo e à direção do Estado para realizar uma política democrática, do ponto de vista dos trabalhadores, tanto no plano econômico quanto no plano social".[91]

Com esse discurso radical, boa parte dele influenciado pelos católicos socialistas (este oximoro) vinculados à Teologia da Libertação e às Comunidades Eclesiais de Base que participaram da fundação do partido, o PT conseguiu chamar a atenção e seduzir muita gente que ou já estava ligada ao socialismo e ao comunismo ou que estava em busca de uma representação política para estabelecer um compromisso ideológico.

Inclusive, a Teologia da Libertação, "a versão, inquestionavelmente religiosa, da *vulgata marxista*" e um dos grupos responsáveis por converter o "marxismo em objeto de culto", conseguiu "alcançar grande influência na Igreja Católica". No Brasil, "tudo indica que se trata da corrente de maior influência, porquanto domina claramente a instituição que a representa, a Confederação Nacional dos Bispos do Brasil",[92] que não faz parte da estrutura hierárquica da Igreja.

O trabalho de militância e de formação conduzido pelo PT foi intenso, o que serviu para dar uma coesão ao partido, muito embora houvesse internamente um intenso debate e grande disputa entre os grupos de diferentes correntes ideológicas.

Vários jornalistas e intelectuais não apenas embarcaram nesse trem petista rumo à estação Sion[93] como se prontificaram a legitimar intelectualmente e a disseminar as ideias do partido nas universidades e na imprensa.

Mas as derrotas para Collor na eleição de 1989 e para FHC na de 1994, junto com a queda do muro de Berlim e a aparente vitória do tal "neoliberalismo", criaram um ambiente extremamente desfavorável para um partido que defendia o oposto daquilo que estava acontecendo no mundo. A nova situação provocou no PT a necessidade de rever a estratégia política para a disputa eleitoral. Há quem veja nessa revisão de método uma ruptura do PT com o seu espírito fundador.[94]

Ao adotar essa postura, o partido teria optado por manter duas almas contraditórias: uma que sustentava o discurso da inclusão dos pobres e a melhoria na condição dos trabalhadores e outra que aceitava a burguesia e a iniciativa privada. Os dois mandatos de Lula, segundo essa perspectiva, teriam sido a síntese contraditória dessas duas almas.[95]

Não foi bem assim.

A mudança de tom nos discursos e em alguns documentos estrategicamente elaborados para amaciar a opinião pública e os grandes empresários e banqueiros não modificou a natureza ideológica do partido, apenas adequou o método e as formas de ação ao novo momento histórico.

A cadeia de comando do PT percebeu que não deveria expor publicamente o radicalismo dos velhos tempos nem ter os empresários como inimigos. Era melhor e mais eficiente, do ponto de vista político, suavizar o discurso e a postura sem alterar a sua substância, e transformar os empresários em aliados, financiadores e dependentes do partido no poder. Esse método, que de novo nada tinha, ampliava a base de simpatizantes e de eleitores, e garantia financiamento e poder econômico.

Não foi por acaso que, para vencer a eleição de 2002, Lula e o PT foram obrigados a abrir mão do discurso estatista e intervencionista que haviam defendido nas fracassadas eleições de 1989, 1994 e 1998. A "Carta ao Povo Brasileiro", divulgada em 2002, era uma estratégia do partido para convencer a sociedade, os grandes empresários, os investidores e os banqueiros de que não pretendia mais transformar o Brasil na Coreia do Norte. Mais: que, se Lula fosse eleito, manteria a estabilidade econômica, respeitaria os acordos e contratos estabelecidos pelo governo FHC, agiria em conformidade com as leis etc. Deu certo. Deu certo para o PT, para os petistas e para os seus aliados e financiadores, incluindo os bancos, que tiveram lucros recordes durante a presidência de Lula (de 2003 a 2007 e de 2007 a 2011).

Para fazer do Estado um instrumento a serviço do partido, o PT aumentou o número de ministérios e aparelhou a administração pública. Lula herdou de FHC um governo com 24 ministérios e sete secretarias. Manteve o número de ministros, mas aumentou para treze a quantidade de secretarias. Sua sucessora, Dilma Rousseff, preservaria os 24 ministérios, mas aumentaria para quinze o número de secretários. Em 2015, ao iniciar o segundo mandato, Dilma manteve as 39 pastas, somando os ministérios e as secretarias.

Para se ter uma ideia do aumento histórico do tamanho do Estado nesse aspecto, no primeiro governo da República, presidido por Deodoro da Fonseca, havia oito ministérios. Durante a República Velha, em média, os governos trabalharam com nove ministros. Durante o longo período de Vargas no poder, havia dez ministérios.

O último presidente militar, João Figueiredo, deixou a presidência com dezesseis ministérios.[96] Sarney saiu do governo legando 24 ministérios e cinco secretarias. Ao ser afastado da presidência, Collor tinha dezessete ministros e dez secretários. Itamar aumentou para 21 o número de ministérios e reduziu para quatro o de secretarias.[97]

Depois de aumentar o tamanho da presidência, o governo Lula partiu para aparelhar o Estado. Colocou gente do partido, ou diretamente vinculada ao PT, em diversas áreas da administração e passou a usar a seu favor, ou em benefício dos apadrinhados, as empresas e bancos estatais, como a Petrobras, a Caixa e o BNDES, institutos de pesquisas como o Ipea, agências reguladoras, fundos de pensão, Receita Federal, Polícia Federal e até o Itamaraty.[98]

Nos primeiros oito meses da presidência de Lula o partido nomeou 15 mil pessoas para cargos de confiança, que não exigem concurso público. O que o PT exigia era atestado ideológico e de fidelidade.[99] Dessa forma, a máquina estatal funcionaria de acordo com as diretrizes da cadeia de comando do partido.

No segundo mandato, o número de nomeados sem concurso passou para 23 mil. Desse total, segundo informações do próprio PT, 5 mil eram filiados ao partido e pagavam de maneira oficial a contribuição partidária (não foi informado se os demais, embora não filiados, eram de alguma forma ligados ao partido). Era uma fonte de renda volumosa, certa, segura e crescente.

De 2001 a 2014, período que começa no último ano do governo FHC e se prolonga pelos dois mandatos de Lula até o penúltimo ano da primeira gestão de Dilma, houve um crescimento de 64% no número de cargos de livre nomeação e um aumento de 40% no valor das gratificações.[100]

Em dez anos no poder, o PT transformou "a máquina estatal em correia de transmissão do partido, de acordo com os princípios leninistas", e aumentou significativamente a sua receita partidária com "o pagamento obrigatório do dízimo" realizado pelos seus filiados.[101] Era a estratégia adequada para colocar o Estado a serviço dos petistas.

Mas, em 2006, uma resolução do Tribunal Superior Eleitoral proibiu esse tipo de contribuição para quem ocupasse cargo de confiança.[102] A se acreditar no que informou o partido em 2010, houve queda na contribuição individual a partir da decisão do TSE. Em contrapartida, a contribuição das empresas aumentou, assim como o número de petistas empresários e milionários, como Lulinha, filho de Lula, um verdadeiro prodígio empresarial que, após a eleição do pai, passou em tempo recorde de monitor de zoológico a rico e próspero homem de negócios.

Além das pessoas nomeadas pelo PT, o partido também contava com milhares de militantes e simpatizantes, filiados ou não, que já integravam a administração e a burocracia estatal. Era um grupo numeroso de servidores públicos concursados ou que haviam entrado antes da Constituição de 1988, que passou a exigir concurso. A união, de fato, fez a força, cabelo e bigode.

Aparelhar o Estado é a maneira mais eficiente de controlar o que se passa no governo, o que significa ter poder sobre aliados, adversários e inimigos. O partido colocou seus representantes para ocupar espaços e ampliar a dimensão de sua atuação, estendendo seus tentáculos e influência para todas as esferas do Poder Executivo federal. No melhor estilo patrimonialista, usou o Estado como se fosse propriedade do partido. Com isso, os petistas conseguiram, inclusive, comprometer o trabalho de referência realizado por órgãos como o Instituto Nacional do Câncer (Inca) e a Empresa Brasileira de Pesquisa Agropecuária (Embrapa).

A ocupação de espaços e a gula dos petistas e de seus aliados também resultaram em sucessivos escândalos de corrupção.[103] Os mais emblemáticos foram aqueles envolvendo Waldomiro Diniz,[104] os dólares na cueca,[105] a corrupção nos Correios,[106] o caso Erenice Guerra[107] e o mais famoso até aquele momento, o mensalão,[108] um monumental esquema de compra e venda de votos de deputados federais para aprovação de projetos do governo.

Em 2014, já no governo Dilma, o STF concluiu o julgamento com a condenação de 25 dos 37 réus na ação penal nº 470 pelos crimes de desvio de recursos públicos, gestão fraudulenta, lavagem de dinheiro, corrupção, evasão de divisas e formação de quadrilha. Dentre os condenados filiados ao PT estavam o ex-presidente do partido José Genoino, o ex-tesoureiro Delúbio Soares, o deputado federal João Paulo Cunha e o ex-ministro da Casa Civil José Dirceu, apontado como o chefe do mensalão pelo procurador-geral da República, Roberto Gurgel, e pelo então presidente do STF e relator do processo, ministro Joaquim Barbosa. Nunca antes na história deste país um partido político no comando do governo federal havia conseguido desmoralizar completamente a corrupção.

Mas a corrupção não foi a única a ser alvo do governo e de seus aliados. Com os escândalos de corrupção e a queda da máscara da ética, o PT já não tinha mais tantos jornalistas ao seu lado. Se, no passado, uma parcela considerável dos profissionais de imprensa havia apoiado o PT e Lula por ideologia ou simpatia pelo discurso da probidade na política, dessa vez era preciso ver quem estava disponível no mercado para vender ou alugar sua pena.

Para cuidar desse problema, o governo construiu uma máquina profissional endinheirada de apoio à imprensa chapa-branca, ou seja, favorável ao PT. A Secretaria de Comunicação Social comandada pelo ex-jornalista Franklin Martins direcionou milhões de reais da sociedade brasileira para financiar veículos de comunicação (jornais, revistas, sites, blogs) que teriam a missão de fazer propaganda e defender o partido e o presidente, e atacar os inimigos.

A comunicação social do governo, oficial e oficiosa, aumentou ainda mais a presença do Estado na vida das pessoas ao iniciar e tentar ditar os rumos do debate público. Por outro lado, essa radicalização provocou uma reação que foi tornando-se cada vez mais violenta. Hoje, o Facebook e o Twitter são o grande palco do duelo estabelecido pelos petistas entre "nós" e "eles". Muita gente se contrapôs a essa estupidez de forma contundente e inteligente, mas outros caíram na armadilha repetindo os vícios e trejeitos dos petistas.

O secretário de Comunicação Social, que na década de 1960 foi membro do grupo terrorista MR-8, responsável por vários crimes, incluindo o sequestro do embaixador americano Charles Elbrick em 1969, ainda tentou emplacar um projeto de regulação e normatização dos meios de comunicação.

A proposta incluía a criação de um conselho de comunicação com a finalidade de controlar o conteúdo da imprensa. Funcionaria, na prática, como uma espécie de órgão fiscalizador para identificar e posteriormente perseguir os jornalistas e os veículos de comunicação. A proposta foi tão criticada pela imprensa e pegou tão mal publicamente que nem Lula nem Dilma quiseram segurar o pepino. O projeto foi engavetado, mas a gaveta é mantida aberta pelos petistas, que volta e meia ameaçam propor uma lei para controlar a mídia.

No plano social, o governo Lula reuniu os programas criados na presidência de FHC e ampliou significativamente o volume de recursos. O bolsa família, depois do fracasso do programa Fome Zero, era a menina dos olhos do presidente, que não se cansava de louvar a si mesmo e ao seu governo pelo combate à pobreza e à desigualdade social.

Programas sociais como o bolsa família de fato ajudam pessoas que realmente precisam de ajuda. Para muitos é a diferença entre comer e passar fome. Isto é uma mera constatação. Mas, do ponto de vista político e cultural, criam alguns problemas bastante complicados:

1) a dependência do Estado, que estimula ou reforça a mentalidade estatista;
2) a consolidação política desse tipo de programa, que não resolve o problema da pobreza e só ajuda os políticos que dele se beneficiam; e
3) o discurso pautado na divisão de classes sociais, que acaba por gerar conflitos artificiais entre brasileiros que podem ajudar (voluntariamente) e aqueles que precisam de ajuda.

Quando políticos como Lula atacam as pessoas que trabalham para financiar compulsoriamente o governo e os programas sociais, não estão sendo apenas ofensivos, mas definindo os termos de uma clivagem da sociedade em que se colocam como árbitros legítimos do conflito que eles próprios criaram. Dessa maneira, deslocam o debate para o campo onde já entram como vencedores, principalmente quando se trata de questões como auxílio aos pobres. Muita gente, por não saber disso, entra no jogo e se estrepa.

Paradoxalmente, um aspecto interessante do bolsa família é demonstrar que os beneficiários sabem administrar muito melhor o dinheiro que recebem do que qualquer político ou burocrata de Brasília — apesar da possibilidade de o programa criar uma cultura de acomodação e dependência, e manter no poder políticos comprometidos a manter os vícios do sistema como um todo. Se o governo tentasse conceber órgãos para prover aquilo de que o beneficiário precisa (alimentação, vestuário, produtos de higiene etc.), o programa já teria fracassado como tantos outros.

Para os políticos, uma das grandes vantagens do bolsa família na comparação com outros programas governamentais é que traz ótimos dividendos eleitorais custando muito pouco, apenas 0,4% do PIB. E ainda permite ao governo usar os projetos sociais como justificativa para aumentar os impostos. E assim foi feito.

Lula terminou seu segundo mandato, em 2011, impondo à sociedade brasileira uma carga tributária bruta total de 35,3% do Produto Interno Bruto (PIB), ou seja, aumentou os já elevados 32,3% deixados em 2002 pelo presidente FHC.[109]

Outra consequência do bolsa família foi dar vida a uma versão atualizada do coronelismo da República Velha. O PT tirou imenso proveito da situação. Uma vez que milhões de famílias beneficiadas identificavam em Lula o criador do programa e dependiam, de alguma maneira, dos chefes da política local para continuarem a receber o benefício, o partido ganhava duas vezes, com o apoio dos beneficiados e dos políticos municipais. Se o PSDB pode ser acusado de ser *neoliberal*, não seria inadequado chamar o PT de *neocoronelista*.

Nesse sentido, é legítima a afirmação de que "Lula deu novo sentido histórico às velhas oligarquias estaduais, acobertou casos de corrupção, transformou o PT em simples correia de transmissão de sua vontade pessoal, infantilizou a política e privatizou o Estado em proveito do grande capital e de seus aliados".[110] A formação de uma base de sustentação política formada por antigos "inimigos" como Renan Calheiros, José Sarney e Fernando Collor não foi um rompimento de Lula e do PT com a sua história, mas o desenvolvimento natural de alianças com parceiros de ideologia ou de práticas políticas intervencionistas.

Encerrados os dois mandatos, Lula conseguiu eleger na presidência sua sucessora, Dilma Rousseff, que preservou os aliados e a base de apoio do governo. Mas havia reduzido a política, as instituições e uma parte da sociedade à sua própria estatura. Lula e o PT conseguiram algo que parecia impossível: desmoralizaram não apenas a corrupção, mas a política brasileira, incorporando e exercitando vários elementos de caráter centralizador, do patrimonialismo ao positivismo castilhista, do coronelismo ao varguismo, do autoritarismo militar ao fisiologismo das oligarquias regionais. O lulo-petismo é, no fundo, a experiência bem-sucedida (no mau sentido) da tradição autoritária e patrimonialista da política brasileira.

A presidente que fez do governo a sua imagem e semelhança, ou petista acha feio tudo o que não é espelho

Não é fácil falar de um governo cuja presidente é incompreensível tanto quando fala quanto quando age. Se o presidente Lula falava demais, e quanto mais falava mais se complicava, Dilma Rousseff, que fala menos, não diz coisa com coisa. No futuro, será lembrada por ter feito do governo a expressão do seu talento para a comunicação.

Quando o então presidente Lula impôs ao PT a candidatura de sua ministra-chefe da Casa Civil, Dilma Rousseff era uma desconhecida para a maioria de nós brasileiros. Ele tentou vendê-la como uma mulher séria, respeitada e que agia segundo critérios técnicos, não políticos. Só mais tarde, quando ela já estava na presidência, descobrimos que a eficiência de Dilma era tão confiável quanto as promessas de Lula.

Mas, de novo, a estratégia eleitoral do PT foi bem-sucedida, não apenas porque tinha sido, de fato, eficiente, mas porque nunca antes na história deste país um governo teve uma oposição tão benéfica (e incompetente) à situação no poder. A campanha do candidato do PSDB, José Serra, foi constrangedora. Dilma venceu e foi empossada em 1º de janeiro de 2011 para cumprir o mandato até 1º de janeiro de 2015. Na eleição realizada no dia 5 de outubro de 2014, Dilma conseguiu se reeleger para um novo mandato que, formalmente, se encerraria no dia 1º de janeiro de 2019.

Se até 2010 Dilma era uma semidesconhecida, o início da campanha eleitoral daquele ano também permitiu que conhecêssemos parte do passado dela em todo o seu esplendor. A começar pela sua atuação como terrorista.

De 1967 a 1972, ela militou em três organizações clandestinas que defendiam e praticavam a luta armada: Política Operária (Polop), Comando de Libertação Nacional (Colina) e Vanguarda Armada Revolucionária Palmares (VAR-Palmares). Usou cinco nomes falsos (Estela, Wanda, Luiza, Marina e Maria Lúcia), participou de várias operações criminosas, assaltou bancos, transportou armas para os companheiros, ensinou marxismo para outros militantes, foi presa e denunciou ter sido torturada. Dilma só negou ter participado de ações armadas, e alegou ter sido detida por subversão apenas porque se opunha ao regime militar.[111] Eu, claro, acredito.

Filha de uma família de classe média alta de Belo Horizonte e estudante do colégio Sion (olha aí o Sion de novo), tornou-se marxista por influência da revolução cubana em 1959. Mas sua entrada na luta armada teria ocorrido pelas mãos do marido, Cláudio Galeno Linhares, e no mesmo ano em que casaram, 1967, três anos depois do golpe militar.

No ano seguinte, Dilma começaria a participar de assaltos a bancos em BH. Em 1969, depois da prisão de outros terroristas da Colina e da apreensão de armas, ela e o marido caíram na clandestinidade. Dilma tornou-se uma das comandantes da organização, que logo depois se funde com outra, formando a VAR-Palmares. Em janeiro de 1970, foi presa e, segundo afirma, torturada. Em dezembro de 1972, depois de quase três anos, deixou a cadeia e mudou-se para Porto Alegre com o novo companheiro, Carlos de Araújo, que também foi militante da VAR-Palmares.

Oito anos mais tarde, já em 1980, junto com Leonel Brizola, conhecido líder político gaúcho, Dilma ajudou a fundar o Partido Democrático Trabalhista (PDT). O curioso é que a intenção de Brizola em 1979, quando ainda estava no exílio em Lisboa, não era fundar um novo partido, mas reativar o Partido Trabalhista

Brasileiro (PTB) criado por Getúlio Vargas e presidido por João Goulart, que fora seu cunhado. Sua intenção não foi adiante porque a sigla fora dominada por um grupo liderado por Ivete Vargas, sobrinha-neta de Getúlio Vargas.

Num encontro de trabalhistas brasileiros realizado na capital portuguesa em 1979, com a participação do líder político português e representante da Internacional Socialista, Mário Soares, foi formulado o documento que serviu de base para o PDT.

A Carta de Lisboa condicionava o uso da propriedade privada "às exigências do bem-estar social" e defendia "a intervenção do Estado na economia, mas como poder normativo, uma proposta sindical baseada na liberdade e na autonomia sindicais e uma sociedade socialista e democrática".[112] Qualquer semelhança com a função social da propriedade definida na Constituição de 1988 é mera coincidência ideológica.

Já formada em economia, o DNA estatista de Dilma estava bastante consolidado quando, em 1986, começou a trabalhar no serviço público, como secretária da Fazenda da prefeitura de Porto Alegre, na época administrada por um membro do PDT. Sua aproximação com o PT se deu quando chamada para ser secretária de Minas e Energia do governo do petista Olívio Dutra (1999-2002) no Rio Grande do Sul.

Em 2001, convidada para participar das reuniões da equipe de campanha de Lula, Dilma chamou a atenção do candidato, que, tão logo eleito, em 2002, a convidou para ser ministra. Em 2005, com a queda de José Dirceu, foi nomeada ministra-chefe da Casa Civil.

Cinco anos depois, Dilma se afastou do cargo para ser a candidata do PT à presidência por decisão de Lula, que não só utilizou a máquina estatal em benefício de sua candidata como fez intenso uso de sua imaginação para moldar os fatos à sua concepção de realidade.

Dilma venceu a disputa contra José Serra, político socialista que, na campanha, agiu como um intervencionista ainda mais ferrenho do que Dilma. O que, aliás, não era nenhuma novidade. Serra já demonstrara todo o seu afeto pela intervenção estatal na malsucedida campanha presidencial de 2002.

Lula foi eleito e reeleito com o discurso que invocava o mito do operário sem escolaridade que vencera na vida. No caso de Dilma, aproveitou seu talento de contador de histórias para convertê-la em sua versão feminina.

Eleita, Dilma recebeu de Lula não só a presidência, mas uma estrutura de poder aparelhada pelo partido e um legado nada virtuoso. Parte dessa herança foi depois decidida no STF com o nome de julgamento do mensalão.

Mas Dilma teria a sua própria cota de escândalos. E que cota. Desde o que implicava a sua ex-assessora no gabinete da presidência, Erenice Guerra, e os novos,[113] envolvendo ministros de seu governo, denúncias de corrupção, favorecimento de empresários pelo BNDES e de aliados, perseguição a adversários,[114] até aquele que marcaria de vez o final de seu primeiro governo e o início do segundo: o petrolão, apontado como sendo o maior esquema de corrupção e desvio de dinheiro da história da política brasileira — e com potencial para transformar o mensalão em roubo de galinha.[115]

E engana-se quem acredita que práticas como as evidenciadas pelo mensalão e petrolão sejam meros desvios éticos; são, substantivamente, elementos estruturais da ideologia e da práxis de partidos socialistas que veem seus próprios crimes como sendo algo nobre, uma "marca característica de autenticidade",[116] e os adversários e demais ideologias como "oponentes a serem eliminados".[117]

Junto com a denúncia do gigantesco esquema de corrupção envolvendo o PT, outro grave problema foi a decisão do governo

Dilma de utilizar a Petrobras para definir artificialmente o preço dos combustíveis na tentativa de mantê-lo estável e, dessa forma, também controlar a inflação. Os desvios de dinheiro somados aos prejuízos do controle de preços fizeram com que a empresa perdesse bilhões de dólares, incluindo os registrados com a queda das ações na bolsa.

O governo também controlou artificialmente o preço das tarifas de energia elétrica, que, inclusive, foram reduzidas em 2013, desorganizando completamente o setor. Como é impossível manter por muito tempo esse tipo de intervenção, os problemas começaram a aparecer e foram potencializados pela prolongada falta de chuvas que impôs uma redução drástica no nível dos reservatórios do país. A estiagem e a impossibilidade de manter os preços sob controle tiveram como consequência inevitável um alto reajuste das tarifas. Mais uma vez, fomos obrigados a pagar a conta da incompetência do governo.

Assim como fez a de Lula, a presidência de Dilma testou os limites de aceitação da sociedade com propostas que aumentavam o poder político do PT e minavam a possibilidade de oposição civil. Ao sugerir medidas mais radicais, abriam caminho para outras que, na comparação, pareciam mais brandas, mas não eram menos efetivas. Foi assim com o controle social da mídia, foi assim com o marco civil da internet, foi assim com o decreto presidencial nº 8.243 de 23 de maio de 2014. Uma palavra resume as propostas do partido: controle.

O decreto estabeleceu legalmente uma política nacional de participação social, chefiada pela Secretaria-Geral da Presidência da República, para conceder aos movimentos sociais o controle de certos mecanismos de atuação e decisão políticas que deveriam pautar a administração pública na formulação dos seus programas.

Como é o PT que influencia ou determina a ação dos "coletivos, movimentos sociais institucionalizados ou não institucionalizados, suas redes e suas organizações", o partido passaria a ter nas mãos um enorme poder político, mesmo estando fora da presidência. O decreto fragilizava qualquer partido concorrente que ocupasse o Poder Executivo e o Congresso Nacional, que reagiu revogando os efeitos da norma.

No plano econômico, funcionava às mil maravilhas a política econômica do governo se o objetivo era atrapalhar a vida das pessoas e arruinar a economia nacional. A inflação voltou a ser tema das conversas no dia a dia, o resultado do PIB provocava constrangimento e o então ministro da Fazenda, Guido Mantega, se tornou o candidato anual favorito ao Prêmio IgNobel de Economia.[118]

Com o ministro Mantega, a política econômica do governo Dilma tinha cheiro de naftalina. Suas decisões eram uma mistura do nacional-desenvolvimentismo iniciado por Vargas na década de 1930, e que ganhou evidência durante o regime militar, e da já mencionada concepção defendida por economistas da Cepal nas décadas de 1950 e 1960. Juntos, o nacional-desenvolvimentismo e o cepalismo eram imbatíveis na implementação de protecionismo, intervencionismo, dirigismo, nacionalismo e inflacionismo.

Um exemplo ajuda a mostrar de que maneira essas duas perspectivas antieconômicas se complementam e nos fazem mal. Em 2012, Dilma anunciou a nova política industrial para o país. Uma das medidas era a reformulação das linhas de financiamento do Banco Nacional de Desenvolvimento Econômico e Social (BNDES) que haviam sido criadas pelo governo Lula para ajudar alguns segmentos econômicos que, prejudicados pelo governo e/ou pela própria incompetência, foram afetados pela concorrência de produtos importados. As modificações aumentaram a quantidade de setores favorecidos, reduziram as taxas de juros e ampliaram o prazo de pagamento.

A medida nos foi vendida como um grande apoio do governo às empresas nacionais. Mas o que representava de fato?

Primeiro, beneficiava um grupo de atividades econômicas em detrimento de todas as outras, tão ou mais prejudicadas pelos programas econômicos estatais.

Segundo, ao privilegiar algumas empresas, podia, à maneira do pacto entre Mefistófeles e Fausto no romance de Goethe, cobrar apoio futuro dos empresários.

Terceiro, transmitia a todos os empresários não beneficiados a informação de que é o governo que manda na economia, e de que forma pode ajudar ou atrapalhar.

Quarto, o aumento do volume de empréstimos concedidos pelo BNDES, com taxa subsidiada de R$ 208 bilhões para R$ 227 bilhões, seria pago por todos nós.

Tanto neste exemplo do BNDES como em tantos outros, somos obrigados a pagar para sermos prejudicados pelo governo. No caso de Mantega, o melhor epitáfio para sua atuação na pasta da Fazenda seria "Ministério Curupira: porque andar para a frente é andar para trás".

Dilma nem poderia dizer que o governo do PT, somando os dois mandatos de Lula e parte do seu, fez o país crescer. Alguns indicadores mostram que o Brasil, por vários motivos, melhorou, mas o estudo *A década perdida: 2003-2012* mostrou que "crescemos menos e assentamos bases mais frágeis para o futuro do que países similares. Nesse sentido, perdemos a década".[119]

Para completar o quadro clínico, além das ideias da Cepal e do nacional-desenvolvimentismo, Dilma se amparava em outro defensor do intervencionismo estatal, o economista americano Hyman

Minsky.[120] A presidente teve acesso ao trabalho de Minsky quando foi aluna do mestrado (inacabado) em economia na Unicamp.

Em 2012, o departamento de economia da Unicamp se tornaria internacionalmente famoso ao conceder o título de doutor a uma hagiografia do governo Lula escrita pelo petista Aloizio Mercadante com o título *As bases do novo desenvolvimentismo no Brasil: Análise do governo Lula (2003-2010)*.[121] Em 1986, Mercadante já deixara seu nome gravado na história da comédia nacional ao celebrar na TV o Plano Cruzado e o desastroso congelamento de preços promovido pelo governo de José Sarney.[122]

Dilma caiu de encantos por Minsky pela sua proposta de defender um socialismo com aparência de capitalismo. Em suma, um socialismo travesti, de peruca, batom e salto alto. Com um discurso que agregava eficiência econômica, justiça social e liberdade individual, Minsky formulou uma hipótese da instabilidade financeira que, seguida à risca, colocaria em causa a eficiência, a justiça e a liberdade.

Partindo da ideia de que o sistema financeiro alterna períodos de prosperidade e de instabilidade, o economista recomendou, como solução para as crises provocadas por bolhas especulativas, algumas intervenções do governo, como estímulos fiscais e empréstimos do Banco Central. E, claro, o mercado financeiro deveria ser fortemente regulado.

Sua proposta estava em parte alicerçada no pensamento de Keynes. Minsky, qualificado como um economista pós-keynesiano, parecia ser favorável a uma política intervencionista permanente, que transbordasse para outras áreas que não apenas o sistema financeiro. Ele também acreditava que o Estado deveria garantir pleno emprego a partir de políticas públicas que assegurassem trabalho remunerado para todos, independentemente da qualificação (e da vontade) do trabalhador.

Para um coração estatista como o de Dilma, as propostas de Minsky eram como uma espécie de príncipe encantado estatista. O problema é que, ao contrário do conto de fadas, quem beijasse Minsky virava sapo intervencionista. E adivinhe quem seria obrigado a alimentar o sapo?

Mesmo com a vaca indo para o brejo junto com todo o reino animal, o governo mantinha o discurso nacionalista, populista e intervencionista. Diante de qualquer problema, era preciso mais Estado, e a presidente estava ali para resolver, mesmo se *resolver* significasse jogar a batata quente nas mãos da iniciativa privada, como no caso de alguns aeroportos, o que não foi má ideia.

Era preciso, mais do que nunca, convencer os compatriotas de que as decisões equivocadas que produziram resultados desastrosos consistiam, na verdade, em atos políticos necessários para colocar o país nos trilhos. Mas, considerando o grave problema de infraestrutura, onde diabos estavam os trilhos?

Dilma foi além e certamente encheu de orgulho seu mentor Lula. Diante dos índices econômicos desoladores, ignorou o que havia prometido e transformou a "gestão do país numa aventura fadada ao fracasso".[123] Mas manteve um vigoroso discurso "social", incitou a luta de classes (inclusive no episódio das vaias na Copa do Mundo de futebol) e transferiu as responsabilidades dos insucessos de seu governo para as maléficas *elites brancas*. Dilma, como sabido, é preta e pobre.

Com sua reconhecida eficiência para ser ineficiente, para além da tradicional ineficiência dos governos brasileiros, a administração da presidente Dilma manteve, em maior ou menor grau, o legado dos seus antecessores sobre o tão falado *custo Brasil*.

E o que é o *custo Brasil*? A soma da "incompetência crônica de nossos governos" com a "elevada carga tributária e complexidade do sistema de tributos, estúpida burocracia, altos custos para andar em dia com o fisco, fortíssimos encargos trabalhistas, estradas esburacadas e obsoletas, sistema ferroviário inexpressivo e deficiente, estrutura portuária bastante ineficiente, navegação de cabotagem praticamente inexistente e outras debilidades".[124]

Dilma também entrou para a história recente do país por ter fechado os nossos portos 206 anos depois de D. João VI tê-los aberto às nações amigas. Em setembro de 2014, aumentou os já elevados impostos de importação de cem produtos para tentar resolver um problema criado por uma série de decisões equivocadas de seu governo, que também ficou marcado pela engenharia tributária para ocultar os erros de política econômica.

Antes mesmo de dar seu último suspiro no primeiro mandato, a presidência da companheira Dilma Rousseff confirmou a célebre frase do saudoso Stanislaw Ponte Preta: há sujeitos tão inábeis que a sua ausência preenche uma lacuna.

Mas nem todos nós concordamos que inabilidade, incompetência, autoritarismo *et caterva* sejam algo assim tão ruim ou relevante na escolha do candidato. Muitos acham até condição *sine qua non* para ser político. Tanto que na eleição presidencial realizada em outubro de 2014, Dilma recebeu, na contagem do Tribunal Superior Eleitoral (TSE), 54.501.118 de votos que lhe garantiram a reeleição no segundo turno de votação.

O anúncio do resultado foi feito pelo ministro do STF e presidente do TSE, Dias Toffoli, ex-advogado do PT e ex-subchefe de Assuntos Jurídicos da Casa Civil na época do ex-ministro José Dirceu, que foi condenado e ficou um ano preso por envolvimento no esquema do mensalão. Em novembro de 2014, Dirceu foi autorizado pelo STF a cumprir o restante da pena de sete anos e onze meses em prisão domiciliar, benefício também concedido a dois outros condenados: José Genoíno (ex-presidente do PT) e Delúbio Soares (ex-tesoureiro do partido). Ao seu lado no TSE, estavam os ministros Admar Gonzaga e Luciana Lóssio, que atuaram como advogados do PT em 2010 na campanha de Dilma Rousseff.

A conquista nas urnas, porém, não representou uma vitória política. Mesmo tendo à disposição a máquina estatal, a profissionalização do aparelhamento no governo e as décadas de militância e doutrinação ideológica, o PT foi rechaçado por 51.041.155 eleitores. Uma parcela dos que não votaram em Dilma queria apenas demitir um governo que não a representava, nem que para isto fosse preciso conceder a vitória ao adversário que estava muito longe de representá-la. Na falta de um bom candidato, o que mais ouvi e li na época era uma escolha baseada no menos pior.

E se no pronunciamento após a eleição a presidente defendeu uma reforma política, o que passou a exigir de cada um de nós o acréscimo das orações diárias, no dia seguinte o presidente do PT, Rui Falcão, um intervencionista de carteirinha que durante anos foi editor da principal revista de economia do país, afirmou que o governo iria mais uma vez tentar impor uma regulação à mídia.

O segundo mandato nem havia começado e a presidente eleita e o presidente do PT já declaravam o seu amor pela liberdade e pelo que estava por vir: mais intervencionismo.

8 Nós que amávamos tanto o Estado

Intervir e controlar, basta começar

O intervencionismo estatal faz parte da nossa história. Desde a chegada dos portugueses, o Estado se coloca como o principal motor da vida em sociedade e como "o elemento agregador e central da política". Tanto em Portugal quanto aqui, o governo foi o "agente central da independência, da resistência, da sobrevivência e da exploração imperial".[1]

O aumento do Estado e da interferência do governo nas nossas vidas tem consequências político-econômicas e culturais. Uma vez criada, a cultura estatista influencia a mentalidade social, orienta os políticos pelo mesmo caminho do *mais Estado é melhor* e nos condiciona a ver sempre o governo como a instituição certa para resolver os problemas.

Só que nem o governo trabalha de graça. Pelo contrário Quanto mais Estado a sociedade pedir, mais terá de pagar por ele, muito embora isto não signifique que terá o que espera. O resultado? Trabalhamos cinco meses do ano, de janeiro a maio, somente para pagar impostos, taxas e contribuições, ou seja, para sustentar o Estado.[2]

A carga tributária foi moldada ao longo dos anos para cobrir as necessidades do governo e cumprir mal parte das promessas políticas convertidas em lei. A Constituição de 1988, aliás, é o exemplo perfeito do casamento da utopia política com a distopia da realidade: muito direito para pouco dever e mínima responsabilidade.

Desde que a Constituição foi promulgada, "foram editadas 4.960.610 normas para reger a vida do cidadão brasileiro, entre emendas constitucionais, leis delegadas, complementares e ordinárias, medidas provisórias, decretos e normas complementares e outros".[3] Isso significa a publicação, em média, de "522 normas a cada dia do período ou 782 normas por dia útil".[4]

Em 26 anos, o Estado criou "inúmeros tributos, como CPMF, Cofins, Cides, CIP, CSLL, PIS Importação, Cofins Importação, ISS Importação" e quase todos sofreram reajustes. Além disso, "o termo 'direito' aparece em 22% das normas editadas" e os temas da saúde, educação, segurança, trabalho, salário e tribulação "aparecem em 45% de toda a legislação".[5]

O cenário se torna ainda mais desesperador quando nos damos conta de que, além de termos de pagar tantos impostos, somos obrigados a fazer o trabalho do governo na forma de obrigações tributárias acessórias positivas, como "emitir nota fiscal, apresentar declaração com informações econômicas e fiscais, escriturar livros". O pagador de impostos passou a ser obrigado pelo Estado a desempenhar a "maior parte das tarefas, originalmente estatais, de gestão e fiscalização tributária". Ao transferir para nós a responsabilidade de lançar os principais tributos, resta ao governo, "essencialmente, a tarefa de conferir o acerto dos procedimentos fiscais realizados pelos contribuintes e por terceiros vinculados às obrigações acessórias".[6]

A consequência disso é não apenas dar mais trabalho ao pagador de impostos, mas mitigar cada vez mais os "direitos e liberdades individuais, inevitavelmente atingidos pelas obrigações tributárias acessórias", pois estas impõem "um comportamento de fazer ou não fazer, atinge a esfera privada do cidadão, restringindo-lhe, em maior ou menor medida, direitos fundamentais ligados a valores de liberdade e propriedade".[7]

Além disso, os excessos, abusos ou arbitrariedades cometidos pelas investigações fiscais e ações policiais provocam "medo nos membros do próprio poder público, mesmo naqueles íntegros, sem desvios de comportamento ético ou que ainda não são alvo de investigações". O resultado disso é gerar uma preferência nesses servidores para "decidir em favor do Fisco" por "medo de que suas decisões sejam mal interpretadas, por acolher teses jurídicas que proporcionam economia lícita de tributos e, assim, serem apontados como suspeitos de integrarem esquemas de sonegação".[8] Ou seja, a ação de servidores do Estado suscita medo em outros servidores do Estado, que acabam prejudicando a todos nós que não somos funcionários do Estado e pagamos os vencimentos de todos eles.

Visualizar o tamanho da encrenca tributária pode ser instrutivo. A reunião de toda a legislação tributária brasileira virou um livro de 41 mil páginas, 7,5 toneladas e 2,10 metros de altura. O catatau foi elaborado durante 23 anos pelo advogado mineiro Vinícios Leôncio, que pretendia nos mostrar a necessidade urgente de mudança da legislação responsável por criar insegurança jurídica e atrapalhar a vida das pessoas.

O toque bizarro da história é que, do R$ 1 milhão investido por Leôncio na elaboração do livrório, 30% do valor foi para pagar tributos. Nem crítica ao governo escapa dos impostos.

A atividade intervencionista da versão modernizada do nosso Estado patrimonial não poderia resultar em outra coisa senão em políticos no governo também dispostos e disponíveis para dar vazão a seus instintos ora autoritários ora paternais, o que é um negócio não menos vulgar do que obsceno.

O que começou com intervenções políticas na economia também passou a incidir na esfera da limitação da liberdade de escolha e de decisão, e extrapolou para a orientação dos modos de vida e dos comportamentos individuais, como impedir que os pais eduquem os seus filhos em casa ou inserir no currículo escolar estímulos para que as crianças se masturbem e tenham relações sexuais. Perto disso, as intervenções nas áreas de alimentação e de saúde,[9] por exemplo, passam a ser vistas como inofensivas ou, pior, como benéficas.

Quando um governo força "a implantação de novos modelos de conduta", tende a provocar "a quebra repentina de padrões de moralidade tradicionais", produzindo um "estado de perplexidade e desorientação, aquela dissolução dos laços de solidariedade social, que desemboca no indiferentismo moral, no individualismo egoísta e na criminalidade".[10] O reflexo dessa atuação política na sociedade é tanto engenhoso quanto danoso.

Porque a tutela estatal nos é apresentada de uma maneira tão astuta a percepção da sociedade é de que se trata de algo bom, virtuoso, feito com a melhor das intenções. O debate é imposto pelo lado positivo, como se fosse possível garantir com precisão matemática somente os resultados benéficos e eliminar qualquer possibilidade de tudo dar errado. O problema é que no mundo da política o erro é a regra, não a exceção.

Como ser contra uma agenda ou uma decisão política que nos promete algo exclusivamente positivo sem os desagradáveis efeitos colaterais? É um debate no qual o crítico já entra em desvantagem, sobretudo quando aceita as regras definidas pelo adversário e entra no jogo dele muitas vezes sem saber.

Ao se posicionar contra a política do Estado-babá nos termos estabelecidos pelos seus patrocinadores corre-se sempre o risco de ser visto como uma pessoa maléfica, que não pensa nos outros e trabalha contra os mais pobres, contra uma sociedade melhor, mais justa, mais saudável, mais igualitária.

As consequências negativas do Estado-babá são desconhecidas ou estrategicamente omitidas pelos seus defensores, políticos e militantes, e muita gente sequer tem informações suficientes para avaliar criticamente se vale a pena aceitá-las. Em muitos casos, os benefícios advindos das políticas de governo que tentam nos proteger de nós mesmos são inferiores aos seus eventuais malefícios ou simplesmente não existem.

O Estado-babá pode ser mais ou menos nocivo, desde nos impedir de comprar um lanche com brinquedo nas redes de *fast food* a não ter o direito de educar os filhos em casa (*homeschooling*). Foi o que aconteceu com o casal mineiro Cleber Nunes e Bernadeth Amorim Nunes, condenados nas esferas civil e criminal (em 2007 e 2010) por terem decidido que seus filhos teriam um ensino melhor em casa do que numa escola.[11]

Uma das leis que teriam sido violadas pelo casal é o Estatuto da Criança e do Adolescente (ECA), que em seu artigo 55 determina gentilmente que "os pais ou responsável têm a obrigação de matricular seus filhos ou pupilos na rede regular de ensino". Com uma sigla que faz jus ao seu espírito, o ECA ficou célebre por tornar "penalmente inimputáveis os menores de dezoito anos" e assim contribuir para a escolha prematura de atividades ilícitas por uma parcela dos nossos jovens.

Estes são apenas alguns dos milhares de exemplos do Estado--babá que se espalham como ervas daninhas pelas legislações municipais, estaduais e federais. E quanto mais leis como essas são criadas, mais aparecem políticos dispostos a expressar a sua veia cômica. Como o vereador Ozias Zizi, de Vila Velha (ES), que em 2012 propôs um projeto de lei com a finalidade de proibir as noivas da cidade de se casarem sem calcinha. Para sorte das noivas impetuosas, a proposta não prosperou.

No âmbito cultural, a influência do Estado-babá é ainda mais grave porque transfere para o Estado a responsabilidade de cuidarmos de nós mesmos e das nossas famílias, de ajudarmos aqueles que precisam e de sofrermos as consequências positivas e negativas de nossas escolhas. Quanto mais leis e políticas que orientem e regulem as nossas escolhas, mais o governo tutela as nossas vidas, esvazia o sentido de dever e assume responsabilidades e deveres que pertencem a cada um de nós brasileiros, não ao Estado, não aos políticos.

Quanto mais aceitamos as interferências nos modos de vida, mais os políticos e burocratas do governo avançam com o projeto de tutelar a nossa vontade pela imposição de suas visões de mundo baseadas numa idealização racional daquilo que é certo e errado, e de como devemos agir.

Este é um exemplo claro de uma *política de fé* que se expressa em decisões do governo baseadas na ideia de que "existe sempre uma solução racional para todo e qualquer problema" e que essa única solução racional será sempre a melhor.[12] Esta concepção orienta a interferência do governo em várias dimensões da vida em sociedade.

A *política de fé* conduz à uniformização a partir da generalização com que é pensada e aplicada. A uniformidade leva à intolerância contra qualquer coisa que escape ao esquema racionalista que a concebeu. A intransigência com tudo aquilo que não se enquadra ao padrão uniforme resulta numa política de centralização de poder e de hostilidade às liberdades, que serão atacadas em nome da liberdade.[13]

O conjunto das interferências estatais criou uma cultura de dependência e de degradação política e moral difícil de ser combatida porque passa a fazer parte da vida social como elemento estrutural, não como apêndice artificial fruto do intervencionismo.

Imaginário, mentalidade e amor pelo Estado

Orientados ao longo da história por meio da interferência e propaganda do governo, das ideologias, da atuação de intelectuais e da *intelligentsia* e do ensino, não chega a ser exatamente uma surpresa o fato de haver dados demonstrando que nós brasileiros amamos o Estado.[14] Mas se as informações não chegam a surpreender, ajudam a perceber a relação entre a causa (intervencionismo), que mostrei ao longo deste livro, e a sua consequência (posição favorável ao intervencionismo).

As ações dos políticos e de seus governos ajudaram a criar um imaginário político e cultural pró-Estado e a formar uma mentalidade intervencionista, que varia em intensidade de acordo com o nível de escolaridade segundo a Pesquisa Social Brasileira. O Brasil tem uma sociedade profundamente dividida pela instrução formal, e é a ausência ou diferença no grau de escolaridade o fator principal para o grau de estatismo. Ou seja, somos todos estatistas mas alguns de nós são mais do que os outros.

O levantamento também mostrou que o Brasil é um país "hierárquico, familista, patrimonialista"[15] e que grande parte da nossa população é favorável ao *jeitinho* e defende mais intervenção do Estado na economia.[16] Segundo a pesquisa, "um dos valores mais fortes da sociedade brasileira é o seu amor pelo Estado".[17] Esse sentimento se manifesta na posição favorável ao controle estatal em setores como educação, saúde, aposentadoria e previdência social, justiça, transporte, estradas e rodovias, fornecimento de água, serviço de esgoto, coleta de lixo, energia elétrica, serviço de telefonia fixa, serviço de telefonia móvel, bancos, fabricação de carros.[18]

A situação econômica também é um elemento decisivo na formação da mentalidade estatista, e "a grande segmentação que divide o país são a renda e a escolaridade". Quem mais deseja a interferência do Estado são os mais pobres, que "também são os menos escolarizados".[19]

Há, de fato, um problema extremamente grave e aparentemente insolúvel. Quanto mais o governo intervém na economia, menos a sociedade produz riqueza e prospera; quanto menos prospera, maior o grau de pobreza; quanto maior o grau de pobreza, menor o nível de escolaridade; quanto menor o nível de escolaridade, maior a preferência pela intervenção do Estado; quanto mais intervenção do Estado, maior a interferência do governo nas diversas esferas da vida social, e não apenas política e econômica. E assim o ciclo se completa para ser reiniciado.

A preferência maior pela intervenção estatal é em parte explicada pelo fato de que parcelas da população mais pobre são (ou acreditam ser), em alguma medida, dependentes do governo, pois precisam de escola pública, de atendimento médico estatal ou de bolsa família.

A pobreza e o baixo grau de escolaridade deixam as pessoas mais vulneráveis, impotentes e com uma sensação de incapacidade que as leva a pensar que a intervenção do Estado na economia e na vida social será mais benéfica porque afetará positivamente as suas vidas. Além disso, ao verem o Estado como uma instituição auxiliadora, estão mais propensas a aceitar um discurso populista e intervencionista. E a votar em políticos que trabalham com esse tipo de retórica.

Temos então o ambiente propício para que os mais pobres sejam maioria dentre os que consideram benéfica a intervenção do governo em segmentos importantes para a vida em sociedade.[20] O fato de serem maioria não significa que as outras parcelas da população brasileira não sejam estatistas; são apenas um pouco menos.

Há uma relação direta entre os resultados apresentados de acordo com a renda e aqueles relacionados ao nível de escolaridade. Em todas as áreas, quanto menor o grau de instrução, maior a proporção daqueles que acham que o governo deve intervir mais na economia. O mais impressionante, no mau sentido, é que a diferença percentual na opinião não é tão alta na comparação entre os menos instruídos (analfabetos) e os mais instruídos (curso superior ou mais), de 10 a 15 pontos percentuais. Isso significa que muita gente que passou por uma universidade e tem renda mais alta defende mais intervenção do governo. O intervencionismo não é, portanto, uma exclusividade das parcelas mais pobres e com menor grau de escolaridade, que também são formadas por bastante gente contrária ao intervencionismo estatal.

Os dados da pesquisa, porém, devem ser vistos com prudência. A pesquisa sugere que basta aumentar a escolaridade para que haja uma mudança na mentalidade intervencionista na política, mas talvez a pobreza seja um fator mais decisivo do que o ensino formal. Mas, como o baixo grau de escolaridade está relacionado à pobreza, dificilmente se consegue resolver o primeiro sem resolver o segundo.

Contudo, só saberemos, de fato, se uma sociedade mais escolarizada prefere menos intervenção do governo quando houver partidos e candidatos com uma agenda não intervencionista. Enquanto as escolhas políticas forem entre candidatos estatistas, uns mais que outros, qualquer afirmação com base na aparência do que os números sugerem não passa de especulação.

O paradoxo do estatismo

Um curioso paradoxo nos desafia enquanto sociedade. Amamos o Estado, mas não confiamos nos políticos nem nas instituições políticas, incluindo o governo. O primeiro lugar da lista das instituições públicas em que não confiamos é ocupado pelos partidos, a casa dos políticos. Logo depois, aparecem o Congresso Nacional e o governo federal.

Eis a contradição mostrada pela Pesquisa Social Brasileira: "partidos e congresso — justamente duas das instituições encarregadas de gerir o Estado tão amado pela população — são os piores tanto no que diz respeito à avaliação quanto no que se refere à confiança".[21] E tal situação, curiosamente, não é capaz de criar uma desconfiança em relação ao governo e ao Estado nem de desfazer tamanha ambiguidade.

Outro levantamento que confirma a posição da sociedade brasileira é o Índice de Confiança Social, medido pelo Instituto Brasileiro de Opinião Pública e Estatística (Ibope). Desde que começou a ser feita, em 2009, a pesquisa mostra que não confiamos nem nas instituições nem nos partidos políticos.[22]

Numa lista de dezoito instituições avaliadas com notas de 0 a 100 (quanto maior a nota, maior a confiança), os poderes políticos foram premiados com as últimas posições: o presidente da República ficou na 11ª, o governo federal e o sistema eleitoral, empatados, na 12ª, o governo da cidade onde o entrevistado mora na 14ª, o Congresso Nacional na 17ª e os partidos políticos na 18ª colocação. Para ratificar essa posição, a Pesquisa Social Brasileira revelou que os partidos políticos, o Congresso Nacional, a justiça e o governo federal receberam as piores avaliações.[23]

Em suma, não confiamos nos políticos, não confiamos nas instituições políticas, não confiamos no governo, mas, ao mesmo tempo, queremos mais Estado. Contraditoriamente, pedimos mais intervenção mesmo sem confiar naqueles que integram o poder estatal. Como se o Brasil vivesse em dois planos na política: o plano da realidade e o plano da impossibilidade, que só existe na imaginação de uma parcela significativa da população que faz questão de se iludir em momentos de necessidade — ou de interesse circunstancial.

E se as instituições políticas desfrutam de pouco prestígio social, por outro lado, as instituições privadas estão no topo da avaliação positiva. Das treze, as quatro mais bem avaliadas são todas privadas: Igreja Católica, as pequenas e médias empresas, a imprensa e as grandes empresas. Em relação ao grau de confiança, a Igreja Católica e as pequenas e médias empresas ocupam os dois primeiros lugares seguidas da Polícia Federal e do Ministério Público.[24]

Esses dados tornam a situação um tanto esdrúxula. Uma sociedade que não confia nos políticos nem nas instituições públicas, mas que avalia positivamente as instituições privadas, incluindo as grandes empresas, é favorável a um alto índice de intervenção estatal.

Por que não confiamos nos políticos e amamos o Estado?

Há respostas plausíveis para essas duas perguntas. A primeira é que amamos o Estado porque, estranhamente, não o identificamos com o governo que efetivamente existe, mas com uma espécie de instituição virtuosa que só existe em sonhos dourados. Isto pode explicar o fato de que, embora também não confiemos nas instituições públicas, nos políticos e no próprio governo, esperamos e pedimos que o governo resolva os principais problemas do país.

Essa percepção foi construída ao longo de nossa história com o governo assumindo, sem a devida e influente contraposição, o papel de principal agente de orientação, condução e controle social, político, econômico e cultural da sociedade. Aceitamos e nos demos mal.

Não confiamos nos políticos porque prometem o que não podem cumprir, não cumprem adequadamente aquilo que poderia ser feito e ainda usam o governo para seus projetos pessoais, financeiros, ideológicos ou do partido a que pertencem, não importa que para isso tenham de violar o código ético e moral da sociedade e passear por várias páginas do código penal.

O intervencionismo criou uma "forte ideologia pró-estatal, uma cultura que diante da escolha entre Estado e iniciativa privada no fornecimento de serviços dá preferência ao primeiro", definindo uma mentalidade que ajuda a compreender por que vemos o Estado "como a fonte de todos os males, mas também das soluções".[25]

Conhecer a origem do problema e apresentá-lo adequadamente ajuda no processo de mudança da mentalidade estatista, que, se não for adequadamente combatida, continuará sendo usada como um poderoso instrumento de controle cultural e político. Dessa forma, seguiremos aceitando a falácia de que o governo solucionará os problemas que ele próprio cria. E permaneceremos submetidos a um ambiente de desresponsabilização consentida e de inimputabilidade voluntária, abrindo mão de resolver as nossas principais mazelas e questões sem a interferência do governo e dos políticos em que não confiamos. Se não assumirmos a nossa responsabilidade, sempre haverá um político disposto a fazê-lo.

No âmbito do ensino, de nada adianta seguirmos a sugestão da Pesquisa Social Brasileira, de que, para mudar a mentalidade estatista, será preciso escolarizar a população, se antes não tomarmos as rédeas da educação de nossos filhos em vez de entregá-las a professores cuja cabeça foi formada pelo Estado na universidade controlada pelo governo, que define inclusive o currículo. Isso inclui estar atento para impedir que os militantes disfarçados de professores continuem a doutrinar os estudantes dos ensinos fundamental, médio e universitário.

Para superar o paradoxo do estatismo, de nada adiantará somente escolarizar a população sem fazer algo que impeça a doutrinação que transforma os alunos e as suas famílias em vítimas sem que sequer saibam o que está acontecendo, o que inclui os professores, também eles frutos do processo de orientação ideológica camuflada.

Uma sociedade com maioria escolarizada, mas com mentalidade estatista, não nos levará ao desenvolvimento cultural, político e econômico fundamental para a construção de um ambiente de liberdade ordeira. Nos manterá presos a uma liberdade e uma ordem concedidas e estabelecidas pelo Estado, à maneira do positivismo incrustado no lema da bandeira nacional e da tradição política autoritária brasileira lapidada pelo cientificismo marxista.

Você pode considerar que o governo deve ou não existir; que deve ter maior ou menor responsabilidade na vida social, política e econômica; que deve exercer um amplo ou exíguo leque de funções; que o Estado deve ser máximo, médio ou mínimo. Mas, qualquer que seja a sua preferência, não pode ignorar que cada ação do governo gera consequências imprevistas e não raro negativas, mesmo que não fosse seu objetivo, mesmo que o pressuposto estivesse repleto de boas intenções, uma espécie de ala VIP do inferno.

Como os agentes do Estado são incapazes de ter acesso e controlar todas as informações dispersas na sociedade; como não podem conhecer todos os nossos desejos, objetivos, vontades, limitações; como ignoram as realidades, características e necessidades locais de cada uma das cidades brasileiras, como da minha Cachoeiro de Itapemirim; como é impossível que saibam antecipadamente o alcance, o peso, a influência, a sequela, enfim, os resultados de seus projetos e decisões, o risco de errar é sempre muito maior do que o de acertar.

A dinâmica da atuação estatal exerce uma dupla influência: 1) afeta diretamente as nossas vidas nos âmbitos social, político e econômico e 2) colabora decisivamente para, junto com a diligência dos estatistas (intelectuais, professores, artistas, jornalistas, empresários), formar um imaginário popular e uma mentalidade nos quais o governo é o astro em torno do qual a sociedade gravita.

Qual o resultado disso? Reagir diante dos fatos da vida em sociedade tal como Mussum naquele esquete dos saudosos

Trapalhões,[26] em que repete várias vezes que "o governo tá certis" ao aumentar os preços dos produtos e só se irrita quando Dedé lhe diz que o preço da cachaça vai subir. "O quê??? O mé??? Eita, governozinho danadis!"

O grande infortúnio é que continuamos a reagir de forma parecida sobre diversas questões. Só nos indignamos quando alguma decisão do governo nos afeta diretamente, mas nos esquecemos de que as intervenções que afetam as outras pessoas também contaminam o ambiente ao nosso redor, nos atingindo de alguma maneira, direta ou indiretamente. Nenhum de nós está a salvo da presteza estatal.

É por isso que o discurso baseado unicamente na promoção da eficiência do Estado é tão apropriado quanto o da reprodução assistida de marsupiais. E, ao contrário da reprodução assistida de marsupiais, é algo perigoso. Porque caso um governo conseguisse, de fato, tornar o Estado mínimo e eficiente, esse Estado mínimo e eficiente se transformaria num instrumento poderoso contra nós se nas mãos de um político que pretendesse usar o Estado como instrumento do seu partido ou de sua ambição política.

Dependendo do partido ou do presidente que estiver no comando do país, um Estado mínimo sempre pode voltar a ser um Estado médio ou máximo. Uma vez eficiente, esse Estado será capaz de controlar com mais prontidão e de provocar profundos estragos na vida em sociedade minando a possibilidade de defesa. Não adianta, portanto, ter apenas leis e instituições com gente no poder que não as respeita.

O estatismo no Brasil não é um improviso; é obra de séculos.[27] É o resultado de um longo exercício de um tipo de política e de difusão e ocupação ideológica dos intervencionistas do passado e do presente na literatura, na dramaturgia, nas artes plásticas, na música, no cinema, no mercado editorial, no jornalismo, no ensino na política, na universidade.[28]

Quando os intervencionistas ocupam certos departamentos das universidades,[29] como, por exemplo, os de ciências sociais, história, política, economia, transformam o ensino em instrumentos da ideologia, moldando gerações de intelectuais e professores militantes, que, imbuídos dessa mentalidade, formarão outras gerações igualmente comprometidas. O positivismo foi, talvez, o primeiro exemplo desse tipo no Brasil, muito embora a Universidade de Coimbra tenha servido ao propósito de formar gerações da elite política intervencionista.

Um exemplo notável dessa ocupação nas universidades foram os encontros para estudar o livro *O capital*, de Karl Marx, que ficaram conhecidos como "Seminários Marx" e foram realizados a partir de 1958 na USP.[30] Antes do forró e do sertanejo, o som que embalava as mentes de certa juventude uspiana era o marxismo universitário.

Os intervencionistas de diferentes matrizes ideológicas foram bem-sucedidos menos pela competência do que pela ausência de intelectuais e de uma *intelligentsia* para participar do debate, exercer influência e ocupar espaços. Sendo assim, como esperar que os intelectuais, escritores, jornalistas, artistas, empresários e a sociedade em geral não fossem estatistas, contrariando qualquer lógica ou sensatez, se o ensino, as fontes de informação e o debate público eram conduzidos por intervencionistas? Se no passado monarquista o Estado moldava apenas a elite política, a partir do governo Vargas, com a democratização do ensino, o governo passou a modelar a sociedade por meio da escola.

No âmbito da política formal, a consequência da militância ideológica dentro e fora das universidades não foi apenas a polarização atual entre dois partidos socialistas (PT e PSDB), mas o intervencionismo como orientação política geral e como eixo central dos programas dos 32 partidos oficialmente registrados no Brasil.[31]

Todos os partidos compartilham, em graus diferenciados, um programa intervencionista. Mesmo aqueles que não se declaram socialistas ou comunistas abraçam diversos tipos de tutela estatal. Um exemplo? O Democratas, antigo Partido da Frente Liberal (PFL), propõe "manter sob controle nacional o processo de desenvolvimento".[32] Qual outro partido discorda dessa posição? Nenhum.

Um dos principais problemas da política formal brasileira é justamente a unidade intervencionista dos partidos, o que transforma o eleitor brasileiro em refém de agendas que variam em grau, nunca em natureza. Essa uniformidade se traduz diretamente no comportamento dos poderes Executivo, Legislativo e Judiciário.

Isto não significa, porém, que a permanência e o desenvolvimento da natureza intervencionista do Estado e do governo ao longo da história tornem equivalentes os méritos e deméritos dos sucessivos governos e presidentes. Se podem ser enquadrados como intervencionistas, foram efetivamente diferentes no plano ético, moral, ideológico e administrativo.

As consequências estão todas aí para serem verificadas, analisadas e reformadas. Somos hoje uma sociedade culturalmente adoecida e diminuída pelo espaço ocupado pela política e pela ideologia, que, se têm seu papel na vida de qualquer sociedade que se pretenda civilizada, não devem, por outro lado, ter a relevância que possuem em nossa cultura.

Um exemplo foram as manifestações realizadas em junho de 2013.

Os protestos foram organizados em várias cidades brasileiras por integrantes do Movimento Passe Livre (MPL) e partiram de uma reclamação legítima (os graves problemas do transporte público e o preço da passagem) para uma solução equivocada (transporte público exclusivamente estatal sem cobrança de bilhete).

Ignorando a origem do problema, que é o sistema de concessão de monopólio do serviço pelo Estado a empresas privadas, o que significa falta de concorrência no setor, os manifestantes pediram não apenas por uma intervenção do governo, mas que o próprio governo assumisse a gestão do serviço. Como se o mesmo governo, que não consegue dar conta da saúde, do ensino, da segurança, do saneamento básico, da habitação, fosse conseguir, num passe de mágica, oferecer transporte coletivo de qualidade excepcional e não cobrar pelos bilhetes.

Ao ver nas manifestações uma forma legítima de demonstrar todas as insatisfações políticas e econômicas acumuladas, muita gente foi para as ruas protestar. Protestar por tudo o que consideravam estar errado no país.

O descontentamento da população, porém, também expôs o alto grau de estatismo que fundamenta a nossa cultura social e política. A maioria esmagadora das pessoas que lá estava, assim como o pessoal do MPL, pediu ao governo que resolvesse problemas criados pelo próprio governo. Ou seja, pediam por mais governo, pediam por mais Estado.

Felizmente, há indícios de que parte da sociedade brasileira mudou ou está em processo de mudança. Nas escolas, nas universidades, nos institutos, nas instituições políticas e jurídicas, na imprensa, nas editoras nas redes sociais, já há muita gente pensando de forma diferente e agindo para mudar o *statu quo*. As manifestações de 2015 contra o governo do PT, que levaram às ruas de vários cantos do país milhões de brasileiros, foram uma prova disso: além de terem sido convocados por grupos desvinculados dos atores políticos tradicionais (partidos políticos, sindicatos, movimentos sociais de esquerda), a agenda pela redução do tamanho e do papel do Estado ganhou relevância pública.

Nesse processo de apresentação de ideias diferentes daquelas consagradas e muito bem-estabelecidas, a internet se transformou numa grande ferramenta. O trabalho de divulgação de concepções culturais, políticas e econômicas divergentes nos permitiu ter acesso a um amplo universo de conhecimento sem o qual seria impossível pensar e respirar fora do esquema criado e alimentado pelos estatistas e intervencionistas de diferentes cores ideológicas.

É incrível a contribuição das redes sociais como ferramentas úteis e eficazes de divulgação e defesa de concepções políticas contrárias ao estatismo e ao tipo de governo construído e lapidado ao longo de nossa história. Plataformas de interação como Facebook, Twitter e YouTube passaram a ser usadas como grandes espaços de exposição de ideias e de diálogo — e, claro, também de ignorância, brutalidade, estupidez e brigas.

O alcance de público dessas redes sociais e a sua diversidade foram transformados num elemento fabuloso de comunicação, para o bem e para o mal. Passaram a ser o grande meio de informação para pessoas de diferentes idades, religiões, ideologias, condições sociais, interesses.

Foi por meio das redes sociais que muitos jovens e adultos que nunca se interessaram por política e por economia, que não eram leitores de jornal nem acompanhavam o noticiário pela TV, passaram a fazer parte, muitas vezes involuntariamente, das discussões sobre temas que os afetavam de maneira direta, mas dos quais não tinham condições de saber pela falta de informação. E quando recebiam alguma, era de certa forma orientada ou temperada com alguma ideologia estatista.

Graças à exposição de diferentes concepções políticas e econômicas, brasileiros que estavam à margem da informação passaram a ser capazes de fazer escolhas e de se defender, ou defender seus filhos, por exemplo, dos militantes disfarçados de analista político, colunista de jornal, jornalista ou intelectual imparcial, especialista em economia, juiz de direito, professor, empresário compadre do partido ou do político. Muita gente já não cai mais nessa conversa de que é preciso mais governo.

Desfecho fatal sem fatalismo

Observando as origens da nossa mentalidade estatista e a nossa história repleta de políticos, intelectuais e membros da *intelligentsia* que fizeram do intervencionismo o corolário do seu pensamento e do exercício da política formal, fica bastante clara a necessidade de algum tipo de mudança cultural para que o projeto avançasse.

Nesse processo, a transformação pela atuação política e pelo ensino é utilizada como instrumento poderoso de alteração orientada e começa por influenciar determinados segmentos e instituições até construir um ambiente propício à supremacia do governo sobre a sociedade. Depois da formação direcionada das elites políticas na Universidade de Coimbra, no Brasil as escolas e universidades foram utilizadas como centros de difusão de ideias e de doutrinação por positivistas e, até hoje, por socialistas e marxistas.

Se os intervencionistas tentam controlar, modificar ou corromper elementos importantes da nossa cultura é porque os veem como uma rede de proteção contra seus projetos políticos. Quando um partido no governo fragiliza o papel das famílias mediante um ensino que atenta contra a relação de pais e filhos dentro de casa, ou adota posições que impedem os familiares de decidir o que é melhor para as suas crianças, começa a destruir as bases de formação cultural de cada um de nós. Se não há uma cultura que oriente e defina a política, a política irá orientar e definir a cultura.

A nossa cultura política se constituiu tanto de cima para baixo, por aqueles que controlavam o poder no âmbito federal, estadual e municipal, quanto de baixo para cima, pelos partidos e militantes de ideologias intervencionistas. Por isso, não é possível explicar o problema brasileiro de uma maneira tão simples, até pelo fato de que temos uma parcela da responsabilidade na história do intervencionismo nacional. Isto porque permitimos, por ação ou omissão, que o governo se transformasse no principal agente social, e que algo tão importante quanto a política fosse deixado na mão daqueles que parecem representar o que temos de pior.

Se abrimos a porta de nossas casas para o governo, podemos ser obrigados a dividir com um político ou um burocrata as nossas escolhas, comida, cama, escova de dente e a educação dos nossos filhos. E eles farão isso com uma diligência espantosa. Se continuarmos a querer que o Estado intervenha em várias esferas da vida em sociedade, sempre haverá políticos ávidos por satisfazer nosso desejo. E se nos tornarmos indiferentes em relação às instituições políticas, não serão os políticos de hoje que tornarão o sistema virtuoso para servir a uma sociedade alheia ao que acontece e que só se escandaliza quando os problemas aparecem na imprensa. Deixar o país na mão dos piores não nos torna melhores.

Ao nos afastarmos e nos omitirmos, especialmente em períodos cruciais em que as liberdades, os direitos e a própria vida em comunidade estão sob ameaça concreta, entregamos de bandeja a política formal para o político padrão, que já entra no jogo com a mentalidade intervencionista que é parte integrante do ambiente cultural.

Se alimentamos a percepção de que a política é sempre ruim e que se trata do local perfeito para reunir os piores tipos da sociedade, essa perspectiva se converte em um elemento cultural.

Não será surpresa, portanto, se os piores entre nós forem atraídos pela política e preservarem o modelo intervencionista. Se o que temos como parâmetro continuar a ser aquilo que temos de pior, nem o bom humor característico da população nos salvará de nossa mediocridade.

Deparamo-nos, assim, com a seguinte provocação: se nós, brasileiros, temos a certeza insuperável de que a política é algo ruim e os políticos não são confiáveis, por que devemos esperar que a política e os políticos sejam diferentes daquilo que acreditamos que eles sejam? Sendo a política e os políticos duas instituições e agentes reprováveis da vida em sociedade, não estariam ambos se comportando adequadamente ao agirem de maneira inadequada ou indigna?

É um erro acreditar que o Estado seja o único culpado pelos problemas do país que escapam de seus tentáculos, assim como é equivocado considerar que a nossa tradição política autoritária e intervencionista opera segundo um esquema de determinismo histórico contra o qual não há nada que possa ser feito, ou seja, que estamos condenados a sofrer inertes com as ações do Leviatã. E ao nos eximirmos de agir, no fundo, estamos colaborando com os intervencionistas ao preservar por inação o sistema que nos prejudica.

É muito confortável responsabilizar o Estado e os governos por todos os males e nada fazer. É a maneira mais cômoda e certeira de errar. O Estado, o governo e os políticos são os bodes expiatórios perfeitos porque todos ganham com isso. Os políticos ganham ao, contraditoriamente, construir suas carreiras em cima da desilusão da população ante a política, e a maneira mais comum de reagir contra a desilusão é votar naqueles candidatos mais hábeis na arte de embrulhar a ilusão num belo pacote que a faz parecer aquilo que não é.

Ao nos colocarmos na posição de agentes não responsáveis pelos políticos que existem e foram eleitos, e pela existência e funcionamento das instituições, renunciamos ao papel de atores fundamentais para o florescimento do país.

Constatar a grande responsabilidade do Estado e do governo não deve nos induzir ao erro de achar que estamos condenados a um determinado modelo estrutural e ideológico, e que a nossa história se desenvolverá inevitavelmente numa determinada trajetória por causa de escolhas e eventos eminentemente políticos. Tal crença não só reduz ou anula a participação na vida política, como serve de instrumento para tirar a nossa responsabilidade pelo que efetivamente aconteceu até agora.

Se a sociedade de indivíduos é o grande círculo dentro do qual coexistem a política formal e as suas instituições, alterar essa disposição a favor do governo é transformar as comunidades num dos círculos dentro do grande círculo da política e submeter todos nós aos caprichos de quem estiver no poder.

As sociedades instituíram governos e instituições políticas por razões específicas e restritas, e suas funções e atribuições foram reformadas e ampliadas ao longo da história por necessidades ou imposições particulares a partir do crescimento, das mudanças e da complexidade da estrutura e do funcionamento da sociedade.

As justificativas para o crescimento do poder político são abundantes e muitas vezes estrategicamente confusas. Esses pretextos intensificam a sua natureza expansiva, cuja origem também é a soma dos múltiplos interesses de elites políticas heterogêneas com a necessidade de atender àqueles que representam, sejam seus eleitores ou apoiadores políticos e financeiros.

Por isso, é um tanto ingênuo pensar que se pode controlar o poder do governo e o tamanho do Estado apenas por leis, normas administrativas, regulamentos. Porque mais regras servirão para tornar o Estado maior e mais burocrático, e não terão o resultado esperado, ou seja, impedir a ação daqueles que desejam ter ou exercer mais poder. Nunca vi criminoso que observasse as regras a fim de cumpri-las. Pelo contrário. Quanto mais regras houver, mais problemas serão criados para quem é honesto e mais difícil será controlar o governo e seus agentes.

O império da lei, o Estado de direito e as instituições têm, de fato, uma importância inegável. Mas só leis e instituições não bastam. Porque as leis são feitas — e as instituições são formadas — por homens, que podem, uma vez no poder, desrespeitá-las, revogá-las e utilizá-las a seu serviço.

O que fará a diferença para impedir, minimizar ou reduzir a mentalidade estatista e, por tabela, o intervencionismo como agenda política é mostrar às pessoas a natureza das ideologias que disputam espaço e como elas podem ser prejudicadas pelo governo. Isso fornece instrumentos que nos permitem reconhecer e rejeitar os projetos de poder baseados na ideia de que o Estado deve ser o principal agente da vida em sociedade.

A diminuição da importância da política formal e do governo exige a redução e limitação de poderes políticos, econômicos e legais, mas também requer, paralelamente, uma mudança de mentalidade que oriente uma mudança cultural. Essa transformação não pode estar baseada ou fundamentada exclusivamente em aspectos políticos e econômicos, o que a tornaria frágil e inadequada para cumprir o seu propósito. Especialmente em um país em que o debate se resume ao que o governo tem de fazer; ao que o governo tem de fazer mais; ao que o governo tem de fazer ainda mais. Política e economia são importantes, mas não são os únicos elementos da vida em sociedade.

Ao aceitarmos o papel de grande motor da sociedade que o governo assume, somos também responsáveis pela confusão entre o que devemos fazer e não fazemos (o que cabe a nós e o que cabe ao governo?) e por aquilo que somos desestimulados a fazer (se somos escorchados com impostos sob a justificativa de oferta dos serviços públicos, por que razão ainda nos esforçamos para atuar onde o Estado já atua?).

Um governo intervencionista não apenas constrói uma mentalidade estatista, mas apequena a sociedade. Um sistema político fundamentado na intervenção, no controle de esferas da vida social, política e econômica corrói as normas morais, contrai o senso de responsabilidade, dilui o sentido de dever, inviabiliza o exercício da fraternidade, desestimula o trabalho das instituições sociais não governamentais e cria uma nova ordem, que é uma armadilha difícil de ser completamente destruída porque "construída pela engenhosidade humana e alimentada com os nossos próprios desejos".[33]

As consequências da atuação do governo transbordam os limites da política e da economia. Influem no comportamento, nos hábitos, nos costumes. Gradualmente, operam uma engenharia social dissimulada, indolor e extremamente eficaz. As pessoas passam a pensar e a agir segundo um código ideológico. Eis a glória do intervencionismo: controlar a sociedade sem precisar de um órgão do governo responsável por persuadir ou coagir os indivíduos a se comportar de acordo com o interesse do governo de turno.

O nosso grande desafio é "menos político do que cultural — uma educação da compreensão, que nos exige virtudes (como a imaginação, a criatividade e o respeito pela alta cultura) que têm um espaço cada vez menor no mundo da política". Se a armadilha não pode ser totalmente desarmada, podemos mostrar às pessoas que ela existe e como não cair na arapuca intervencionista.[34]

A desestatização da sociedade brasileira deve começar pela mudança de perspectiva e de mentalidade que nos conduz a fazer algo porque o Estado nos obriga ou deixarmos de fazer algo porque o Estado (em tese) deveria fazer. Se é verdade que, ao assumir a tutela da sociedade, o governo desestimula a solidariedade e a construção de uma vida responsável e comprometida com a comunidade em que vivemos, ser ou não ser solidário é uma escolha individual. Se você prefere ser socialmente insolidário e avarento, nem mesmo jogar a culpa no governo vai mudar o que você é.

É recomendável reconhecer a nossa responsabilidade no desenvolvimento do sistema político, o que inclui ter uma relação com a política sem vê-la como uma dimensão externa à vida em sociedade. Nem que seja preciso manter a necessária e higiênica distância. Se, mesmo com nojo ou certo desprezo, a maioria da sociedade não ignorar a política, já avançaremos bastante.

Uma mudança no imaginário popular e na mentalidade política e o desenvolvimento de um ambiente livre do estatismo e dos fundamentos da tradição autoritária e intervencionista da política brasileira tornarão possível aprimorarmos a nossa sociedade e adotarmos as referências positivas, como exemplo e estímulo. Uma sociedade com influências virtuosas tem condições de aumentar o nível médio em todos os segmentos, inclusive na política, viabilizando a formação de elites dignas desta qualificação.

Mas só uma mudança institucional não adianta; só uma reforma cultural não adianta. Precisamos de ambas: a transformação na cultura permitirá e preservará a mudança constitucional, e contribuirá na formação de uma sociedade independente e vigilante dentro da qual emergirão as elites políticas preocupadas em preservar esses elementos fundamentais, que, por sua vez, serão respeitados e conservados pelas instituições.

Se a atuação do governo pode ajudar a moldar a ideia que temos da política, essa visão negativa faz com que a rejeitemos. E quanto mais a rejeitamos, mais a deixamos nas mãos dos intervencionistas, que acabam por utilizá-la contra nós.

Se chegar o momento no qual as instituições políticas e os políticos forem dignos de alguma confiança, talvez porque a política formal e o governo não terão mais a importância que têm hoje, será possível, inclusive, desprezá-los sem qualquer risco para a nossa integridade física, financeira e social.

Para que a sociedade não se preocupe excessivamente com a política, é preciso impedir, antes, que os políticos se preocupem excessivamente com a sociedade, e que usem o Estado para tão nobre, e desnecessária, finalidade. Assim, quem quiser poderá exercer tranquilamente a função social do desprezo político.

O processo de desestatização da nossa sociedade passa pela constatação de que não estamos condenados à tradição política autoritária e intervencionista e que existe alternativa ao modelo político e ideológico em vigor.

O desafio é árduo e gigantesco: solucionar o paradoxo do estatismo para pararmos de acreditar no governo e de amarmos o Estado.

Notas

Introdução

1. "Roberto DaMatta analisa diferenças entre Brasil de 1950 e 2014..." 2014.
2. Ver DaMatta, 1994, p. 10-17; DaMatta, 1982a, p. 54-60; e DaMatta, 1982b.

1. O início de tudo que deu no que deu

1. Capistrano de Abreu, 1999, p. 188-189.
2. Idem, p. 141-14.
3. Eduardo Bueno, 1998, p. 10.
4. Capistrano de Abreu, 1999, p. 168.
5. Idem, p. 190.
6. Idem, p. 190-191.
7. Aurélio Schommer, 2011, p. 121.
8. Idem, p. 121.
9. Capistrano de Abreu, 1999, p. 150.
10. A carta de Pero Vaz de Caminha é considerada a certidão de nascimento do Brasil. Foi escrita em Porto Seguro, datada de 1º de maio de 1500 e endereçada ao rei de Portugal, D. Manuel I.
11. Antonio Paim, 2012, p. 126.
12. Idem, p. 128.
13. Ibidem.

14. Ibidem.

15. Idem, p. 134-135.

16. Idem, p. 128.

17. Idem, p. 131.

18. Idem, p. 130.

2. Do Brasil colônia ao fado de Pombal

1. As matrizes teóricas da história baseada no modelo latifundiário agrário exportador são as perspectivas de Oliveira Viana (1933) na obra *Evolução do povo brasileiro* e de Caio Prado Júnior (2012) no livro *Evolução política do Brasil*.

2. Jorge Caldeira, 2009.

3. Idem, p. 7.

4. Idem, p. 11.

5. Ibidem.

6. Idem, p. 12.

7. Idem, p. 14.

8. Idem, p. 329-330.

9. Idem, p. 328-332.

10. Fábio Barbieri, 2013, p. 104.

11. Idem, p. 102.

12. Ibidem.

13. Idem, p. 107.

14. Jorge Caldeira, 2009, p. 182.

15. Ibidem.

16. Manoel Bomfim, 1935, p. 120.

17. José Murilo de Carvalho, 2000, p. 131.

18. Idem, p. 131.

19. Augustin Barruel, 1827, p. 68-108.

20. Christopher Dawson, 2014, p. 289.

21. Césare Cantu, 1964, p. 125.

22. Alex Catharino, 2014, p. 332.

23. Miguel Bruno Duarte, 2012, p. 32.

24. Sobre o tema, recomendo a leitura de *Os conimbricences*, de Pinharanda Gomes (1992).

25. José Murilo de Carvalho, 2011, p. 85-86.
26. José Murilo de Carvalho, 2000, p. 131.
27. Antonio Paim, 1999a, p. 47.
28. Idem, p. 63.
29. Miguel Bruno Duarte, 2012, p. 33.
30. Idem, p. 35.
31. Antonio Paim, 1999a, p. 49.
32. Antonio Paim, 2000b, p. 28.
33. Ibidem.
34. José Murilo de Carvalho, 2011, p. 67.
35. Idem, p. 14.
36. Antonio Paim, 1999a, p. 38-44.
37. Idem, p. 38.
38. Vianna Moog, 1985, p. 79.
39. Antonio Paim, 1999a, p. 39.
40. Idem, p. 40.
41. Idem, p. 41.
42. Ibidem.
43. André Azevedo Alves e José Manuel Moreira, 2009.
44. Antonio Paim, 1999a, p. 38.
45. Simon Schwartzman, 1982, p. 26.
46. Paulo Mercadante, 2013, p. 58.
47. Idem, p. 62.
48. Ibidem.
49. Raymundo Faoro, 2001, p. 33.
50. Ibidem.
51. O programa foi criado pelo decreto n° 83.740 de 1979 a partir de uma proposta do advogado e economista Helio Beltrão, que foi nomeado ministro extraordinário da Desburocratização pelo presidente militar João Figueiredo. Em seu livro *Descentralização e liberdade*, Beltrão (1984) expõe sua visão sobre o tema.
52. Ricardo Lobo Torres, 1991, p. 1.
53. Ibidem.
54. Antonio Paim, 2000a, p. 76.
55. Janaína Amado e Luiz Carlos Figueiredo, 2001, p. 39-40.

56. Idem, p. 40-43.
57. Para quem quiser conhecer a história dos tributos no Brasil, recomendo Fernando José Amed e Plínio Negreiros, 2000; Eurico Marcos Diniz de Santi, 2008; e Fabrício Augusto de Oliveira, 2010.
58. Ana Paula Medici, 2013, p. 55.
59. José Bonifácio de Andrada e Silva, 2000, p. 145.
60. Barão do Rio Branco, 2012, p. 266-267.

3. Pimenta patrimonialista na feijoada de teorias

1. Anthony Quinton, 1994, p. 327.
2. Os jacobinos eram inicialmente os membros da Sociedade dos Amigos da Constituição que começaram a se reunir em 1789 no Convento dos Jacobinos, em Paris, que pertencia à Ordem dos Dominicanos. A partir de 1791, ganham relevância política e se tornam defensores radicais da revolução. Em um ano no comando da França (1793-94), implantaram um regime tirânico e sanguinário.
3. Max Weber, 1979, p. 56.
4. Max Weber, 1999a, p. 187.
5. Idem, p. 188.
6. Ibidem.
7. Idem, p. 238.
8. Ricardo Vélez-Rodríguez, 2006, p. 13.
9. Ibidem.
10. Max Weber, 1999a, p. 234.
11. Ricardo Vélez-Rodríguez, 2006, p. 14.
12. Idem, p. 15.
13. François-Louis Ganshof, 1952, p. 96-151.
14. Henry R. Loyn, 1997, p. 353.
15. François-Louis Ganshof, 1952, p. 145-150.
16. Henry R. Loyn, 1997, p. 353.
17. Idem, p. 353-354.
18. Idem, p. 354-355.
19. Idem, p. 355.
20. Ibidem.

21. Raymundo Faoro, 2001, p. 33.
22. Ricardo Vélez-Rodríguez, 2006, p. 13.
23. Idem, p. 17.
24. Raymundo Faoro, 2001, p. 33-34.
25. Antonio Paim, 1999a, p. 13.
26. Pedro Eunápio da Silva Deiró, 2006.
27. Christian Edward Cyril Lynch, 2007b, p. 126.
28. Christian Edward Cyril Lynch, 2011, p. 22.
29. Simon Schwartzman, 1982, p. 117.
30. Christian Edward Cyril Lynch, 2007b, p. 252.
31. Erik Hörner, 2013, p. 232.
32. Idem, p. 218.
33. Christian Edward Cyril Lynch, 2007b, p. 118.
34. Ibidem.
35. Christian Edward Cyril Lynch, 2011, p. 31.
36. Christian Edward Cyril Lynch, 2007b, p. 181
37. Idem, p. 180.
38. Ibidem.
39. Idem, p. 309.
40. Tavares Bastos, 1870, p. VI-VII.
41. Christian Edward Cyril Lynch, 2007b, p. 309.
42. Ricardo Vélez-Rodríguez, 2006, p. 42.
43. Raymundo Faoro, 2001, p. 870.
44. Ibidem.
45. Ricardo Vélez-Rodríguez, 2006, p. 43.
46. O caráter modernizado do patrimonialismo brasileiro foi explicado por Simon Schwartzman (1982) em seu livro *As bases do autoritarismo brasileiro*, publicado em 1975.
47. Simon Schwartzman, 1977, p. 177.
48. Simon Schwartzman, 1975, p. 175.
49. Ibidem.
50. Simon Schwartzman, 1982, p. 110.
51. Ibidem.
52. Sérgio Lazzarini, 2011.

4. Como era gostosa a minha monarquia

1. "Ao propugnar pela abertura dos portos, por exemplo, tinha razões concretas, efetivas, que o impulsionaram, não podendo sua ação ser interpretada, exclusivamente, como fruto dos princípios teóricos que professava. Aí se conjugavam circunstâncias históricas específicas com a assunção de princípios hauridos na literatura sobre economia política" (Fernando Antônio Novais e José Jobson de Andrade Arruda, 1999, p. 18).

2. Christian Edward Cyril Lynch, 2007a, p. 217.

3. O livro de Edmund Burke traduzido por José da Silva Lisboa, que também escreveu um prefácio, foi publicado em 1812 com o título *Extractos das obras políticas e economicas de Edmund Burke* e reunia excertos com os seguintes títulos (na grafia original): 1) "Reflexões sobre a Revolução da França"; 2) "Sobre o genio e caracter da Revolução Franceza, e sobre a necessidade da guerra contra a facção usurpadora"; 3) "Pensamentos sobre a proposta de paz entre a Inglaterra e a França", que Burke intitulou "Paz Regicida em 1796"; e 4) "Apologia de Edmund Burke, por si mesmo, sobre a sua pensão do governo". Uma segunda edição corrigida foi publicada em 1822 com o título *Extractos das obras políticas e economicas do grande Edmund Burke por José da Silva Lisboa* e pode ser baixada em: < www.brasiliana.usp.br/bbd/handle/1918/03925300#page/92/mode/1up>.

4. Carlos de Faria Júnior, 2008, p. 213.

5. Christian Edward Cyril Lynch, 2007a, p. 217.

6. José da Silva Lisboa, 1808, p. 194.

7. Christian Edward Cyril Lynch, 2007a, p. 218.

8. Alfredo Bosi, 1988, p. 14.

9. Vera Lúcia Nagib Bittencourt, 2013, p. 139-153.

10. Idem, p. 139-165.

11. José Murilo de Carvalho, 2002, p. 27

12. Jorge Caldeira, 1995, p. 97.

13. Idem, p. 98.

14. Boris Fausto, 1995, p. 152-158.

15. José Murilo de Carvalho, 2011, p. 21.

16. Para saber mais sobre os partidos Conservador e Liberal no Brasil, sua formação, natureza, ideias, posições e atuação políticas, recomendo a leitura do capítulo 8 do livro *A construção da ordem: a elite política imperial. Teatro das sombras: a política imperial*, de José Murilo de Carvalho (2011, p. 201-246), e do artigo "Partir, fazer e seguir: Apontamentos sobre a formação dos partidos e a participação política no Brasil da primeira metade do século XIX", de Erik Hörner (2013).

17. José Murilo de Carvalho, 2011, p. 32-33.

18. Idem, p. 29.

19. Idem, p. 31.

20. Idem, p. 32-33.

21. Idem, p. 35.

22. Idem, p. 37.

23. Ibidem.

24. Idem, p. 36.

25. Ibidem.

26. Idem, p. 38.

27. Idem, p. 39.

28. Idem, p. 40.

29. Idem, p. 40-41.

30. Ibidem.

31. Idem, p. 41.

32. Idem, p. 41-42.

33. Idem, p. 42-43.

34. Idem, p. 43.

35. Rui Ramos, 2004, p. 20.

36. José Murilo de Carvalho, 2011, p. 18.

37. Idem, p. 18-19.

38. Aurélio Schommer, 2011, p. 84-85.

39. Idem, p. 39.

40. Isabel Lustosa, 2006, p. 256-257.

41. Idem, p. 262.

42. Idem, p. 258-259.

43. Lilia Moritz Schwartz, 1998, p. 162.

44. Idem, p. 482.

45. Ibidem.

46. Aurélio Schommer, 2011, p. 86.

47. Jorge Caldeira, 1995, p. 156-157.

48. Idem, p. 136.

49. Idem, p. 20.

50. Christian Edward Cyril Lynch, 2007b, p. 117.

51. Jorge Caldeira, 1995, p. 267-268.

52. Idem, p. 272.

53. Idem, p. 117.

54. Idem, p. 139.

55. Alexandre M. Barata, 1994.

56. Jorge Caldeira, 1995, p. 139.

57. Idem, p. 139-140.

58. Idem, p. 139.

59. Ibidem.

60. Alexandre M. Barata, 1994, p. 80.

61. José Castellani, 2000.

62. Jorge Caldeira, 1995, p. 144.

63. Idem, p. 18.

64. Idem, p. 21.

65. Idem, p. 332.

66. Irineu Evangelista de Sousa, 1878, p. 12.

67. Christian Edward Cyril Lynch, 2012, p. 283.

68. João Carlos Espada, 2010, p. 20.

5. Comte comigo: o positivismo da República presidencialista

1. Quando este texto foi concluído, a Constituição em vigor no Brasil era a de 1988 e Dilma Rousseff iniciava o segundo mandato como presidente do Brasil.

2. Essa politização era baseada nas ideias positivistas de Augusto Comte. Ver Adriana Bellintani, 2009.

3. Marco Antonio Villa, 2011, p. 16.

4. Ibidem.

5. Ibidem.
6. Rui Barbosa, 1889a, p. 26.
7. Luiz Felipe D'Avila, 2006, p. 20.
8. Ibidem.
9. Idem, p. 21.
10. Ibidem.
11. Ibidem.
12. Rui Barbosa, 1889a, p. 26.
13. Luiz Felipe D'Avila, 2006, p. 22.
14. Ibidem.
15. Joaquim Nabuco, 1998, p. 45.
16. Idem, p. 47.
17. Ibidem.
18. O termo e a sua definição foram propostos pelo cientista político Sérgio Henrique Hudson de Abranches (1988) no artigo "Presidencialismo de coalizão: o dilema institucional brasileiro". Ver a seção denominada "Presidencialismo de coalizão e comentários finais".
19. João Alfredo Corrêa de Oliveira, 1963, p. 352.
20. Antonio Paim, 2000a, p. 106.
21. Nas palavras do deputado brasileiro Afonso Arinos de Melo Franco, "no Brasil, a instituição constitucional do poder moderador — único no mundo — fez do nosso chamado governo parlamentar algo sui generis inteiramente diverso do que a doutrina conceitua com esse nome". Ver Afonso Arinos de Melo Franco e Raul Pila, 1999. p. 33.
22. Marcelo Figueiredo, 2001, p. 112-113.
23. Ver Afonso Arinos de Melo Franco e Raul Pila, 1999, p. 36.
24. Idem, p. 37.
25. Lilia Moritz Schwartz, 1998, p. 691.
26. Ver Afonso Arinos de Melo Franco e Raul Pila, 1999, p. 36.
27. Paulo Francis, 2012, p. 221.
28. Ricardo Vélez-Rodríguez, 2010, p. 132.
29. Augusto Comte, 1978, p. 88.
30. Idem, p. 69.
31. Ricardo Vélez-Rodríguez. 2010, p. 129.
32. Idem, p. 130.

33. Ivan Lins, 1964, p. 11-17.

34. Idem, p. 17.

35. Mozart Pereira Soares, 1998, p. 87.

36. Antonio Paim, 2002, p. 6.

37. Antonio Paim, 2012, p. 132.

38. Mozart Pereira Soares, 1998, p. 119.

39. Ivan Lins, 1964, p. 11.

40. Idem, p. 11-12.

41. Idem, p. 12.

42. Augusto Comte, 1978, p. 190.

43. Manoel Bomfim, 1935, p. 41.

44. Ivan Lins, 1964, p. 11.

45. Idem, p. 233.

46. Idem, p. 31-32.

47. Idem, p. 34.

48. Idem, p. 35.

49. Antonio Paim, 2002, p. 6.

50. Ricardo Vélez-Rodríguez, 2010, p. 26.

51. Ver o artigo de Gunter Axt (2002).

52. Ricardo Vélez-Rodríguez, 2010, p. 135-137.

53. Ricardo Vélez-Rodríguez, [s.d.], p. 1.

54. Idem, p. 1-2.

55. Lira Neto, 2012, p. 168.

56. Ibidem.

57. Pedro Cezar Dutra Fonseca, 1993.

58. Israel Beloch et al., 2001.

59. Pedro Cezar Dutra Fonseca, 1993, p. 418.

6. Dr. Presidente, ou de como aprendi a amar ainda mais o Estado

1. Laurentino Gomes, 2013, p. 466.

2. Idem, p. 92-92.

3. Idem, p. 280.

4. Ibidem.

5. Luiz Felipe D'Avila, 2006, p. 59-60.
6. Idem, p. 61.
7. Idem, p. 62.
8. Idem, 61-62.
9. Idem, p. 63.
10. Guillaume Azevedo Marques de Saes, 2005, p. 34-35.
11. Idem, p. 33.
12. Idem, p. 46.
13. Ibidem.
14. Idem, p. 48-49.
15. No contexto da época, ser autoritário e progressista significava ser favorável ao desenvolvimento econômico e social pela construção de um sistema capitalista mediante a ação autoritária do governo.
16. Guillaume Azevedo Marques de Saes, 2005, p. 13.
17. Idem, p. 37-40.
18. Euclides da Cunha, 1975, p. 54-55.
19. Alexandre de Moraes, 2004, p. 110-111.
20. Luiz Felipe D'Avila, 2006, p. 11-12.
21. Victor Nunes Leal, 1949, p. 21-23.
22. Fernando Henrique Cardoso et al., 2006, p. 173.
23. Maria de Lourdes M. Janotti, 2010, p. 7.
24. José Murilo de Carvalho, 1997.
25. Maria de Lourdes M. Janotti, 2010, p. 7.
26. Victor Nunes Leal, 1949, p. 20.
27. José Murilo de Carvalho, 1997.
28. Idem.
29. Fernando Henrique Cardoso et al., 2006, p. 208.
30. Lauren Schoenster, 2014.
31. Laurentino Gomes, 2010, p. 383.
32. José Castellani, 2000, p. 43.
33. Augustin Barruel, 1827, p. 17-35.
34. Alexandre M. Barata, 1994, p. 93.
35. Luís Fernando Messeder dos Santos, [s.d.].
36. Paulo Rezzutti, 2011.

37. Na época, o titular do cargo que hoje chamamos de governador era chamado de presidente do estado.
38. Oliveira Viana, 1999, p. 503.
39. Ibidem.
40. Wanderley Guilherme dos Santos, 1978, p. 65-118.
41. Idem, p. 106.
42. Antonio Paim, 1999b, p. 11.
43. Marco Antonio Cabral dos Santos, 2007, p. 31-33.
44. Pedro Cezar Dutra Fonseca, 1993, p. 419.
45. Disponível em: <http://www.planalto.gov.br/ccivil_03/constituicao/constituicao34.htm>.
46. Marcelo Figueiredo, 2001, p. 113.
47. Disponível em: <http://www.planalto.gov.br/ccivil_03/constituicao/constituicao34.htm>.
48. Idem.
49. Ver Elizabeth Cancelli, 1993; e José Murilo de Carvalho, 2010.
50. FGV-CPDOC. *Filinto Müller*. Disponível em: <http://cpdoc.fgv.br/producao/dossies/AEraVargas1/biografias/filinto_muller>.
51. Elizabeth Cancelli, [s.d.].
52. Um estudo sobre o tema é a dissertação de mestrado *Repressão política e usos da constituição no governo Vargas (1935-1937): a segurança nacional e o combate ao comunismo*, de autoria de Raphael Peixoto de Paula Marques (2011).
53. Getúlio Vargas, 1938, p. 311.
54. Ibidem.
55. Ricardo Vélez-Rodríguez, 2010, p. 145.
56. Magda Biavaschi, 2005, p. 130-131.
57. Idem, p. 129.
58. Robert Levine, 2001, p. 25-26.
59. Ibidem.
60. Enrique Saravia, 2004, p. 5.
61. Ibidem.
62. Eugênio Gudin e Roberto Simonsen, 2010, p. 30.
63. Márcio Scalercio e Rodrigo de Almeida, 2012, p. 122.
64. Idem, p. 80.

65. Carlos Alberto Campello Ribeiro, 2007, p. 267.
66. Idem, p. 164.
67. Ver *Tudo ou nada: Eike Batista e a verdadeira história do Grupo X*, de Malu Gaspar (2014).
68. Ver o artigo acadêmico "Sindicalismo de Estado: controle e repressão na era Vargas (1930-1935)", de Fábio Campinho (2006).
69. "O corporativismo é uma doutrina que propugna a organização da coletividade baseada na associação representativa dos interesses e das atividades profissionais (corporações). Propõe, graças à solidariedade orgânica dos interesses concretos e às fórmulas de colaboração que daí podem derivar, a remoção ou neutralização dos elementos de conflito: a concorrência no plano econômico, a luta de classes no plano social, as diferenças ideológicas no plano político" (Norberto Bobbio, 1995, p. 287).
70. Magda Biavaschi, 2005, p. 129-130.
71. José Murilo de Carvalho, 2011, p. 52-53.
72. Sérgio Miceli, 2001, p. 197-198.
73. Ibidem.
74. Adriano Nervo Codato e Walter Guandalini Ir., 2003, p. 147.
75. Idem, p. 149.
76. Idem, p. 150-151.
77. Milton Lahuerta, 1997, p. 109.
78. Ibidem.
79. Breno Carlos da Silva, 2010, p. 12.
80. Idem, p. 11-12.
81. Sobre a crise de 1930, a grande depressão nos Estados Unidos e as ações do governo de F. D. Roosevelt, ver *New Deal or Raw Deal?: How FDR's Economic Legacy Has Damaged America*, de Burton W. Folsom Jr. (2009); *FDR's Folly: How Roosevelt and His New Deal Prolonged the Great Depression*, de Jim Powell (2004); *A Grande Depressão americana*, de Murray N. Rothbard (2012); *The Great Contraction, 1929-1933*, de Milton Friedman, Anna Jacobson Schwartz e Peter L. Bernstein (2008); *The Forgotten Man: A New History of the Great Depression*, de Amity Shlaes (2008).
82. Francisco Vidal Luna e Herbert S. Klein, 2007, p. 25.

83. Antonio Paim, 1999c, p. 165-186.

84. Em *O anjo da fidelidade: a história sincera de Gregório Fortunato*, José Louzeiro (2000) diz que Gregório aceitou a acusação para livrar o irmão caçula do presidente, Benjamin Vargas, e mais quatro envolvidos: o general Angelo Mendes de Moraes, o empresário Euvaldo Lodi, o ex-ministro do Trabalho Danton Coelho e o deputado Lutero Vargas, filho de Getúlio.

7. Esses presidentes extraordinários e suas máquinas estatais interventoras

1. Márcia Aparecida Ferreira Campos, 2007, p. 10.
2. Pedro Henrique Pedreira Campos, 2012.
3. Alzira Alves de Abreu, [s.d.].
4. Márcia Aparecida Ferreira Campos, 2007, p. 206.
5. Entrevista concedida por Roberto Campos em 27 de março de 1982. Disponível em: <http://www.centrocelsofurtado.org.br/arquivos/image/201109010931200.MD3_0_037.pdf>.
6. Roberto Campos, 2013, p. 108.
7. Roberto Campos, 1996.
8. Sobre o tema, ler o artigo científico de Ana Cláudia Caputo e Hildete Pereira de Melo (2009).
9. Francisco Vidal Luna e Herbert S. Klein, 2007, p. 29.
10. Eduardo Grossi, 2006, p. 186.
11. A frase original é "Veni, vidi, vici" ("Vim, vi e venci"). Foi dessa forma sucinta que Júlio César comunicou ao Senado romano que havia vencido a Batalha de Zela contra Fárnaces II.
12. Felipe Pereira Loureiro, 2010.
13. Idem, p. 565.
14. Idem, p. 566-675 e p. 581-583.
15. Jânio Quadros, 2009, p. 17.
16. Ibidem.
17. Idem, p. 33.
18. Israel Beloch et al., 2001. Disponível em: <http://www.planalto.gov.br/ccivil_03/constituicao/constituicao67.htm>.

19. Elio Gaspari, 2014a, p. 83.
20. Francisco Vidal Luna e Herbert S. Klein, 2007, p. 31.
21. Texto do decreto n° 53.700, de 13 de março de 1964. Disponível em: <http://www2.camara.leg.br/legin/fed/decret/1960-1969/decreto-53700-13-marco-1964-393661-norma-pe.html>.
22. João Goulart, 2009, p. 87.
23. Elio Gaspari, 2014a, p. 156.
24. Idem, p. 196.
25. Marco Antonio Villa, 2014, p. 160-161 e 486.
26. Francisco Vidal Luna e Herbert S. Klein, 2007, p. 31.
27. Em *O fim do compromisso*, Paul Hollander (2008) mostra as fontes e a natureza da desilusão com a ideologia e com os regimes comunistas e narra a experiência dolorosa, hesitante e gradual dos crentes políticos, cujo vínculo com a ideologia é comparável à fé religiosa.
28. Elio Gaspari, 2014a, p. 362.
29. Ibidem.
30. Idem, p. 364.
31. Ibidem.
32. Uma crítica a alguns de seus principais expoentes foi formulada por Roger Scruton (2014).
33. Elio Gaspari, 2014b, p. 235.
34. Oswaldo Muniz Oliva, 2000, p. 26.
35. Ananda Simões Fernandes, 2009, p. 842.
36. Idem, p. 847.
37. Francisco Vidal Luna e Herbert S. Klein, 2007, p. 32.
38. Ibidem.
39. Marco Antonio Villa, 2014, p. 152-155.
40. Francisco Vidal Luna e Herbert S. Klein, 2007, p. 32.
41. Idem, p. 34.
42. O texto do AI-5 está disponível em: <http://www.planalto.gov.br/ccivil_03/AIT/ait-05-68.htm>.
43. Dois livros que tratam da luta armada no Brasil são *A revolução impossível*, de Luís Mir (1994), e *Orvil*, de Licio Maciel e José Conegundes do Nascimento (2012).

44. Oficialmente, o número de mortos pelo regime militar soma 216 pessoas, além de 140 desaparecidas. A esquerda calcula 424 mortes.
45. Carlos Chagas, 2014, p. 463-464.
46. Francisco Vidal Luna e Herbert S. Klein, 2007, p. 35.
47. Ibidem.
48. Idem, p. 36.
49. Marco Antonio Villa, 2014, p. 346.
50. O texto da Lei da Anistia (lei nº 6.683/1979) pode ser lido em: <http://www.planalto.gov.br/ccivil_03/leis/l6683.htm>.
51. A discussão sobre a abrangência da lei não terminou. Em abril de 2014, o Senado aprovou um projeto de lei que prevê a exclusão da anistia dos agentes públicos (militares ou civis) que tenham cometido crimes contra opositores do governo militar, além de extinguir a prescrição dos delitos. A proposta de revisão da Lei da Anistia é claramente vingativa ao pretender punir os representantes do regime militar e manter anistiados os seus adversários, terroristas ou não. Se é para punir quem cometeu crimes naquele período, que a lei abranja todos, dos militares aos membros dos grupos armados de esquerda, como Dilma Rousseff.
52. Francisco Vidal Luna e Herbert S. Klein, 2007, p. 63.
53. Ibidem.
54. Idem, p. 64.
55. Simone Costa, 2007, p. 6.
56. O texto da lei nº 7.232 de 29 de outubro de 1984 está disponível em: <http://www.planalto.gov.br/ccivil_03/leis/l7232.htm>.
57. O texto da lei está disponível em: <http://www.planalto.gov.br/ccivil_03/leis/l8248.htm>.
58. A eleição pelo Colégio Eleitoral, que era composto pelos membros do Congresso Nacional e por delegados indicados pelas Assembleias Legislativas dos estados, era definida pelos artigos 76 e 77 da Constituição de 1967. Disponível em: <http://www.planalto.gov.br/ccivil_03/constituicao/constituicao67.htm>.
59. Roberto Campos, 2013, p. 155-161.
60. Regina Echeverria, 2011, p. 107.
61. Paulo Francis, 2012, p. 303.

62. Brasilio Sallum Jr., 2003, p. 39.
63. Memória Globo. *Fiscais do Sarney*. Disponível em: <http://www.memoriaglobo.globo.com/programas/jornalismo/coberturas/plano-cruzado/fiscais-do-sarney.htm>.
64. O trecho é parte de um artigo em que Rui Barbosa (1889b, p. 208) criticava a ameaça de processo contra todos os indivíduos que no espaço público dessem vivas à república e desejassem a morte da monarquia.
65. Miriam Leitão, 2011, p. 118.
66. Um ótimo livro sobre Fernando Collor de Mello, seu governo e a relação com a imprensa é *Notícias do Planalto*, de Mario Sergio Conti (1999), que foi militante do braço estudantil da Organização Socialista Internacionalista (OSI).
67. "O PC é o testa de ferro do Fernando", 1992.
68. "As arestas de Itamar", 1992.
69. Itamar Franco, 1992.
70. Sergio Augusto de Avellar Coutinho, 2003, p. 126-127.
71. Ver o capítulo sobre Florestan Fernandes no livro *Pensadores que inventaram o Brasil*, de Fernando Henrique Cardoso (2013).
72. Sobre Fernando Henrique Cardoso, recomendo a leitura do artigo "FHC: o intelectual como político", de Celso Lafer (2009).
73. Ver o capítulo sobre Celso Furtado no livro *Pensadores que inventaram o Brasil*, de Fernando Henrique Cardoso (2013).
74. Bernardo Ricupero, 2002.
75. Joseph S. Nye Jr., 2002, p. 8.
76. Fernando J. Cardim de Carvalho, 2008. p. 571.
77. Idem, p. 572.
78. Francisco Vidal Luna e Herbert S. Klein, 2007, p. 49.
79. Fernando Rodrigues, 2014.
80. Fábio Giambiagi et al., 2004, p. 182.
81. "Rede de escândalos: Governo FHC (1995-2002)". Disponível em: <http://www.veja.abril.com.br/infograficos/rede-escandalos/rede-escandalos.shtml?governo=fhc&scrollto=47>.
82. André Luiz Santa Cruz Ramos, 2014b, p. 381.
83. André Luiz Santa Cruz Ramos, 2014a, p. 250.

84. André Luiz Santa Cruz Ramos, 2015, p. 195.

85. Hans F. Sennholz, 2013.

86. Ibidem.

87. Francisco Vidal Luna e Herbert S. Klein, 2007, p. 51.

88. Marco Antonio Villa, 2013, p. 162.

89. O caso é contado pelo próprio Lula em entrevista que pode ser vista no YouTube: <http://www.youtube.com/watch?v=0W0XA2ndTq4& feature=player_embedded>.

90. André Singer, 2010, p. 101.

91. *Manifesto do PT*. Disponível em: <http://www.pt.org.br/wp-content/ uploads/2014/04/manifestodefundacaopt.pdf>.

92. Antonio Paim, 2009, p. 576-577.

93. É uma brincadeira com o título do livro *Rumo à Estação Finlândia*, do crítico literário americano Edmund Wilson (1986), que conta a história dos movimentos revolucionários (socialistas e comunistas) na Europa até a chegada de Lenin à estação de trem homônima em São Petersburgo, depois de um longo exílio, para liderar a Revolução Russa em 1917.

94. André Singer, 2010.

95. Idem, p. 108-111.

96. Eduardo Oinegue, 2013.

97. André Gonçalves, 2014.

98. Miriam Leitão, 2009.

99. Marco Antonio Villa, 2013, p. 42.

100. Os dados foram apresentados pela coordenadora do mestrado profissional em gestão e políticas públicas da Fundação Getúlio Vargas (FGV), Regina Pacheco, em sua palestra no Fórum Brasil Competitivo em 23 de setembro de 2014.

101. Marco Antonio Villa, 2013, p. 42.

102. Fernando Barros de Melo, 2010.

103. "Rede de escândalos: Governo Lula (2003-2010)". Disponível em: <http://www.veja.abril.com.br/infograficos/rede-escandalos/re- de-escandalos.shtml?governo=lula&scrollto=8>.

104. Em 2004, Waldomiro Diniz era assessor da Presidência da República, ligado diretamente ao então todo-poderoso ministro José Dirceu,

quando foi divulgada uma gravação de 2002 em que ele aparecia cobrando propina do bicheiro Carlinhos Cachoeira. Nessa época, ele era presidente da empresa de loterias estaduais do Rio de Janeiro (Loterj), estado governado por Anthony Garotinho, que venceu a eleição apoiado pelo PT.

105. Assessor do deputado cearense José Nobre Guimarães, irmão de José Genoino, na época presidente do PT, José Adalberto Vieira da Silva foi preso em 2005 no aeroporto de Congonhas, em São Paulo, com 100 mil dólares escondidos na cueca. Ele também carregava uma valise com 200 mil reais. Naquele momento, o país acompanhava o desenrolar do escândalo do mensalão.

106. A revista *Veja* publicou reportagem sobre o vídeo em que Maurício Marinho, diretor dos Correios na época, recebia R$ 3 mil de propina para definir o vencedor de uma licitação. Na conversa com o empresário que pagou pelo serviço e gravou a negociação, Marinho contou que o deputado Roberto Jefferson, do PTB, obrigava todos aqueles que indicava para cargos na administração federal, como o próprio Marinho, a desviar verbas e repassá-las. Jefferson usava o apoio do PTB ao governo Lula como moeda de troca.

107. Em 2010, outra reportagem da revista *Veja* mostrou que a ministra da Casa Civil Erenice Guerra, indicada por Dilma Rousseff para sucedê-la, usava o cargo para favorecer empresários mediante pagamento em dinheiro. Quem fazia a intermediação era o filho da ministra, Israel Guerra. Erenice também tentou favorecer negócios do marido e dos irmãos.

108. Uma cronologia do mensalão está disponível em: <http://www. g1.globo.com/politica/mensalao/infografico/platb/cronologia>.

109. Rodrigo Octávio Orair, 2013.

110. Marco Antonio Villa, 2013, p. 221.

111. Leandro Loyola, Eumano Silva e Leonel Rocha, 2010.

112. *História do PDT*. Disponível em: <http://www.pdt.org.br/index.php/ pdt/historia>.

113. "Rede de escândalos: Governo Dilma (2011-2014)". Disponível em: <http://www.veja.abril.com.br/infograficos/rede-escandalos/ rede-escandalos.shtml?governo=dilma&scrollto=65>.

114. Idem.

115. Quando este livro foi concluído, ainda estavam em curso os trabalhos da Polícia Federal e da Justiça Federal no âmbito da Operação Lava Jato para investigar um monumental esquema de corrupção envolvendo funcionários da Petrobras, empreiteiros, políticos e membros do PT.

116. Paul Hollander, 2008, p. 17 e 33.

117. Antonio Paim, 2009, p. 578.

118. O prêmio IgNobel foi criado em 1991 por espirituosos estudantes de Harvard para celebrar as pesquisas mais improváveis que fizessem as pessoas, primeiro, rirem e, depois, refletirem. O site é: <http://www.improbable.com/ig/>.

119. Vinicius Carrasco, João M. P. de Mello e Isabela Duarte, [s.d.].

120. Ana Clara Costa, 2014.

121. Disponível em: <http://www.bibliotecadigital.unicamp.br/document/?code=000794314>.

122. O vídeo constrangedor pode ser visto (espero) em: <http://www.youtube.com/watch?v=hm25jkaVGWs>.

123. Marco Antonio Villa, 2013, p. 267.

124. Ubiratan Jorge Iorio, 2009, p. 2.

8. Nós que amávamos tanto o Estado

1. João Pereira Coutinho, 2012, p. 47-48.

2. Segundo o estudo anual do Instituto Brasileiro de Planejamento e Tributação (IBPT).

3. Gilberto Luiz do Amaral et al., 2014.

4. Instituto Brasileiro de Planejamento e Tributação, 2014.

5. Gilberto Luiz do Amaral et al., 2014, p. 2.

6. Henrique da Cunha Tavares, 2014, p. 148-149.

7. Idem, p. 149.

8. Adolfo de Oliveira Rosa, 2011, p. 87.

9. Rubem de Freitas Novaes, 2013, p. 22-26.

10. Olavo de Carvalho, 2013, p. 486.

11. Em entrevista ao meu Podcast do Instituto Ludwig von Mises Brasil, Cleber Nunes contou a história em detalhes e falou sobre as con-

quistas dos filhos graças ao *homeschooling*. Disponível em: <http://www.mises.org.br/FileUp.aspx?id=240>.

12. João Carlos Espada, 2010, p. 57-58.
13. Idem, p. 58-59.
14. Refiro-me aqui à Pesquisa Social Brasileira publicada em Alberto Carlos Almeida, 2013.
15. Alberto Carlos Almeida, 2013, p. 25
16. Idem, p. 26.
17. Idem, p. 177.
18. Segundo a Pesquisa Social Brasileira, para 69% dos entrevistados o ensino deve ser responsabilidade do Estado. Na área da saúde, 71% defendiam o modelo atual gerido pelo governo. No âmbito da aposentadoria e da previdência social, 72% dos entrevistados preferem que o Estado continue a controlá-las, mesmo que o sistema estatal esteja falido, informação que muitos provavelmente desconhecem. No caso da justiça, 80% dos entrevistados acham que deve continuar estatal. Somente 11% admitem a hipótese de o judiciário funcionar em parte estatal e em parte privado, e 8% aprovam uma justiça totalmente privada. Em relação ao esgoto e ao fornecimento de água, 68% dos consultados acreditam que o governo deve gerir os dois serviços, mesmo com todos os problemas nos municípios brasileiros nessas duas áreas e apesar das experiências bem-sucedidas de gestão privada em cidades paulistas, fluminenses e capixabas Cansados de pagar tantos impostos, os brasileiros reagem negativamente à cobrança de pedágios nas estradas e rodovias. Para 68% dos entrevistados, essa área deve continuar sendo atribuição do governo. A coleta de lixo também deve, de acordo com 65%, ser realizada pelo poder público. Nem os apagões ocorridos nem os problemas endêmicos do setor foram capazes de alterar a opinião dos brasileiros. Para 64%, o setor deve ser controlado pelo Estado. No setor bancário, é um tanto surpreendente que 51% prefiram que os bancos sejam estatais. No campo do transporte, 42% acham que o governo deveria comandá-lo. No caso da telecomunicação, os benefícios da privatização surtiram efeito, pois apenas 29% achavam que o serviço de telefonia móvel deveria ser estatal, mas 42%

continuavam acreditando que o serviço de telefonia fixa estaria melhor nas mãos do Estado. Talvez pelo fato de não termos tido governos que tenham se aventurado na produção de veículos, 22% dos entrevistados apostavam que a indústria automotiva estatal seria um grande negócio.

19. Alberto Carlos Almeida, 2013, p. 183.
20. Na maior parte dos setores citados na Pesquisa Social Brasileira, a posição estatista de quem ganhava até R$ 800,00 era entre 10 e 15 pontos percentuais acima daqueles que tinham renda acima de R$ 801,00. Ou seja, quem ganha mais está menos propenso a aceitar o controle estatal. Talvez os moradores da Zona Sul da cidade do Rio de Janeiro sejam exceção. Na área de ensino, 73% dos entrevistados mais pobres apoiavam a interferência do Estado contra 65% dos que tinham renda mais elevada; na saúde, 74% contra 66%; na previdência social, 76% contra 68%; no transporte, 45% contra 38%; nas estradas e rodovias, 73% contra 62%; no fornecimento de água, 69% contra 67%; no serviço de esgoto, 70% contra 67%; na coleta de lixo, 70% contra 55%; no setor de energia elétrica, 69% contra 59%; na telefonia fixa, 46% contra 38%; na telefonia celular, 34% contra 21%; nos bancos, 61% contra 36%; na fabricação de carros, 26% contra 14%. A maior diferença em pontos percentuais foi verificada no setor bancário. As pessoas mais pobres demonstraram uma tendência maior a ver o governo como um porto seguro da atividade e, por isso, confiam mais nos bancos estatais. Não é à toa que nem se fala em privatização da Caixa Econômica Federal, por exemplo. Foi essa mentalidade que fez com que, no século XIX, os correntistas acreditassem no discurso do visconde de Itaboraí sobre a insegurança dos bancos privados. Os políticos estatistas sabem explorar muito bem, e a seu favor, essa confiança baseada no medo.
21. Alberto Carlos Almeida, 2013, p. 188.
22. O Índice de Confiança Social está disponível em: <http://www.ibope.com.br/pt-br/noticias/Documents/JOB%2013_0963_ICS%20JUL%202013_Apresentacao%20final.pdf>.
23. Alberto Carlos Almeida, 2013, p. 187-188.
24. Idem, p. 187-190.

25. Idem, p. 191.
26. O vídeo pode ser visto no YouTube: <http://www.youtube.com/watch?v=Mw9tqx3tULU>.
27. A frase original de Nelson Rodrigues é: "Subdesenvolvimento não se improvisa. É obra de séculos."
28. Um dos livros que mostram a relação entre artistas e o socialismo e o comunismo no Brasil é *Em busca do povo brasileiro: do CPC à era da TV*, de Marcelo Ridenti (2000). Também recomendo a leitura do artigo "O PCB-PPS e a cultura brasileira: Apontamentos", de Ivan Alves Filho (2011), que mostra a relação e a vinculação de intelectuais e artistas brasileiros com o Partido Comunista Brasileiro (PCB).
29. Sobre a matriz ideológica que estruturou a criação do Departamento de Filosofia da USP, recomendo a leitura do livro *Um departamento francês de ultramar: estudos sobre a formação da cultura filosófica uspiana (Uma experiência nos anos 60)*, do professor marxista Paulo Eduardo Arantes, que apoiou a criação do PSOL, partido socialista radical fundado por ex-membros do PT.
30. A tese de doutorado de Lidiane Soares Rodrigues (2012) faz um levantamento histórico sobre o "Seminário Marx" e seus participantes.
31. Número do Tribunal Superior Eleitoral referente ao ano de 2014.
32. Ideário do Democratas. Disponível em: <http://www.dem.org.br/wp-content/uploads/2011/01/Ideario-do-Democratas.pdf>.
33. Roger Scruton, 2012.
34. Idem.

Bibliografia

Adolfo de Oliveira Rosa. *A face oculta da "ética do medo" no poder público*: uma análise teórica das variáveis de evasão fiscal ampliadas por Richardson (2008). Dissertação (Mestrado em Ciências Contábeis) — Fundação Instituto Capixaba de Pesquisas em Contabilidade, Economia e Finanças (Fucape), Vitória/ES, 2011. Disponível em: <http://www.fucape.br/_public/producao_cientifica/8/Dissertacao%20Adolfo%20de%20Oliveira%20Rosa.pdf>.

Adriana Bellintani. "O positivismo e o Exército brasileiro". *Anais do XXV Simpósio Nacional de História*, 2009. Disponível em: <http://www.anpuh.org/anais/wp-content/uploads/mp/pdf/ANPUH.S25.0315.pdf>.

Adriano Nervo Codato e Walter Guandalini Jr. "Os autores e suas ideias: um estudo sobre a elite intelectual e o discurso político do Estado Novo". *Estudos Históricos*, Rio de Janeiro, n. 32, p. 145-164, 2003. Disponível em: <http://bibliotecadigital.fgv.br/ojs/index.php/reh/article/viewFile/2204/1343>.

Afonso Arinos de Melo Franco e Raul Pila. *Presidencialismo ou parlamentarismo?* Brasília: Senado Federal, Conselho Editorial, 1999.

Alberto Carlos Almeida. *O dedo na ferida* — menos impostos, mais consumo. Rio de Janeiro: Editora Record, 2010.

_____ . *A cabeça do brasileiro*. 6. ed. Rio de Janeiro: Editora Record, 2013.

Alberto Torres. *O problema nacional brasileiro*: introdução a um programa de organização nacional São Paulo: Companhia Editorial Nacional,

1938. Disponível em: <http://www.brasiliana.com.br/obras/o-problema-nacional-brasileiro-introducao-a-um-programa-de-organizacao-nacional>.

Alcântara Machado. *Vida e morte do bandeirante*. São Paulo: Imprensa Oficial-SP, 2006.

Alex Catharino. "Posfácio à edição brasileira — Em busca da cristandade perdida". In: Christopher Dawson. *A divisão da cristandade*: da reforma protestante à Era do Iluminismo. São Paulo: É Realizações, 2014. p. 297-345.

Alexandre de Moraes. *Presidencialismo*. São Paulo: Editora Ática, 2004.

Alexandre M. Barata. "A maçonaria e a ilustração brasileira". *História, Ciências, Saúde-Manguinhos*, v. 1, n. 1, 1994. Disponível em: <http://www.scielo.br/scielo.php?script=sci_arttext&pid=S0104-59701994000100007&lng=en&nrm=iso>.

Alfredo Bosi. "A escravidão entre dois liberalismos". *Estudos Avançados*, v. 2, n. 3, p. 4-39, 1988. Disponível em: <http://www.scielo.br/pdf/ea/v2n3/v2n3a02.pdf>.

Alzira Alves de Abreu. "O ISEB e o desenvolvimentismo". FGV-CPDOC, [s.d.]. Disponível em: <http://cpdoc.fgv.br/producao/dossies/JK/artigos/Economia/ISEB>.

Amity Shlaes. *The Forgotten Man*: A New History of the Great Depression. Nova York: Harper Perennial, 2008.

Ana Clara Costa. "Minsky: o entusiasta do intervencionismo que tem inspirado Dilma". *Veja*, 8 ago. 2014. Disponível em: <http://www.veja.abril.com.br/noticia/economia/minsky-o-entusiasta-do-intervencionismo-que-tem-inspirado-dilma>.

Ana Cláudia Caputo e Hildete Pereira de Melo. "A industrialização brasileira nos anos de 1950: uma análise da Instrução 113 da SUMOC". *Estudos Econômicos (São Paulo)*, v. 39, n. 3, p. 513-538, 2009. Disponível em: <http://www.scielo.br/scielo.php?script=sci_arttext&pid=S0101-41612009000300003&lng=en&nrm=iso>.

Ana Paula Medici. "As arrematações das rendas reais na São Paulo setecentista: contratos e mercês". In: Cecília Helena de Sales e Izabel Andrade Marson (Org.). *Monarquia, liberalismo e negócios no Brasil*: 1780-1860. São Paulo: Editora da Universidade de São Paulo, 2013.

Ananda Simões Fernandes. "A reformulação da Doutrina de Segurança Nacional pela Escola Superior de Guerra no Brasil: a geopolítica de Golbery do Couto e Silva". *Antíteses*, v. 2, n. 4, p. 831-856, jul.-dez. 2009. Disponível em: <http://www.uel.br/revistas/uel/index.php/antiteses/article/view/2668>.

André Azevedo Alves e José Manuel Moreira. *The Salamanca School*. Nova York: Bloomsbury, 2009.

André Gonçalves. "Quem dá menos?" *Gazeta do Povo*, 13 ago. 2014. Disponível em: <http://www.gazetadopovo.com.br/m/conteudo.phtml?tl=1&id=1490789&tit=Quem-da-menos?>.

André João Antonil. *Cultura e opulência do Brasil*. Belo Horizonte: Itatiaia/Edusp, 1982.

André Luiz Santa Cruz Ramos. "Antitruste: uma necessária revisão histórica". *MISES: Revista Interdisciplinar de Filosofia, Direito e Economia*, v. II, n. 1, ed. 3, p. 223-250, jan.-jun. 2014a.

_____. *Direito empresarial esquematizado*. São Paulo: Método, 2014b.

_____. *Os fundamentos contra o antitruste*. Rio de Janeiro: Forense; Instituto Mises Brasil, 2015.

André Singer. "A segunda alma do Partido dos Trabalhadores". *Novos Estudos — Cebrap*, n. 88, p. 89-111, 2010. Disponível em: <http://www.scielo.br/scielo.php?script=sci_arttext&pid=S0101-33002010000300006&lng=en&nrm=iso>.

Anthony Quinton. "Political Philosophy". In: Anthony Kenny (Org.). *The Oxford Illustrated History of Western Philosophy*. Oxford: Oxford University Press, 1994.

Antonio Cesar Peluso. "Constituição da República Federativa dos Estados Unidos do Brasil (de 24 de fevereiro de 1981)". In: *As Constituições do Brasil*. São Paulo: Editora Manole, 2011.

Antonio Paim. *A querela do estatismo*. Edição revista e ampliada. Salvador: Centro de Documentação do Pensamento Brasileiro (CDPB), 1999a. Disponível em: <http://www.institutodehumanidades.com.br/arquivos/quereela%20do%20estatismo.pdf>.

_____. Introdução: Oliveira Viana e o pensamento autoritário no Brasil. In: VIANA, Oliveira. *Instituições políticas brasileiras*. Brasília: Senado Federal, 1999b.

_____. "O processo de formação do tradicionalismo político no Brasil". In: *Jackson de Figueiredo (1891/1928)* — bibliografia e estudos críticos. Salvador: Centro de Documentação do Pensamento Brasileiro (CDPB), 1999c. Disponível em: <http://www.cdpb.org.br/jackson_figueiredo.pdf>.

_____. *Momentos decisivos da história do Brasil.* Salvador: Centro de Documentação do Pensamento Brasileiro (CDPB), 2000a. Disponível em: <http://www.institutodehumanidades.com.br/arquivos/momentos%20_decisivos_historia_do_brasil.pdf>.

_____. *O relativo atraso brasileiro e sua difícil superação.* Salvador: Centro de Documentação do Pensamento Brasileiro (CDPB), 2000b. Disponível em: <http://www.institutodehumanidades.com.br/arquivos/relativo_atraso_brasileiro.pdf>.

_____. *O socialismo brasileiro (1979-1999).* Brasília: Instituto Teotônio Vilela, 2000c.

_____. *A escola cientificista brasileira* — estudos complementares à história das ideias filosóficas no Brasil. v. VI. Rio de Janeiro: Cefil, 2002.

_____. *Marxismo e descendência.* São Paulo: Vide Editorial, 2009.

_____. *Interpretações do Brasil.* Salvador: Centro de Documentação do Pensamento Brasileiro (CDPB), 2012. Disponível em: <http://www.institutodehumanidades.com.br/arquivos/interpretacoes_do_brasil.pdf>.

"As arestas de Itamar". *Veja*, 30 set. 1992. Disponível em: <http://www.veja.abril.com.br/especiais/extras/fechado/impeachment02.html>.

Augustin Barruel. *Memorias para servir a la historia del jacobinismo.* Tomo I. Perpiñan: J. Alzine, 1827.

Augusto Comte. "Discurso sobre o espírito positivo". In: *Auguste Comte.* [Coleção Os Pensadores]. São Paulo: Abril Cultural, 1978.

Aurélio Schommer. *História do Brasil vira-lata* — as razões da tradição autodepreciativa brasileira. Anajé (BA): Casarão do Verbo, 2011.

Barão do Rio Branco. "Crônica em A Vida Fluminense". In: Manoel Gomes Pereira (Org.). *Obras do Barão do Rio Branco X*: artigos de imprensa. Brasília: Fundação Alexandre de Gusmão, 2012.

Bernardo Ricupero. Celso Furtado e o pensamento social brasileiro. 2002. Disponível em: <http://www.acessa.com/gramsci/?page=visualizar&id=33>.

Boris Fausto. *História do Brasil*. São Paulo: Editora da Universidade de São Paulo, 1995.

Brasilio Sallum Jr. "Metamorfoses do Estado brasileiro no final do século XX". *Revista Brasileira de Ciências Sociais*, v. 18, n. 52, p. 35-55, 2003. Disponível em: <http://www.scielo.br/scielo.php?script=sci_arttext&pid=S0102-69092003000200003&lng=en&nrm=iso>.

Breno Carlos da Silva. *Gustavo Capanema*: a construção das relações entre a intelligentsia nacional e o Estado no Brasil (1934-1945). Dissertação (Mestrado em Política) — Universidade Estadual Paulista "Julio de Mesquita Filho", Araraquara, São Paulo, 2010. Disponível em: <http://portal.fclar.unesp.br/possoc/teses/Breno_Carlos_Silva.pdf>.

Burton W. Folsom Jr. *New Deal or Raw Deal?* How FDR's Economic Legacy Has Damaged America. Nova York: Threshold Editions, 2009.

Caio Prado Júnior. *História econômica do Brasil*. São Paulo: Brasiliense, 2006.

_____. *Evolução política do Brasil* — e outros estudos. São Paulo: Companhia das Letras, 2012.

Carlos Alberto Campello Ribeiro. *Henrique Lage e a Companhia Nacional de Navegação Costeira*: a história da empresa e sua inserção social (1891-1942). Tese (Doutorado em História) — Universidade Federal do Rio de Janeiro, Rio de Janeiro, 2007. Disponível em: <http://www.dominiopublico.gov.br/pesquisa/DetalheObraForm.do?select_action=&co_obra=106888>.

Carlos Chagas. *A ditadura militar e os golpes dentro do golpe* — 1964-1969. Rio de Janeiro: Editora Record, 2014.

Carlos de Faria Júnior. *O pensamento econômico de José da Silva Lisboa, Visconde de Cairú*. Tese (Doutorado em História) — Universidade de São Paulo, São Paulo, 2008. Disponível em: <http://www.teses.usp.br/teses/disponiveis/8/8137/tde-15122008-154049/en.php>.

Cecília Helena de Sales e Izabel Andrade Marson (Org.). *Monarquia, liberalismo e negócios no Brasil*: 1780-1860. São Paulo: Editora da Universidade de São Paulo, 2013.

Celso Furtado. *Formação econômica do Brasil*. São Paulo: Companhia das Letras, 2007.

Celso Lafer. FHC: o intelectual como político. *Novos Estudos — Cebrap*, n. 83, p. 39-63, 2009. Disponível em: <http://www.scielo.br/scielo.php?pid=S0101-33002009000100004&script=sci_arttext>.

Césare Cantu. *História universal*. v. XXVII. São Paulo: Editôra das Américas, 1964.

Christian Edward Cyril Lynch. O conceito de liberalismo no Brasil (1750-1850). *Araucaria. Revista Iberoamericana de Filosofía, Política y Humanidades*, n. 17, p. 212-234, 2007a. Disponível em: <http://www.redalyc.org/articulo.oa?id=28291718>.

_____. *O momento monarquiano*. O poder moderador e o pensamento político imperial. Tese (Doutorado em Ciência Política) — Instituto Universitário de Pesquisas do Rio de Janeiro (Iuperj), Rio de Janeiro, 2007b. Disponível em: <http://www.dominiopublico.gov.br/pesquisa/DetalheObraForm.do?select_action=&co_obra=129589>.

_____. Saquaremas e luzias: a sociologia do desgosto no Brasil. *Insight Inteligência*, out.-dez. 2011.

_____ "O Império é que era a República: a monarquia republicana de Joaquim Nabuco". *Lua Nova*, n. 85, p. 277-311, 2012. Disponível em: <http://www.scielo.br/scielo.php?script=sci_arttext&pid=S0102-64452012000100008&lng=en&nrm=iso>.

_____. "Um democrata cristão contra o neoliberalismo: a crítica de Oliveira Viana a *O Socialismo* de Mises". *MISES: Revista Interdisciplinar de Filosofia, Direito e Economia*, n. 2, p. 525-538, jul.-dez. 2013.

Christopher Dawson. *A divisão da cristandade*: da reforma protestante à Era do Iluminismo. São Paulo: É Realizações, 2014.

Daniel Aarão Reis. *Ditadura e democracia no Brasil*. Rio de Janeiro: Editora Zahar, 2014.

Edmund Burke. *Extractos das obras políticas e economicas do grande Edmund Burke*. Trad. José da Silva Lisboa. Lisboa: Viúva Neves e Filhos, 1822. Disponível em: <http://www.brasiliana.usp.br/bbd/handle/1918/03925300#page/92/mode/1up>.

Edmund Wilson. *Rumo à Estação Finlândia*. São Paulo: Companhia das Letras, 1986.

Eduardo Bueno. *A viagem do descobrimento*. Rio de Janeiro: Objetiva, 1998.

Eduardo Grossi. "Jânio Quadros: as representações metafóricas da vassoura no imaginário popular". In: *Na Arena do marketing político*. São Paulo: Summus Editorial, 2006. p. 185-201.

Eduardo Oinegue. "É melhor o Brasil ter 39 ministérios ou 10?" *Exame*, 1º abr. 2013. Disponível em: <http://www.exame.abril.com.br/revista-exame/edicoes/1038/noticias/tamanho-nao-e-documento>.

Eduardo Prado. *A ilusão americana*. Brasília: Senado Federal, 2003.

Elio Gaspari. *A ditadura envergonhada*. Rio de Janeiro: Intrínseca, 2014a.

_____. *A ditadura derrotada*. Rio de Janeiro: Intrínseca, 2014b.

_____. *A ditadura escancarada*. Rio de Janeiro: Intrínseca, 2014c.

_____. *A ditadura encurralada*. Rio de Janeiro: Intrínseca, 2014d.

Elizabeth Cancelli. De uma sociedade policiada a um Estado policial: o circuito de informações das polícias nos anos 30. [s.d.]. Disponível em: <https://www2.mp.pa.gov.br/sistemas/gcsubsites/upload/60/SOCIEDADE%20POLICIADA%20A%20ESTADO%20POLICIAL_.pdf>.

_____. *O mundo da violência* — a polícia da era Vargas. Brasília: UnB, 1993.

Enrique Saravia. *Estado e empresas estatais*. Criação e crescimento. O papel das empresas estatais como instrumento de política pública. Brasília: Ministério do Planejamento, Orçamento e Gestão, 2004. Disponível em: <http://www.planejamento.gov.br/secretarias/upload/Arquivos/dest/080707_GEST_SemInter_estado.pdf>.

Erik Hörner. Partir, fazer e seguir: apontamentos sobre a formação dos partidos e a participação política no Brasil da primeira metade do século XIX. In: Cecília Helena de Sales e Izabel Andrade Marson (Org.). *Monarquia, liberalismo e negócios no Brasil*: 1780-1860. São Paulo: Editora da Universidade de São Paulo, 2013. p. 213-240.

Euclides da Cunha. *Contrastes e confrontos*. Rio de Janeiro: Editora Record, 1975.

Eugênio Gudin e Roberto Simonsen. *A controvérsia do planejamento na economia brasileira*. 3. ed. Brasília: Ipea, 2010.

Eurico Marcos Diniz de Santi. *Curso de direito tributário e finanças públicas*. São Paulo: Saraiva, 2008.

_____. "A evolução da estrutura tributária e do fisco brasileiro: 1889-2009". In: *Tributação e equidade no Brasil*: um registro da reflexão do Ipea no biênio 2008-2009. Brasília: Ipea, 2010. p. 153-212.

Fábio Barbieri. *Economia do intervencionismo*. São Paulo: Instituto Mises Brasil, 2013.

Fábio Campinho. "Sindicalismo de Estado: controle e repressão na era Vargas (1930-1935)". *Revista Eletrônica do CEJUR*, v. 1, n. 1, ago./dez. 2006. Disponível em: <http://www.egov.ufsc.br/portal/sites/default/files/anexos/32019-37627-1-PB.pdf>.

Fábio Giambiagi et al. *Economia brasileira contemporânea*. Rio de Janeiro: Campus/Elsevier, 2004.

Fabrício Augusto de Oliveira. "A evolução da estrutura tributária e do fisco brasileiro: 1889-2009". In: *Tributação e Equidade no Brasil*: um registro da reflexão do Ipea no biênio 2008-2009. Brasília: Ipea, 2010. p. 153-212.

Felipe Pereira Loureiro. "Relativizando o Leviatã: empresários e política econômica no governo Jânio Quadros". *Estudos Econômicos*, v. 40, n. 3, p. 561-585, 2010. Disponível em: <http://dx.doi.org/10.1590/S0101-41612010000300003>.

Fernando Antônio Novais e José Jobson de Andrade Arruda. "Introdução — Prometeus e Atlantes na Forja da Nação". In: José da Silva Lisboa. *Observações sobre a franqueza da indústria, e estabelecimento de fábricas no Brasil*. Brasília: Senado Federal, 1999.

Fernando Barros de Melo. "Lula dobra criação de cargos de confiança no 2º mandato". *Folha de S.Paulo*, 1º fev. 2010. Disponível em: <http://www1.folha.uol.com.br/fsp/brasil/fc0102201002.htm>.

Fernando Henrique Cardoso. *Pensadores que inventaram o Brasil*. São Paulo: Companhia das Letras, 2013.

_____ et al. *História geral da civilização brasileira* — O Brasil republicano: estrutura de poder e economia (1889-1930). Tomo III, v. 8. 8. ed. Rio de Janeiro: Bertrand Brasil, 2006.

Fernando J. Cardim de Carvalho. "Keynes e o Brasil". *Economia e Sociedade*, Campinas, v. 17, número especial, dez. 2008. Disponível em: <www.dx.doi.org/10.1590/S0104-06182008000400003>.

Fernando Jose Amed e Plínio Negreiros. *História dos tributos no Brasil*. São Paulo: Edições SINAFRESP, 2000.

Fernando Rodrigues. "Conheça a história da compra de votos a favor da emenda da reeleição". 16 jun. 2014. Disponível em: <http://www.

fernandorodrigues.blogosfera.uol.com.br/2014/06/16/conheca-a-historia-da-compra-de-votos-a-favor-da-emenda-da-reeleicao>.

Francisco Vidal Luna e Herbert S. Klein. *O Brasil desde 1980*. São Paulo: A Girafa, 2007.

François-Louis Ganshof. *Feudalism*. Londres: Longmans, Green, 1952.

Friedrich A. Hayek. *O caminho da servidão*. São Paulo: Instituto Ludwig von Mises Brasil, 2010.

_____. A pretensão do conhecimento. Instituto Ludwig von Mises Brasil, 20 jul. 2011. Disponível em: <http://www.mises.org.br/Article.aspx?id=222>.

_____. O uso do conhecimento na sociedade. Instituto Ludwig von Mises Brasil, 13 ago. 2013. Disponível em: <http://www.mises.org.br/Article.aspx?id=1665>.

Getúlio Vargas. "Os trabalhadores de São Paulo e o governo (23 de julho de 1938)". In: *Discursos*. Brasília: Biblioteca da Presidência da República, 1938. Disponível em: <http://www.biblioteca.presidencia.gov.br/ex-presidentes/getulio-vargas/discursos-1/1938/21.pdf>.

Gilberto Freyre. *Casa-grande & senzala*: formação da família brasileira sob o regime da economia patriarcal. São Paulo: Global, 2003.

_____. *Ordem e progresso*. São Paulo: Global, 2004.

Gilberto Luiz do Amaral et al. *Quantidade de normas editadas no Brasil*: 26 anos da Constituição Federal de 1988. Curitiba: Instituto Brasileiro de Planejamento e Tributação, 2014. Disponível em: <http://www.ibpt.org.br/img/uploads/novelty/estudo/1927/EstudoIbptNormasEditadas2014.pdf>.

Guillaume Azevedo Marques de Saes. *A República e a espada*: a primeira década republicana e o florianismo. Dissertação (Mestrado em História Social) — Universidade de São Paulo, São Paulo, 2005. Disponível em: <http://www.teses.usp.br/teses/disponiveis/8/8138/tde-28042006-181955>.

Gunter Axt. Constitucionalidade em debate: a polêmica carta estadual de 1891. *Revista Justiça & História*, v. 2, n. 3, 2002. Disponível em: <http://www.tjrs.jus.br/export/poder_judiciario/historia/memorial_do_poder_judiciario/memorial_judiciario_gaucho/revista_justica_e_historia/issn_1676-5834/v2n3/doc/13-Gunter_Axt.pdf>.

Hans F. Sennholz. *Regulações protegem os regulados e prejudicam os consumidores*. 17 jul. 2013. Disponível em: <http://www.mises.org.br/Article.aspx?id=1647>.

Helio Beltrão. *Descentralização e liberdade*. Rio de Janeiro: Editora Record, 1984.

Henrique da Cunha Tavares. *Os limites para instituição de obrigações tributárias acessórias à luz do princípio da proporcionalidade e do dever fundamental de contribuir com os gastos públicos*. Dissertação (Mestrado em Direito) — Faculdade de Direito de Vitória, Espírito Santo, 2014.

Henry R. Loyn (Org.). *Dicionário da Idade Média*. Rio de Janeiro: Editora Zahar, 1997.

Instituto Brasileiro de Planejamento e Tributação. "Quase 5 milhões de normas foram editadas no país, desde a Constituição de 88". 1º out. 2014. Disponível em: <http://www.ibpt.org.br/noticia/1927/Quase-5-milhoes-de-normas-foram-editadas-no-pais-desde-a-Constituicao-de-88>.

Irineu Evangelista de Sousa. *Exposição do Visconde de Mauá aos credores de Mauá & C. e ao público*. Rio de Janeiro: Typ. Imp. e Const. de J. Villeneuve & C., 1878.

Isabel Lustosa. *D. Pedro I*: um herói sem nenhum caráter. São Paulo: Companhia das Letras, 2006.

Israel Beloch et al. "João Goulart". In: *Dicionário Histórico Biográfico Brasileiro pós-1930*. 2. ed. Rio de Janeiro: Ed. FGV, 2001. Disponível em: <http://cpdoc.fgv.br/producao/dossies/AEraVargas2/biografias/Joao_Goulart>.

Itamar Franco. Discurso de 5 de outubro de 1992. Disponível em: <http://www.biblioteca.presidencia.gov.br/ex-presidentes/fernando-collor/discurso-vice-presidente/discurso-do-senhor-itamar-franco-vice-presidente-da-republica-no-exercicio-do-cargo-de-presidente-da-republica-na-cerimonia-de-posse-ministerial-no-palacio-do-planalto.-brasilia-df-5-de-outubro-de-1992>.

Ivan Alves Filho. "O PCB-PPS e a cultura brasileira: apontamentos". Out. 2011. Disponível em: <http://www.acessa.com/gramsci/?page=visualizar&id=1417>.

Ivan Lins. *História do positivismo no Brasil*. São Paulo: Companhia Editora Nacional, 1964. Disponível em: <http://www.brasiliana.com.br/brasiliana/colecao/obras/269/historia-do-positivismo-no-brasil>.

James Madison et al. "Federalist LI". In: *The Federalist Papers*. Londres: Penguin Books, 1987.

Janaína Amado e Luiz Carlos Figueiredo. *O Brasil no Império Português*. Rio de Janeiro: Jorge Zahar Editor, 2001.

Jânio Quadros. "Discurso do presidente Jânio Quadros veiculado pela 'Voz do Brasil' (Palácio da Alvorada, 31 de janeiro de 1961)". In: *Discursos Selecionados do Presidente Jânio Quadros*. Brasília: Fundação Alexandre de Gusmão, 2009. p. 9-18.

Jim Powell. *FDR's Folly*: How Roosevelt and His New Deal Prolonged the Great Depression. Nova York: Three Rivers Press, 2004.

João Alfredo Corrêa de Oliveira. "Carta do conselheiro João Alfredo à princesa Izabel". *Revista do Instituto Histórico e Geográfico Brasileiro*, v. 260, p. 339-412, jul.-set. 1963.

João Camilo de Oliveira Torres. *A democracia coroada*: teoria política do Império do Brasil. Petrópolis: Editora Vozes Limitada, 1964.

_____ . *Os construtores do Império*: ideias e lutas do Partido Conservador Brasileiro. São Paulo: Companhia Editora Nacional, 1968.

João Capistrano de Abreu. *Capítulos de história colonial*. Rio de Janeiro: Briguiet, 1954.

_____ . *Caminhos antigos e povoamento do Brasil*. Rio de Janeiro: Briguiet, 1960.

_____ . *O Descobrimento do Brasil*. São Paulo: Martins Fontes, 1999.

João Carlos Espada. *O mistério inglês e a corrente de ouro* — ensaios sobre a cultura política de língua inglesa. Lisboa: Alêtheia Editores, 2010.

João Goulart. *Discursos selecionados do presidente João Goulart*. Brasília: Funag, 2009. Disponível em: <http://www.funag.gov.br/biblioteca/dmdocuments/Discursos_joao_goulart.pdf>.

João Pereira Coutinho. "Dez notas para uma definição de direita". In: *Por que virei à direita*: três intelectuais explicam sua opção pelo conservadorismo. São Paulo: Três Estrelas, 2012. p. 24-49.

Joaquim Nabuco. *Minha formação*. Brasília: Senado Federal, 1998.

Jorge Caldeira. *Mauá*: empresário do Império. São Paulo: Companhia das Letras, 1995.

_____ (Org.). *Diogo Antonio Feijó*. [Coleção Formadores do Brasil]. São Paulo: Editora 34, 1999.

_____. *História do Brasil com empreendedores*. São Paulo: Mameluco, 2009.

José Bonifácio de Andrada e Silva. "O governo deriva da propriedade". In: *Projetos para o Brasil*. São Paulo: Publifolha, 2000.

José Castellani. *A maçonaria brasileira na década da Abolição e da República*. [S.l.]: Editora CopyMarket.com, 2000. Disponível em: <http://www.culturabrasil.org/zip/maconarianobrasil.pdf>.

José Louzeiro. *O anjo da fidelidade* — a história sincera de Gregório Fortunato. Rio de Janeiro: Francisco Alves, 2000.

José Murilo de Carvalho. "Mandonismo, coronelismo, clientelismo: uma discussão conceitual". *Dados*, Rio de Janeiro, v. 40, n. 2, 1997. Disponível em: <http://www.scielo.br/scielo.php?script=sci_arttext&pid=S0011-52581997000200003&lng=en&nrm=iso>.

_____ (Org.). *Bernardo Pereira de Vasconcelos*. [Coleção Formadores do Brasil]. São Paulo: Editora 34, 1999.

_____. História intelectual no Brasil: a retórica como chave de leitura. *Topoi*, Rio de Janeiro, n. 1, p. 123-152, 2000.

_____. *Cidadania no Brasil*. O longo caminho. Rio de Janeiro: Civilização Brasileira, 2002.

_____. Chumbo grosso: assassinato e tortura eram práticas comuns da polícia política durante a ditadura de Getúlio Vargas. *Revista de História*, 11 ago. 2010. Disponível em: <http://www.revistadehistoria.com.br/secao/capa/chumbo-grosso>.

_____. *A construção da ordem*: a elite política imperial. Teatro das Sombras: a política imperial. Rio de Janeiro: Civilização Brasileira, 2011.

José da Silva Lisboa. *Observações sobre o Commercio Franco no Brazil*. Rio de Janeiro: Impressão Régia, 1808. Disponível em: <http://www.brasiliana.usp.br/bbd/handle/1918/03878700#page/1/mode/1up>.

_____. *Observações sobre a franqueza da indústria, e estabelecimento de fábricas no Brasil*. Brasília: Senado Federal, 1999. Disponível em: <http://www2.senado.leg.br/bdsf/bitstream/handle/id/1032/217333.pdf?sequence=4>.

José Osvaldo de Meira Penna. *O dinossauro*: uma pesquisa sobre o Estado, o patrimonialismo selvagem e a nova classe de intelectuais e burocratas. São Paulo: T.A. Queiroz, 1988.

Joseph S. Nye, Jr. *Compreender os conflitos internacionais* — uma introdução à teoria e à história. Lisboa: Gradiva, 2002.

Lauren Schoenster. "Clãs políticos no Congresso Nacional". Jun. 2014. Disponível em: <http://www.imguol.com/blogs/52/files/2014/06/parentestransparenciabrasil.pdf>.

Laurentino Gomes. *1822*: como um homem sábio, uma princesa triste e um escocês louco por dinheiro ajudaram D. Pedro a criar o Brasil, um país que tinha tudo para dar errado. Rio de Janeiro: Nova Fronteira, 2010. [Edição Kindle].

_____. *1889*: como um imperador cansado, um marechal vaidoso e um professor injustiçado contribuíram para o fim da monarquia e a proclamação da República no Brasil. São Paulo: Globo, 2013. [Edição Kindle].

Leandro Loyola, Eumano Silva e Leonel Rocha. "Dilma na luta armada". *Época*, 13 ago. 2010. Disponível em: <http://www.revistaepoca.globo.com/Revista/Epoca/0,EMI163155-15223,00-DILMA+NA+LUTA+AR MADA.html>.

Licio Maciel e José Conegundes do Nascimento. *Orvil*. Tentativas de tomada do poder. Salto (SP): Editora Schoba, 2012.

Lidiane Soares Rodrigues. *A produção social do marxismo universitário em São Paulo*: mestres, discípulos e "Um seminário" (1958-1978). Tese (Doutorado em História Social) — Universidade de São Paulo, São Paulo, 2012. Disponível em: <http://www.teses.usp.br/teses/disponiveis/8/8138/tde-05072012-164401/pt-br.php>.

Lilia Moritz Schwartz. *As barbas do imperador* — D. Pedro II, um monarca nos trópicos. São Paulo: Companhia das Letras, 1998.

Lira Neto. *Getúlio* — dos anos de formação à conquista do poder (1882-1930). São Paulo: Companhia das Letras, 2012.

_____. *Getúlio* — 1930-1945: do governo provisório à ditadura do Estado Novo. São Paulo: Companhia das Letras, 2013. [Edição Kindle].

_____. *Getúlio* — 1945-1954: da volta pela consagração popular ao suicídio. São Paulo: Companhia das Letras, 2014. [Edição Kindle].

Ludwig von Mises. *Ação humana*: um tratado de economia. São Paulo: Instituto Ludwig von Mises Brasil, 2010.

Luiz Felipe D'Avila. *Os virtuosos*: os estadistas que fundaram a República brasileira. São Paulo: A Girafa, 2006.

_____. *Caráter & liderança*: nove estadistas que construíram a democracia brasileira. São Paulo: Mameluco, 2013.

Luís Fernando Messeder dos Santos. *A atuação da Burschenschaft na política brasileira durante a Primeira República*. [s.d.]. Disponível em: <http://www.rj.anpuh.org/resources/rj/Anais/2002/Comunicacoes/Santos%20Luis%20F%20M%20dos.doc>.

Luís Mir. *A revolução impossível*. São Paulo: Editora Best Seller, 1994.

Magda Biavaschi. *O direito do trabalho no Brasil — 1930/1942*: a construção do sujeito de direitos trabalhistas. Tese (Doutorado em Economia) — Universidade Estadual de Campinas, Campinas, 2005. Disponível em: <http://www.bibliotecadigital.unicamp.br/document/?code=v tls000385083&fd=y>.

Malu Gaspar. *Tudo ou nada*: Eike Batista e a verdadeira história do Grupo X. Rio de Janeiro: Editora Record, 2014.

Manoel Bomfim. *O Brasil na história*: deturpação das tradições, degradação política. Rio de Janeiro: Francisco Alves, 1930.

_____. *O Brasil*. São Paulo: Companhia Editora Nacional, 1935. Disponível em: <http://www.brasiliana.com.br/obras/o-brasil/pagina/4/texto>.

Marc Bloch. *A sociedade feudal*. Lisboa: Edições 70, 1979.

Marcelo Figueiredo. *Teoria geral do Estado*. 2. ed. São Paulo: Atlas, 2001.

Marcelo Ridenti. *Em busca do povo brasileiro*: do CPC à era da TV. Rio de Janeiro: Editora Record, 2000.

Márcia Aparecida Ferreira Campos. *A política econômica do governo Kubitschek (1956-1961)*: o discurso em ação. Dissertação (Mestrado em Economia) — Universidade Federal do Rio Grande do Sul, Porto Alegre, 2007. Disponível em: <http://www.lume.ufrgs.br/handle/10183/12462>.

Márcio Scalercio e Rodrigo de Almeida. *Eugênio Gudin — inventário de flores e espinhos*. Um liberal em estado puro. Rio de Janeiro: Insight Comunicação, 2012. Disponível em: <http://www.insightnet.com.br/gudin/Miolo_Gudin_FINAL.pdf>.

Marco Antonio Cabral dos Santos. "Francisco Campos: um ideólogo para o Estado Novo". *Locus: Revista de História*, Juiz de Fora, v. 13, n. 2, p. 31-48, 2007. Disponível em: <http://www.ufjf.br/locus/files/2010/02/25.pdf>.

Marco Antonio Villa. *A história das Constituições brasileiras*. São Paulo: LEYA, 2011.

_____. *Década perdida*. Dez anos de PT no poder. Rio de Janeiro: Editora Record, 2013.

_____. *Ditadura à brasileira*: 1964-1985. São Paulo: Editora Leya, 2014. [Edição Kindle].

Maria de Lourdes M. Janotti. *O coronelismo*: uma política de compromissos. São Paulo: Editora Brasiliense, 2010.

Mario Sergio Conti. *Notícias do Planalto*. São Paulo: Companhia das Letras, 1999.

Max Weber. "A política como vocação". In: *Ensaios de sociologia*. Rio de Janeiro: Zahar, 1979.

_____. *Economia e sociedade*: fundamentos da sociologia compreensiva. v. 1. Brasília, DF: Editora Universidade de Brasília, 1999a.

_____. *Economia e sociedade*: fundamentos da sociologia compreensiva. v. 2. Brasília, DF: Editora Universidade de Brasília, 1999b.

Michael Oakeshott. *Rationalism in Politics and Other Essays*. Indianapolis: Liberty Press, 1991.

_____. *The Politics of Faith & The Politics of Scepticism*. New Haven: Yale University Press, 1996.

Miguel Bruno Duarte. *Noemas de filosofia portuguesa*: um estudo revelador de como a universidade é o maior inimigo da cultura lusíada. São Paulo: É Realizações, 2012.

Milton Friedman, Anna Jacobson Schwartz e Peter L. Bernstein. *The Great Contraction, 1929-1933*. Princeton: Princeton University Press, 2008.

Milton Lahuerta. "Os intelectuais e os anos 20: moderno, modernista, modernização". In: *A década de 20 e as origens do Brasil moderno*. São Paulo: Fundação Editora UNESP, 1997. p. 93-114.

Miriam Leitão. "O desmonte". *O Globo*, 26 ago. 2009. Disponível em: <http://www.oglobo.globo.com/economia/miriam/posts/2009/08/26/o-desmonte-217627.asp>.

_____. *A saga brasileira* — a longa luta de um povo por sua moeda. Rio de Janeiro: Editora Record, 2011.

Mozart Pereira Soares. *O positivismo no Brasil: 200 anos de Auguste Comte.* Porto Alegre: Editora da Universidade Federal do Rio Grande do Sul, 1998.

Murray N. Rothbard. *A Grande Depressão americana.* São Paulo: Instituto Ludwig von Mises Brasil, 2012.

Norberto Bobbio. *Dicionário de política.* Brasília: Ed. UNB, 1995.

"O PC é o testa de ferro do Fernando". *Veja,* 27 mai. 1992. Disponível em: <http://www.veja.abril.com.br/arquivo_veja/capa_27051992.shtml>.

Olavo de Carvalho. *O futuro do pensamento brasileiro.* São Paulo: É Realizações, 2007.

_____. *O mínimo que você precisa saber para não ser um idiota.* Org. Felipe Moura Brasil. Rio de Janeiro: Editora Record, 2013.

Oliveira Viana. *Evolução do povo brasileiro.* São Paulo: Companhia Editora Nacional, 1933.

_____. *Instituições políticas brasileiras.* Brasília: Senado Federal, 1999.

_____. *O ocaso do Império.* Brasília: Conselho Editorial do Senado Federal, 2004.

Oswaldo Muniz Oliva. "O século XXI para a Escola Superior de Guerra". *Revista da Escola Superior de Guerra,* Rio de Janeiro, ano XVII, n. 39, p. 14-22, 2000. Disponível em: <http://www.esg.br/uploads/2009/01/revista_39_2000.pdf>.

Paul Hollander. *O fim do compromisso*: intelectuais, revolucionários e moralidade política. Colares (Portugal): Pedra da Lua, 2008.

Paulo Eduardo Arantes. *Um departamento francês de ultramar*: estudos sobre a formação da cultura filosófica uspiana (uma experiência nos anos 60). Rio de Janeiro: Paz e Terra, 1994.

Paulo Francis. *Diário da corte.* São Paulo: Três Estrelas, 2012.

Paulo Mercadante. *A consciência conservadora no Brasil* — contribuição ao estudo da formação brasileira. 4. ed. revista e aumentada. Rio de Janeiro: Topbooks-UniverCidade, 2003.

Paulo Rezzutti. "Por trás da Primeira República". *Revista de História,* 6 jun. 2011. Disponível em: <http://www.revistadehistoria.com.br/secao/capa/por-tras-da-primeira-republica>.

Paulo Roberto de Almeida. *Intervencionismo governamental*: na ótica de von Mises e na prática brasileira. Caruaru, PE, 15 set. 2012. Palestra no II Congresso de Empreendedorismo do Agreste Pernambucano: As Seis Lições. Disponível em: <http://www.pralmeida.org/05Docs PRA/2423IntervencionismoMises.pdf>.

Pedro Cezar Dutra Fonseca. "Positivismo, trabalhismo, populismo: a ideologia das elites gaúchas". *Revista Ensaios FEE*, Porto Alegre, v. 14, n. 2, p. 410-421, 1993. Disponível em: <http://revistas.fee.tche.br/index.php/ensaios/article/view/1619>.

Pedro Eunápio da Silva Deiró. *Fragmentos de estudos da história da Assembleia Constituinte do Brasil*. Brasília: Senado Federal, 2006.

Pedro Henrique Pedreira Campos. *A ditadura dos empreiteiros*: as empresas nacionais de construção pesada, suas formas associativas e o Estado ditatorial brasileiro, 1964-1985. Tese (Doutorado em História Social) — Universidade Federal Fluminense, Niterói, 2012. Disponível em: <http://www.historia.uff.br/stricto/td/1370.pdf>.

Pinharanda Gomes. *Os conimbricenses*. Lisboa: Biblioteca Breve — Instituto de Cultura e Língua Portuguesa (Ministério da Educação), 1992.

Raphael Peixoto de Paula Marques. *Repressão política e usos da Constituição no governo Vargas (1935-1937)*: a segurança nacional e o combate ao comunismo. Dissertação (Mestrado em Direito) — Universidade de Brasília, Brasília, 2011.

Raymundo Faoro. *Os donos do poder* — formação do patronato político brasileiro. São Paulo: Editora Globo, 2001.

Regina Echeverria. *Sarney*: a biografia. São Paulo: Editora Leya, 2011.

Ricardo Lobo Torres. *A ideia de liberdade no estado patrimonial e no estado fiscal*. Rio de Janeiro: Editora Renovar, 1991.

Ricardo Vélez-Rodríguez. *Estado Novo, setenta anos*. Centro de Pesquisas Estratégicas "Paulino Soares de Souza" da Universidade Federal de Juiz de Fora, [s.d.]. Disponível em: <http://www.ecsbdefesa.com.br/fts/ESTADONOVO.pdf>.

_____. *Oliveira Vianna e o papel modernizador do Estado brasileiro*. Londrina: Editora da Universidade Estadual de Londrina, 1997.

_____. *Patrimonialismo e a realidade latino-americana*. Rio de Janeiro: Documenta Histórica Editora, 2006.

_____. *Castilhismo*: uma filosofia da República. v. 145. Brasília: Edições do Senado Federal, 2010.

_____. *Pensamento político brasileiro contemporâneo*. Série Ensaios 5. Rio de Janeiro: Editora Revista Aeronáutica, 2012.

Robert Levine. *Pai dos pobres?* O Brasil e a era Vargas. São Paulo: Companhia das Letras, 2001.

Roberto Campos. "Parindo um Frankenstein". *Folha de S.Paulo*, 6 out. 1996. Disponível em: <http://www1.folha.uol.com.br/fsp/1996/10/06/brasil/3.html>.

_____. *O homem mais lúcido do Brasil* — as melhores frases de Roberto Campos. Org. Aristóteles Drummond. São Luís: Livraria Resistência Cultural, 2013.

Roberto DaMatta. Futebol: ópio do povo x drama da justiça social. *Novos Estudos — Cebrap*, São Paulo, v. 1, n. 4, p. 54-60, nov. 1982a.

_____ (Org.). *Universo do futebol*: esporte e sociedade brasileira. Rio de Janeiro: Edições Pinakotheke, 1982b.

_____. "Antropologia do óbvio: notas em torno do significado social do futebol brasileiro". *Revista USP*, São Paulo, v. 22, p. 10-17, 1994.

"Roberto DaMatta analisa diferenças entre Brasil de 1950 e 2014: 'Não há ganhador para sempre'". *O Globo*, 10 jul. 2014. Disponível em: <http://www.oglobo.globo.com/esportes/copa-2014/roberto-damatta-analisa-diferencas-entre-brasil-de-1950-2014nao-ha-ganhador-para-sempre-13188426>.

Rodrigo Octávio Orair. *Carga tributária brasileira*: estimação e análise dos determinantes da evolução recente — 2002-2012. Rio de Janeiro, out. 2013. Disponível em <http://www.ipea.gov.br/portal/images/stories/PDFs/TDs/td_1875.pdf>.

Roger Scruton. "Waving, Not Drowning". *The American Spectator*, jul.-ago. 2012. Disponível em: <http://www.spectator.org/articles/35324/waving-not-drowning>.

_____. *Pensadores da nova esquerda*. São Paulo: É Realizações, 2014.

Rubem de Freitas Novaes. "O estado-babá". *Carta Mensal*, Rio de Janeiro, n. 704, p. 13-31, nov. 2013.

Rui Barbosa. *Obras completas*. v. XVI, t. I. Rio de Janeiro: Ministério da Educação e Saúde, 1889a.

_____. *Obras completas.* v. XVI, t. IV. Rio de Janeiro: Ministério da Educação e Saúde, 1889b.

Rui Ramos. *Outra opinião.* Ensaios de história. Lisboa: O Independente, 2004.

_____. et al. *História de Portugal.* Lisboa: A Esfera dos Livros, 2014. [Edição Kindle].

Sergio Augusto de Avellar Coutinho. *Cadernos da liberdade*: uma visão do mundo diferente do senso comum modificado. Belo Horizonte: Editora Sografe, 2003.

Sérgio Buarque de Holanda. *Raízes do Brasil.* São Paulo: Companhia das Letras, 1995.

_____. *Capítulos de história do Império.* São Paulo: Companhia das Letras, 2010a.

_____. *Visão do paraíso.* São Paulo: Companhia das Letras, 2010b.

Sérgio Henrique Hudson de Abranches. Presidencialismo de coalizão: o dilema institucional brasileiro. *Dados: Revista de Ciências Sociais,* Rio de Janeiro, v. 31, n. 1, 1988.

Sérgio Lazzarini. *Capitalismo de laços*: os donos do Brasil e suas conexões. São Paulo: Campus/Elsevier, 2011.

Sérgio Miceli. *Intelectuais à brasileira.* São Paulo: Companhia das Letras, 2001.

Shmuel Noah Eisentadt. *Traditional Patrimonialism and Modern Neopatrimonialism.* Thousand Oaks, CA: Sage Publications, 1973.

Simon Schwartzman. *São Paulo e o Estado nacional.* São Paulo: Difel, 1975.

_____. "As eleições e o problema institucional". *Dados,* n. 14, 1977.

_____. *As bases do autoritarismo brasileiro.* Rio de Janeiro: Campus, 1982.

Simone Costa. *Sobrerrepresentação e interesses regionais: o caso da Lei de Informática.* Dissertação (Mestrado em Ciência Política) — Universidade de São Paulo, São Paulo, 2007. Disponível em: <http://www.teses.usp.br/teses/disponiveis/8/8131/tde-26102007-155606/publico/TESE_SIMONE_APARECIDA_COSTA.pdf>.

Tavares Bastos. *A província* — estudo sobre a descentralização no Brasil. Rio de Janeiro: B. L. Garnier, 1870.

Thomas Sowell. *Conflito de visões* — origens ideológicas das lutas políticas. São Paulo: É Realizações, 2011.

Ubiratan Borges de Macedo. *A ideia de liberdade no século XIX*: o caso brasileiro. Rio de Janeiro: Editora Expressão e Cultura, 1997.

Ubiratan Jorge Iorio. *Economia e liberdade* — a Escola Austríaca e a economia brasileira. Rio de Janeiro: Forense Universitária, 1997.

_____. "Câmbio, importações e formação de capital". *Artigos do Mês*, ano VIII, n. 93, dez. 2009. Disponível em: <http://www.ubirataniorio.org/antigo/AM_2009.pdf>.

Vera Lúcia Nagib Bittencourt. "Bases territoriais e ganhos compartilhados: articulações políticas e projeto monárquico-constitucional". In: Cecília Helena de Sales e Izabel Andrade Marson (Org.). *Monarquia, liberalismo e negócios no Brasil*: 1780-1860. São Paulo: Editora da Universidade de São Paulo, 2013.

Vianna Moog. *Bandeirantes e pioneiros*. 15. ed. Rio de Janeiro: Civilização Brasileira, 1985.

Victor Nunes Leal. *Coronelismo, enxada e voto*: o município e o regime representativo no Brasil. São Paulo: Editora Alfa-Omega, 1949.

Vinicius Carrasco, João M. P. de Mello e Isabela Duarte. "A década perdida: 2003 — 2012". In: *Texto para discussão n° 626*. Departamento de Economia da PUC-Rio. [s.d.]. Disponível em: <http://www.econ.puc-rio.br/uploads/adm/trabalhos/files/td626.pdf>.

Wanderley Guilherme dos Santos. *Ordem burguesa e liberalismo político*. São Paulo: Duas Cidades, 1978.

_____. *O ex-leviatã brasileiro*: do voto disperso ao clientelismo concentrado. Rio de Janeiro: Civilização Brasileira, 2006.

Werner Jaeger. *Paideia* — a formação do homem grego. São Paulo: Martins Fontes, 2003.